大学生心理健康教育 （第二版）

Daxuesheng
Xinli Jiankang Jiaoyu

主编 ◎ 肖少北

暨南大学出版社
JINAN UNIVERSITY PRESS

中国·广州

图书在版编目（CIP）数据

大学生心理健康教育/肖少北主编. —2 版. —广州：暨南大学出版社，
2018.10（2022.8 重印）
ISBN 978 - 7 - 5668 - 1392 - 3

Ⅰ.①大…　　Ⅱ.①肖…　　Ⅲ.①大学生—心理健康—健康教育—高等学校—
教材　Ⅳ.①B844.2

中国版本图书馆 CIP 数据核字（2015）第 073288 号

大学生心理健康教育（第二版）
DAXUESHENG XINLI JIANKANG JIAOYU（DI-ER BAN）
主　编：肖少北

出 版 人：张晋升
策划编辑：张仲玲
责任编辑：黄　颖
责任校对：方　敏
责任印制：周一丹　郑玉婷

出版发行：暨南大学出版社（511443）
电　　话：总编室（8620）37332601
　　　　　营销部（8620）37332680　37332681　37332682　37332683
传　　真：（8620）37332660（办公室）　37332684（营销部）
网　　址：http：//www.jnupress.com
排　　版：广州市天河星辰文化发展部照排中心
印　　刷：广东广州日报传媒股份有限公司印务分公司
开　　本：787mm×1092mm　1/16
印　　张：19.5
字　　数：350 千
版　　次：2010 年 9 月第 1 版　2018 年 10 月第 2 版
印　　次：2022 年 8 月第 10 次
印　　数：32101—37300 册
定　　价：48.00 元

（暨大版图书如有印装质量问题，请与出版社总编室联系调换）

第二版前言

由海南省九所高校十名长期从事大学生心理健康教育与咨询工作的教师通力合作编写的教材《大学生心理健康教育》自 2010 年出版至今已有七年了。七年来，承蒙各位老师和同学的厚爱，本书作为"心理健康教育"课程的教材在全国多所高校中使用，得到了大家的普遍认可，该书连印了 5 次。但是，七年来，我们国家在经济、文化、教育、科技等各个领域都发生了巨大而深刻的变化，特别是"互联网＋"和"大众创业，万众创新"等政策的提出与实施，使人们的生活每天都在发生改变。这些变化与改变给在校大学生的思想观念、价值观等带来深刻的影响，也给大学生的心理健康带来冲击和挑战，出现一些新的特点和表现。因此，为了保持本书的学术性，同时增强它的实用性、可读性、针对性、实践性和操作性，我们迫切地感到有必要对本书进行补充和修订。

这次修订工作主要由各位作者修改，再由主编审阅并最终定稿。在修订的过程中，吸取了作者、部分任课教师和学生的意见，吸收了近年来国内外心理健康领域的研究成果，在保持本书的内容框架和体例基本不变的基础上，作了以下几方面的修改：①对各章内容进行适当的增删，对一些文字表达上的疏漏和错误进行修改。②对第九章"网络与心理健康"中部分信息与数据进行了更新与修订。③对各章的案例、"小故事大智慧"及评论进行了增删、修改。

这次修订工作，得到了暨南大学出版社教育分社社长张仲玲女士的大力支持和帮助。在此，我们表示由衷的感谢！

由于我们学识和能力所限，本次修订一定存在诸多不足甚至错误，敬请各位专家、老师和同学不吝赐教。

编　者
2018 年 9 月

目　录

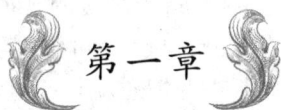

第一章

大学生心理素质与心理健康

> 健康不仅是没有身体缺陷和疾病，而且是具有生理、心理和社会适应能力的完满状态。
>
> —— 世界卫生组织（WHO）

大学教育的目标是培养全面发展、具有较高综合素质的人才。不仅要求大学生要有丰富的知识、良好的品德、较强的能力，而且要求其具备健康的身心。然而，面对 21 世纪日益激烈的社会竞争，许多大学生出现了心理上的不适应。近年来许多研究都表明大学生的心理健康状况令人担忧。据统计，大学生中因心理健康问题退学的人数占整个退学人数的 30% 左右，而且这一数字逐年递增。可见，心理健康问题已严重威胁大学生的成才和全面发展。实施心理健康教育，提高大学生心理素质和心理健康水平，已成为高等教育的重要内容之一。

第一节 大学生心理素质与心理健康概述

一、心理素质与大学生心理素质特点

（一）心理素质

素质在心理学中原指个体生而具有的解剖和生理特点，主要指感觉器官、

1

运动器官、神经系统等的结构特点和机能特点，它们是通过遗传获得的，故又称遗传素质。好的遗传素质特别是神经系统的结构特点和机能特点是一个人后天发展重要的生物学基础和前提。如神经过程的强度与人注意力的集中和持久性有关，神经过程的灵活性与注意力的转移能力、思维的敏捷性有关。耳聋或不能辨别音阶的人，难以发展音乐才能；色盲的人不能从事绘画工作。神经类型强而平衡、灵活的人，易形成多血质的气质。现在，素质一词多指个体在先天遗传和后天环境、教育等因素共同作用下形成的某种基本品质，如道德素质、文化素质等。本书所讲的素质就是指这一含义。

一个人的素质可以分为生理素质、心理素质和社会文化素质三类。它们在人的整体素质结构中的性质不同，其作用和地位也不一样。同时，它们之间又相互联系、相互作用，共同构成人的整体素质。生理素质处于整体素质发展的基层，是其他素质的载体，是心理素质、社会文化素质赖以存在和发展的基础。生理的成熟会促进个体的认知、情绪和人格的发展与成熟，也会促进个体社会文化素质的提高。社会文化素质是在生理素质、心理素质的基础上形成和发展起来的，是素质发展的最高层次，包括思想品德素质、科学文化素质、审美素质以及劳动技能素质。个体的社会文化素质又会促进个体的生理素质、心理素质的改善与提高。

心理素质是指个体在心理活动中表现出来的本质特征或品质。它绝不是某种单一的心理现象的本质特征或品质，而是一个综合的评价体系。它涉及人心理的方方面面，包括了感知觉、记忆、想象、思维、注意、情感、意志、需要、动机、兴趣、能力、气质、性格等心理现象的本质特征或品质，概括来说，主要包括了个体的认知能力和人格特征以及与这两者有关的行为或状态。心理素质的好与差有遗传、生理的原因，但更主要的是在其形成和发展过程中，由于教育和环境的影响而导致的。一个人的良好心理素质的形成和发展，需要有效的教育引导和良好环境的熏陶。

虽然心理素质的发展与提高离不开生理素质和社会文化素质，但是我们必须充分认识到心理素质在人的整体素质发展中具有重要的地位和作用，它影响其他素质的形成和发展，为其他素质的发展提供了心理基础。具体来说，良好的心理素质有助于生理素质的顺利发展，有助于身体健康。同样，社会文化素质的发展必须以良好的心理素质为前提。无论是科学文化知识的获取、身体锻炼，还是政治、道德等素质的形成与提高，无一不以个体的认知能力和人格特征为基础。一个心理素质差的学生，很难出色地完成学业和坚持身

体锻炼，很难战胜各种困难、挫折和充分发挥自己的潜能。相反，心理素质好的人，不仅能充分发挥自己的潜能，出色地完成各种任务，而且能做到自尊、自强、自爱、自律，能良好地适应社会并取得成就。

因此，以提高心理素质、维护心理健康为目的的心理健康教育就成了素质教育的重要内容和重要组成部分。

（二）大学生心理素质特点

我国大学生的年龄一般为 18～24 岁，正处于人体机能旺盛、精力充沛、朝气蓬勃的人生阶段——青年中期。他们是一个相对特殊的群体：经历相似，经过十多年的苦读，通过激烈的高考竞争而进入大学；他们的自我价值感较高，对自己的期望、评价较高，也有较高的志向水平；他们承受着来自各方面的巨大压力；由于长期的校园生活，环境相对封闭，使得他们缺乏社会经验和生活经验等。同时，他们又存在着较大的差别：来自不同的地区、不同的家庭，有不同的生活方式和习惯，以及不同的兴趣和爱好等。正是这些特殊性，决定了大学生心理发展和表现的特点。

1. 大学生心理素质的总体表现

1998 年，北京高教学会心理咨询研究会运用"卡特尔 16 种人格因素问卷（16PF）""90 项精神症状自评量表（SCL－90）"等测量工具，对北京市 23 所高校 6 000 名在校大学生进行心理素质及心理健康状况调查的结果表明：大学生心理素质总体上是良好的、积极的。大学生无论对自己还是对他人的心理素质评价差和较差的都是少数。大部分大学生在个性特征上呈现出开放、外向、活泼、自信、富于幻想、思维敏捷、情绪较稳定、有创造性潜力、有应对挫折的能力和较强的适应能力等特点。但是也有一部分学生个性存在明显的弱点，表现为责任心不强、自制力较差、言行易脱节、缺乏务实精神、以自我为中心、缺乏坚忍不拔和持之以恒的精神等。

2. 大学生心理的主要特点

（1）过渡性。

大学时期是大学生从儿童向成人转变的过渡时期，也是个体心理从不成熟走向成熟的重要时期。多数大学生的心理都具有过渡性。从心理发展过程来看，除了认知发展相对成熟外，情感和意志的发展具有明显的过渡性。由于大学生的心理成熟滞后于生理成熟，加上社会经验不足，因而具有情感不稳定，带有明显的波动性和爆发性的特点。各种生活事件如学习成绩、人际关系、评优、恋爱、竞选班干部等都可能引起大学生情绪和情感的波动。随着对大学生活和环境的适应，各种知识和能力的提高，情感逐渐过渡到既富于热情、充满青春活力，又相对稳定，社会道德感和责任感不断增强。意志表现方面，也从耐挫力较弱、容易冲动逐渐过渡到具有较强的自我控制能力，形成相对稳定的行为习惯。从个性发展来看，个人的兴趣、理想、性格、自我意识等也具有明显的过渡性。许多大学生由于社会经验和生活阅历的限制，对许多问题的看法往往过于理想化、脱离现实，或者走极端，自以为是。对自己评价过高，把理想的标准定得太高，容易造成挫折和失败。经过大学阶段的学习和锻炼，个性才逐渐得到发展和成熟。

（2）矛盾性。

当代大学生由于长期过着比较单调的校园生活，缺乏社会生活和实践经验，心理成熟滞后于生理成熟，经济上不能独立，就业困惑以及社会转型时期价值多元化的冲击，使得他们的内心容易产生各种矛盾和冲突。主要矛盾有：

①理想与现实的矛盾。大多数的大学生都有远大的理想和抱负，都希望将来能发挥自己的才能，成为对社会有用的人。但是许多大学生在设计理想时，容易将自己的目标定得过高，没有充分考虑自身和现实的条件，使自己的目标无法实现或实现得不尽如人意，因此往往遭受挫折。还有许多学生只有美好的理想而没有实际的行动，他们眼高手低，不喜欢"从我做起，从小事做起"，一心只想做大事。这就必然产生理想与现实的矛盾。

②独立性与依赖性的矛盾。随着生理逐渐成熟，大学生的独立意识日益增强，成人感也特别强烈。他们格外重视自我的独立人格和地位，渴望摆脱父母和老师的束缚，走向独立生活。他们经常表现出强烈的独立自主的愿望、主张和行动，希望按自己的意志行事。但是，他们缺乏独立的经济来源，必须依靠父母的供给，而且缺乏独立的生活经验和能力，还不能完全依靠自己的能力来处理生活中遇到的一系列复杂的实际问题，必须依靠父母和老师的帮助。因此，不可避免地产生独立性和依赖性的矛盾。

③渴望交往与孤独的矛盾。大学时代是个渴望友谊和交往而又常常处于孤独的时代。一方面，随着生理的成熟和心理的不断发展，又远离亲人和朋友的大学生，渴望与他人的交往。他们希望在交往中获得关注、理解、尊重和共鸣等，但是，由于生活方式和习惯、家庭的社会经济地位不同，缺乏社交经验和技能或性格缺陷等，往往导致人际沟通不良，甚至引发人际冲突和障碍，而陷入孤独、逃避、自我防御的境地。

④自尊与自卑的矛盾。经过高考的激烈竞争，大学生成为青年群体中的佼佼者，受到社会的称赞、父母的宠爱、同龄人的羡慕，容易产生一种优越感和自豪感，表现出强烈的自尊心。他们常常把自尊感放在其他情感之上，对自尊感特别敏感，当自尊需要没有得到满足或受到伤害时，便会表现出极大的愤怒。进入大学后，他们很快发现，大学里人才济济、高手如林，自己的优势不再明显，甚至处于劣势。许多大学生的心理容易失衡，开始怀疑自己、否定自己，产生自卑感、挫折感和焦虑感，具体表现为自我评价过低、丧失信心、不求上进，甚至退学或轻生等。

⑤竞争与合作的矛盾。当代大学生的竞争意识较强，他们渴望在平等的条件下参与竞争，以便充分展示自己的才能，实现自己的各种理想和人生目标。但是，在大学中许多活动都是以团体的方式进行的，需要同学之间彼此合作。因此，每个人都必须处理好自己与他人、个人与团体的关系，处理好竞争与合作的关系。如果过分强调自我、强调个人的利益，就会出现人际关系紧张等问题。

⑥性冲动与性压抑的矛盾。处于青年中期的大学生的性生理已经成熟，他们的性冲动和性欲望较强烈，表现为对性知识的渴望、对异性的幻想和追求、对爱情的憧憬等。然而，受到社会道德、法律和校规校纪等方面的约束，这种性的需要得不到满足，性冲动受到压抑。许多大学生通过努力学习、工作和积极参加各种文体活动、社交活动等途径，使性冲动得到某种程度的转移和升华。但是，也有不少大学生由于性心理不成熟，缺乏正确的性知识和性观念，对恋爱和爱情缺乏正确的认识，没有处理好与异性之间的关系，不能摆正恋爱与学习、工作的关系等，使性冲动得不到正常的释放，造成性冲动与性压抑的尖锐冲突，甚至出现心理问题。

（3）差异性。

大学生心理的差异性不仅存在于个体之间，而且存在于不同年级群体之间。前文讲到，由于大学生来自不同的地区、不同的家庭，有着不同的成长经历，其心理必然有许多差异。而对于不同年级的大学生来说，心理上的差别是较明显的。一年级大学生主要的突出问题是如何适应大学生活、学习和新的人际关系；二、三年级大学生已进入专业学习，积极参与各种社团活动，生活上逐渐适应，自理能力有所提高，自信心和竞争意识得到增强，他们较突出的问题是成才道路的选择与理想的树立，是考研还是就业等；到了四年级，他们的心理逐渐成熟和相对稳定。这一时期的突出问题是就业困惑等。

二、心理健康及其与心理素质的关系

（一）心理健康的含义

长期以来，人们对健康的认识一直局限于身体健康，认为人的身体各个组织器官发育良好、功能正常、体格健壮、精力充沛等就是健康。现在人们已认识到心理的、社会的和文化的因素同生物学因素一样，与人的健康有着密切的关系。因此，世界卫生组织（WHO）曾在其宣言中指出："健康不仅是没有身体缺陷和疾病，而且是具有生理、心理和社会适应能力的完满状态。"1989 年，该组织又在健康含义中增加了道德健康的内容。但是，实际上社会适应和道德健康都可以归于心理健康的范畴。因此，我们可以把健康归结为生理健康和心理健康两个方面的内容，即一个人只有在身体和心理均处于良好的状态时，才是真正健康的人。

那么，什么是心理健康呢？不同的心理学家对心理健康有不同的理解。心理学家英格利士（H. B. English）认为："心理健康是指一种持续的心理状况，主体在这种状况下能良好地适应，具有生命的活力，能充分发挥其身心的潜能，不仅仅是没有疾病。"心理学家麦灵格（K. Menninger）认为："心理健康是人对环境及相互间具有高效率及愉快的适应情况。"心理学家波孟（W. W. Boehm）则认为："心理健康是合乎某一水准的社会行为，一方面能为社会所接受，另一方面能给本身带来快乐。"综合上述各种定义，我们认为，心理健康是指个体具备正常的心理素质，它使个体保持心理状态的和谐和行为的统一，并能良好地适应环境。

（二）心理健康与心理素质的关系

心理健康与心理素质之间有着密切的联系。心理素质是心理健康的前提和基础，心理健康是心理素质的表现形态。一个人要保持心理健康，就必须具备良好的心理素质。心理素质如何，将在很大程度上决定和影响一个人对自己、他人和生活的感受，而这种感受又将决定和影响其心理健康乃至整体的健康状况和生活质量。例如稳定的情绪、客观的自我认识、较强的自信心、开朗的性格等心理素质是维护大学生心理健康的重要因素，它们能使大学生在面对困难、挫折和失败时表现出良好的行为和承受能力，避免心理问题的发生。此外，许多个性特点与神经症的关系特别显著。如以自我为中心、富于幻想、暗示性强、情绪不稳定的人容易患癔症；胆小、内向、害羞、依赖性强的人容易患恐惧症；个性不开朗、情绪不稳定、多愁善感的人容易患抑

郁症等。可见，良好的心理素质是个体心理健康的前提条件。

三、心理健康标准

心理健康是一个包含多方面特征的复合概念。要判别一个人的心理是否健康，仅从某方面去评价是不够的，必须从多方面去考察。那么，应如何衡量和评判大学生的心理健康状况？心理健康有哪些评判标准？这是一个非常重要，也是非常复杂的问题。

（一）测量学标准

测量学标准也称统计学标准，这一标准来源于对正常心理特征的心理测试，它是以全体人群中具有这种特征的人数的分配为依据的。在取大样组的统计中，一般心理特征的人数频率多为常态分布，居中的大多数人为正常，居两端者为异常。因此，确定一个人的心理是正常还是不正常就是以其心理特征是否偏离平均值为依据的。这种判定标准较为客观，也简便易行。但是这种判断标准也有缺陷：其一，有些偏离常态的心理或行为不能算为异常，如 IQ 分数为 140，我们称之为超常，而不是不正常；其二，这种标准要依靠相应的测验或量表，而测验均存在"文化公平性"问题，目前心理测验的发展水平还远远不能满足这方面的实践需要。

（二）社会学标准

这一标准是以个体的社会适应状况为根据的。每个个体都生活在一定的文化环境中，经过社会化，形成适应于该社会文化的心理，掌握该社会公认的行为方式。如果个体的心理与行为与该社会文化环境不协调，不符合该社会认可的行为准则，则被视为异常。当然，这种标准也存在局限性。不同的社会和文化有不同的行为准则，而且不是所有符合社会行为规范的行为都是健康的。

（三）经验标准

在实践中，人们更多的时候是根据经验标准来判断。所谓经验标准有两层含义：一是指患者的主观经验；二是指研究者根据自己的主观经验来判别正常与异常。当然常用的是第二层含义。在运用经验标准时，先根据经验，提出若干判断标准或指标，然后采用这些标准对个体进行考察，从而对个体的心理健康状况作出评价。根据经验，主要有六条标准。

1. 了解自己，悦纳自己，有正确的自我观念

一个心理健康的大学生，应有一个正确的自我观念，不仅了解自己、对

自己能够作出恰当的客观的评价，而且能接受自己。每个人都有许多优点、长处，也有许多缺点和短处。然而并不是每个大学生都能正确地认识自己，有些人会高估自己、对自己提出苛刻的非分的要求和期望，而有些人却低估自己，总是看到自己的不足。当然，这些一般的高估或低估自己都不能算是心理不健康，只有那些对自己的高估或低估到了不合常理的程度，才属于心理不健康状态。同时，一个心态健康的人，应该是一个接受自己、对自己较满意的人。他们知道人有些缺点是可以改变的，如不良习惯、缺乏毅力等，而有些是无法补救的，如其貌不扬、身材矮小等。他们总是努力发展自己，克服那些可以克服的毛病，不断地完善自我，而对那些不能改变的缺陷，能够安然处之，积极悦纳。如果经常对自己这不满意，那也受不了，则是一种心理不健康的表现。

2. 情绪较愉快而稳定

相对来说，心理健康的人表现为心情愉快、情绪稳定。心情愉快主要表现为积极情绪，如愉快、满意、高兴、欣慰、欢乐等占优势，身心处于积极向上的、充满希望的乐观状态。如果经常被一些消极情绪，如忧愁、焦虑、苦闷、恐惧、悲伤等笼罩而不能自拔、萎靡不振，则是心理不健康的表现。情绪稳定的人总是处于"当喜则喜，当忧而忧"的情绪状态，对来自内部或外部的刺激，有适度的情绪反应。他们能适当地表达和控制自己的情绪，合理地宣泄不良情绪。如果喜怒无常，令人难以捉摸，则不只是情绪不稳定，实际上是深层次心理障碍的表现。

3. 接受他人，乐于和他人交往，有和谐的人际关系

良好的人际关系是大学生心理健康的一个重要标志，也是维护心理健康的重要条件。心理健康的人，能接受他人、认可他人；乐于与他人交往，在与他人交往时，积极的态度（如快乐、友善、信任等）总是多于消极的态度（如猜疑、嫉妒、敌意等）；能融入集体中，与周围的人协调一致，有良好的人际安全感。当然，由于每个人的性格、对社交的热爱程度及社交能力不同，大学生的人际交往程度也表现出个别差异，我们不能将那些不大喜欢交往或社交能力不强的人视为心理不健康。

4. 对现实有正确的认识或态度，能切实有效地面对问题、解决问题而不是逃避问题

心理健康的大学生能很好地面对现实、接受现实，并能主动地适应现实。他们对客观现实有正确的认识和态度，对周围的人或事物有客观的评价，并

与现实环境保持良好的接触。他们热爱生活，能正确对待现实中的一些不公平、不公正的事情，对于自己在生活中和学习上所遇到的各种问题、矛盾、困难，不是掩饰、回避，而是积极面对，并努力采取切实可行的方法来处理。而心理不够健康的大学生则往往以幻想代替现实，不敢面对现实，没有足够的勇气接受现实的挑战，总是抱怨自己"生不逢时"或责备社会环境对自己不公而怨天尤人，因而无法适应现实生活。

5. 完整和谐的人格

心理健康的人，他的人格是统一的，表现为他的心理和行为的和谐统一；他具有清醒的自我意识，对自己的过去、现在和将来有清晰的、连续性的认识，不会产生自我同一性混乱；他的行为具有目的性，受理智支配，而且首尾一贯、始终如一，不是反复无常、不连贯、相互矛盾的；他的人格结构无明显的缺陷与偏差，构成要素平衡发展，并具有积极进取的人生观。

6. 行为符合年龄特征及社会角色要求

人的心理和行为是随着年龄的增长而发展变化的。不同年龄阶段的人，其心理和行为尽管有一定的连续性，但是会表现出许多不同的特点。如果一个大学生像年迈的老人一样独坐一隅、默默无言、萎靡不振，或者像幼儿一样稚气可笑，那他的心理就可能不正常。所以一个心理健康的人，其行为与年龄特征是相适应的。同时，一个心理健康的人，其行为须符合社会角色的要求。在现实生活中，每个人在不同场合都充当着不同角色，而不同的社会角色有不同的规范与要求。个体的行为如果与其充当的角色的规范基本一致，则是其心理处在健康正常状态的表现；如果个体的行为明显与其充当的角色的规范不符合，则表明其心理处于不健康的状态。

第二节 大学生心理健康教育概述

一、心理健康教育的含义

心理健康教育，有时简称"心理教育"或"心育"，是指根据个体心理发展的规律与特点，运用各种教育途径、方法及手段，有目的、有计划地对个体心理素质的各个层面进行积极主动的辅导与教育，以促进其心理素质的提高与发展，维护其心理健康的教育。

从内容来看，心理健康教育包括两项基本任务：一项是培养学生的心理素质，通过发展、提高学生的心理素质以助其学业、事业成功；另一项是维护学生的心理健康，使其适应社会与环境，健康地成长。这两项任务是相辅相成的。

从性质来看，心理健康教育包括发展性教育和补救性教育两项任务。发展性教育主要是有计划、有目的地对学生的心理素质的各要素及各层面进行积极主动的辅导与培养，促进学生心理素质的不断优化、提高和发展。补救性教育则主要是对在心理方面出了问题的学生进行辅导与帮助，使之克服成长中的障碍。在实际的心理教育过程中，我们应以发展性教育为主。因为从根本上来说，只要学生心理素质提高了，他就能应付各种环境，不会出现心理问题。当然，这两种教育常常交织在一起，难以截然分开。

二、心理健康教育的目标和内容

教育目标是对受教育者的质量规格的总体要求，是一切教育教学工作的出发点和最终归宿。大学生心理健康教育的目标体现并规定了对大学生实施心理健康教育的目的和要求，是对大学生实施心理健康教育的依据和准则。有了明确的目标，才能正确选择心理健康教育的内容，才能对心理健康教育的效果作出科学的评价。因此，要做到有效地实施心理健康教育，首先要明确心理健康教育的目标和确定心理健康教育的内容。

（一）确定大学生心理健康教育目标和内容的原则

要明确大学生心理健康教育的目标和内容，必须遵循以下几个原则：

第一，发展性原则。心理健康教育必须根据学生心理发生发展的规律与年龄特点来确定适当的心理健康教育的目标与内容，不同的年龄阶段应该具有不同的目标与内容。大学生心理健康教育与小学生、中学生心理健康教育在目标和内容上有连续性和相似性，但也有很大的差别。这种差别不仅体现为一些内容上的不同，而且在相同内容上的要求也不同。

第二，可操作性原则。这是指我们确定的心理健康教育目标和内容不能含糊不清和过于抽象，应该是明确而具体的，是可以观察和测量的行为特征。如我们在具体实施心理健康教育中不能把"培养良好的个性"作为目标和内容，而应把"良好的个性"这一抽象概念具体化为各种人格特征或人格变量，如合作性、自制力、责任心等。这些人格变量都是可以观察、测量和评估的，并且是可以通过一定的教育手段和方法来加以培养和改变的。

第三，超前的社会适应性原则。今天在校的大学生是我们国家未来的栋

梁。因此根据未来社会发展需要，我们应选择那些有助于学生适应未来社会的心理素质作为心理健康教育的目标与内容，如创造力、竞争与合作、自主自立等。

第四，主体性原则。在实施心理健康教育的过程中，我们要认识到学生的主体地位，以学生为出发点。要创造条件，使学生成为活动的"主角"，并让学生意识到这一点。要看到学生的潜力和人格中积极的一面，给学生以充分的理解和信任，调动学生的主动性、积极性和创造性，保证每个学生都有机会进行自我培养和自我教育，以便更有效地发展和提高其心理素质。

第五，民主性原则。民主性原则与主体性原则是相辅相成的。民主性原则的基本含义是，心理健康教育应在民主型师生关系中进行。在活动中，师生是平等的，享有同样的人格尊严，享有同样的表达自己思想情感的权利。因此，教师应避免说教，要以平等的讨论和沟通方式代之。要重视学生的意见，并最大限度地表示理解。要尊重学生的人格，不能侮辱、讽刺、挖苦或嘲弄学生。

第六，因材施教原则。既要面向全体学生，又要针对学生的不同特点（如年龄、性别、表现等特点）因材施教。只有这样，心理教育才能取得理想的效果，才能全面而有效地发展与提高全体学生的心理素质。

（二）心理健康教育的目标

陈家麟（2002）认为，从系统论的角度来看，心理健康教育目标是由一系列子目标构成的目标系统。从纵向的年龄层面来考虑，不同年龄阶段的学生应有不同的目标；从横向的心理素质结构层面来考虑，应有认知、情感、意志和个性等方面的目标；从教育效应的层面来考虑，应有基础目标、基本目标和终极目标。

我们认为，心理健康教育的总体目标是培养和提高学生的心理素质，维护学生的心理健康。具体来说包括三个层次：具体目标、中间目标和终极目标。具体目标是根据大学生不同年级的特点、发展任务和需要，通过各种途径对学生的各种具体的心理素质因素进行培养、训练和塑造，同时通过各种途径帮助大学生，使他们减少和避免各种可能遇到的危及心理健康的伤害和消极影响；中间目标是进一步通过各种途径和方法，促进大学生各种心理素质的发展与提高，使各种心理素质因素协调发展，提高大学生整体心理素质，提高他们的心理健康水平；终极目标是在良好的心理素质基础上，使大学生达到自我实现，促进大学生全面、和谐而健康地发展。

（三）心理健康教育的内容

心理健康教育的内容是目标的具体化，一定目标的实现是以心理健康教育的内容转化为学生自身的心理素质为条件的。确定心理健康教育的内容，实际上就是确定所要培养或训练的心理素质或心理特征。对于大学生来说，心理健康教育的主要内容有：

1. 环境的适应

对大学环境的适应是每一个大学生首先要面临的问题。大学生的许多心理问题都与刚入学时适应不良有关。因此，帮助大学新生尽快转变角色，适应大学生活，是大学生心理健康教育的重要内容。环境适应主要包括自然环境的适应和社会环境的适应两个方面。

2. 正确认识自我

一般来说，心理问题都有其认知根源。不健康的心理往往来源于错误的认知，特别是错误的自我认知。大学生正处于青春期向成人期过渡的重要时期，也是自我意识发展和逐渐完善的重要时期。因此，帮助大学生全面了解自我、正确评价自我、积极悦纳自我、努力完善自我、建立健康的自我形象就显得十分重要了。

3. 情绪的有效调节

情绪情感是个体心理素质的重要部分。情绪稳定是心理健康的重要标准之一。通过心理健康教育，帮助大学生科学认识自我情绪，使之对自己的情绪状态有所了解和反思，掌握自我情绪管理的技巧，有效地调节和控制自己的情绪，经常保持稳定和良好的情绪状态。

4. 压力与挫折的应对

承受挫折与失败的能力是一个人成功的重要条件。作为大学生，要想实现自己的远大理想和抱负，成为国家栋梁，就要磨炼自己的意志品质，提高自己的耐挫力。通过心理健康教育，帮助大学生明白意志力和耐挫力对自己成长的意义，通过各种途径培养和提高自己的意志品质，学会分析压力和挫折产生的原因，形成对待挫折和失败的正确态度，掌握应对挫折和失败的合理方法。

5. 学习心理指导

学习是大学生求学期间的主要任务，学业成就是大学生自我期望和社会对大学生角色期望的重要内容。会学习是时代对大学生的特殊要求。但是，从中学到大学，由于环境和角色的变化、学习目的和目标的变化，以及学习

内容和方式方法的变化，致使许多大学生在学习方面产生各种各样的心理问题。因此，必须对大学生进行学习指导。主要包括：了解大学一般学习活动和专业学习活动的心理特点及规律；树立正确的学习目标，培养大学生的学习兴趣和动机；掌握科学的学习方法，注意用脑卫生和考试的心理卫生；通过学习培养能力，特别是创新意识和创新能力；分析影响学习的因素，克服学习障碍等。

6. 人际交往指导

交往是人的基本需要。人际交往和人际关系既是心理健康的重要内容，也是影响心理健康的重要因素。良好的人际关系不但可以稳定情绪，给人以安全感、归属感，还有助于个体个性的发展，有利于心理健康。大学生人际交往指导主要是帮助大学生了解人际交往的特点，正确认识人际交往的动机和人际交往的意义，树立积极健康的人际交往态度；培养大学生人际交往的意识和能力，掌握交往的方法和技巧；克服人际交往中的各种障碍等。

7. 性心理与恋爱指导

随着性生理的成熟和性意识的觉醒，两性关系和恋爱已成为大学生一个"永恒的话题"。性和恋爱所带来的各种问题已渗透和影响到大学生的学习、生活和价值观等各个方面。性心理和恋爱指导主要帮助大学生掌握性心理的特点和发展规律，了解男女生性心理的差异，形成正确的性心理和性道德及恋爱观、婚姻观和家庭观等，学会处理恋爱中的各种问题和挫折。

8. 网络心理指导

网络给大学生带来了更广阔的发展空间，大学生已成为网络社会的主流群体。网络在交流、购物、通信等方面带给人们极大的便利，但其负面影响不容忽视。作为网络时代一种新的心理疾病，网络成瘾已对人们的身心健康产生了严重威胁。大学生上网人群中存在一定比例的网络成瘾现象，并有逐步加重的趋势。通过心理健康教育，促使大学生正确看待和积极面对网络文化；培养健康向上的网络情感和行为，建立良好的网络人际关系；积极预防网络成瘾；加强网络法制意识，树立正确的网络伦理道德观念。

9. 休闲心理指导

休闲是人的一种崭新的生活方式、生命状态，与每个人的生存质量息息相关。休闲活动是生活在节奏紧张、空间拥挤和竞争激烈的现代社会里的大学生身心健康的需要。通过心理健康教育，引导大学生树立正确的休闲意识和科学的休闲观，坚持正确的休闲活动原则，从而提高休闲能力和生活质量，实现人的自由全面发展。

10. 职业生涯规划

每一个大学生对自己的未来都有许多憧憬，但并不是每一个人都很清楚自己的未来究竟是什么样子。通过职业生涯规划，引导大学生在正确认识自己和社会需要及社会发展状况的基础上，合理规划自己的未来，认真设计自己的职业生涯规划，以实现自己的人生目标和人生价值。

11. 心理健康维护和心理疾病的防治

心理健康教育不仅要提高大学生的心理素质，还要维护他们的心理健康和防治心理疾病。要让大学生了解心理健康的相关知识，树立正确的心理健康和心理疾病的观念，科学认识心理咨询和治疗的性质和作用，掌握一些心理调适和心理保健的方法。

三、心理健康教育与德育、智育、体育的关系

大学教育的目标就是培养全面发展并能适应社会、政治、经济、文化发展需要的高素质人才。心理健康教育与德育、智育、体育一样，都是全面发展教育的重要组成部分。德育是使受教育者形成一定思想品德的教育，一般包括思想教育、政治教育和道德教育。智育是使受教育者掌握系统科学文化知识与技能，发展智力的教育。体育是使受教育者增强体质以及掌握相应知识与技能的教育。心理健康教育则是培养受教育者的心理素质，促进其心理素质的提高与发展，维护其心理健康的教育。可以说，它们之间既紧密联系、相互渗透，又相互独立。它们都有自己相对独立的体系，包括目标、内容、途径和方法。

（一）心理健康教育与德育、智育、体育的联系

1. 终极目标上的一致性

人的素质是多方面的，德育、智育、体育以及心理健康教育等正是从不同的层面、不同的侧面对人的各方面素质进行教育和培养。它们最终的目标是一致的，即都是培养和提高学生的素质，促进学生全面、健康、协调地发展，以更好地适应环境。

2. 任务上的相互促进

德育、智育、体育和心理健康等都是教育的有机组成部分，它们之间相互作用、紧密联系。德育对受教育者各方面素质的发展具有导向和促进作用。智育为受教育者思想品德素质、心理素质和身体素质等的发展提供了知识准

备和能力基础。体育为学生各方面素质的发展准备了必要的身体条件，也有助于形成和发展一定的心理能力，如有助于学生坚强意志的磨炼，这也是心理健康教育的基本任务之一。心理健康教育则为学生各方面素质的发展提供了重要的内部心理条件和心理前提。思想品德、知识、技能等同属于整个心理大系统，它们都服从心理形成、发展的规律，受到学生的心理年龄特征的制约。因此，在德育、智育、体育的教育实践中，不能不考虑学生内在心理因素的作用。

3. 内容上的相互交叉

心理健康教育中的一个重要内容就是培养学生良好的性格，而性格是具有道德评价意义的，也是德育的重要内容之一。智育中讲的能力教育，如何培养学生的学习兴趣，如何激发学生的学习动机等，也是心理健康教育的重要内容。

因此，心理健康教育与德育、智育、体育等是紧密联系、相互渗透的。孤立地开展心理健康教育，而不考虑其他教育的相互影响，是无法达到预期目的和效果的，反之亦然。

（二）心理健康教育与德育、智育、体育的区别

（1）虽然心理健康教育与德育、智育、体育在终极目标上是一致的，但是在具体目标上或者说在达到终极目标的途径上是不同的。心理健康教育是通过培养和提高学生的心理素质，维护学生的心理健康，以促进学生的全面发展；而德育、智育、体育则是通过培养和提高学生的思想品德素质、科学文化知识素质和身体素质来促进学生的全面发展。

（2）虽然在教育内容上有一些交叉，但是它们都有各自独特的研究领域和研究范围。心理健康教育的内容主要包括学生的认知能力和人格特征以及与这两者相关的问题。它关心的问题是怎样培养学生的心理素质，以帮助学生积极悦纳自己，适应环境，充分发挥个人的潜能，克服成长过程中的各种问题。它的核心问题是成长问题，即与学生生活密切相关的各种事件、现象和问题，而不是独立于学生生活之外的知识或理论体系。德育一般包括思想教育、政治教育和道德教育，它所关心的是如何让学生形成正确的思想政治观念和方向、科学的世界观和人生观以及良好的道德等问题。其核心问题是个人的人生观和价值观问题。它力求使学生明辨是非，接受真、善、美的事物，厌恶邪恶与非正义的事物，追求高尚的思想情操与品行。智育关心的问题是让学生掌握系统的科学文化知识与技能，并通过知识的积累来发展能力，学会做事。其核心问题是掌握知识技能，形成良好的认知结构。体育所关心的是如何通过体育锻炼，增强学生的体质，提高学生的健康水平等问题。其核心问题是掌握体育锻炼的知识、技能和方法，形成体育锻炼的习惯。

（3）从手段和方法来看，心理健康教育是一个沟通和分享的过程。它不是要学生掌握一门科学文化知识，而往往是以活动为基本方式，引发学生的主观体验和感受，直接影响和干预学生的现实心理状态。那些空洞的与学生内心世界无关的说教，是不可能有好的效果的。教育者与学生之间是一种民主、平等的关系，常用的方法有角色扮演、讨论、行为改变及心理咨询等。德育、智育和体育基本上是一个教导的过程，它们设法将一定的知识技能传授给学生，让学生理解接受，然后在行为中表现出来。常用的方法和手段有讲授、示范等。

四、心理健康教育与心理咨询、心理治疗的关系

心理健康教育与心理咨询、心理治疗也有着密切关系。心理咨询是指通过人际关系，运用心理学方法，帮助来访者认识自己、接纳自己，以克服成长的障碍，达到自强自立的目的。心理治疗则是指在良好的治疗关系基础上，由经过专业训练的治疗者运用心理学有关理论与技术，对患者进行帮助，以消除或缓解患者的问题或障碍，促进其心理向健康、协调的方向发展。心理咨询、心理治疗与心理健康教育一样，都是给人们提供心理学的帮助，以维护心理健康，但是它们有很大的不同。有一个故事很能说明三者之间的区别：

有三个渔人聚在河边钓鱼，这时他们发现有人从上游被冲了下来。一个渔人便跳入水中把落水者救了上来。但接着他们又见到另一个被冲下来的落水者，另一个渔人又跳入水中救人……可是又有第三个、第四个和第五个落水者，这三个渔人已经难以应付了。此时，有一个渔人似乎想到了什么，便离开现场去了上游，去做一件性质不同但目的一致的工作，即劝说人们不要在这里游泳，并在此立了一块警告牌。可是仍有无视警告者被冲进水中。后来，其中一位渔人最终意识到，要从根本上解决问题必须去做另一项工作——教人们游泳。这似乎是问题的关键，因为如果人们有了好水性，像三个渔人一样，那么即使遇上深水或急流，也能独立应付。

在此故事中，抢救落水者的工作好比"心理治疗"，这是一项艰巨而富有

意义的工作，但要付出相当的时间和精力，而且患者往往感到痛苦和不安。去上游对人们进行劝说和教育，这好比是"心理咨询"，这是一项富有意义的工作，但是一般来说，它只能对"来访者"产生作用和影响。而教人们游泳的工作就好比是"心理健康教育"，只要人们的心理素质提高了，无论遇到什么困境，碰到什么挫折，都能够应付和适应。因此，可以说，心理健康教育和心理咨询、心理治疗是不同层次的概念。心理咨询和心理治疗是补救性的，而心理健康教育则是发展性的，它的范围更广，包括心理咨询和心理治疗。

第三节　大学生心理健康状况及影响因素

一、大学生心理健康的意义

随着经济全球化、政治多极化和文化多元化时代的到来，以及国内改革开放的不断深入，我国社会生活的各个领域迎来了更加激烈的竞争和挑战。在高等教育走向大众化的今天，大学校园已不再是封闭的"象牙塔"。大学生在校期间面临着环境适应、学习适应、人际交往、性与爱、就业等各方面的心理压力和冲突。这些问题如果处理不当，就会导致大学生心理健康问题的产生。近几年来，大学生因为心理健康问题而被迫休学、退学、自残、自杀、伤害动物甚至杀人的案例屡见不鲜。因此，在新的形势下，我们必须重新思考和审视心理健康和心理健康教育对大学生的意义。

（一）心理健康是大学生全面发展和成才的重要基础

大学教育就是要培养全面发展的高素质人才。心理素质不仅是个体素质的重要组成部分，更是影响其他素质形成和发展的重要因素。心理健康对大学生的成长成才有着极为重要的影响。只有心理健康、心理素质好的人，才能承担繁重的学习任务，承担较高的社会期望和社会责任，才能对社会、对环境、对自己和他人形成正确的认知，才能与他人建立良好的人际关系，充分发挥自己的潜能，形成良好的道德品质，适应社会，成为全面发展的人才。如果一个大学生心理不够健康，经常处于焦虑、抑郁、孤僻、自卑、暴躁、怨恨、猜忌等不良的心理状态之中，他便不可能在学习、生活和工作中充分发挥自己的才能，成为全面发展的合格人才。

（二）心理健康是时代对大学生的要求

当今世界综合国力的竞争，实质上是科学技术的竞争，归根结底是人才的竞争。科技的发展、经济的振兴，乃至整个社会的进步都取决于人才素质的提高。大学生作为正在接受高等教育的青年群体，是国家未来的栋梁之材，既代表着先进青年的精神风貌，更预示着国家和民族的未来，他们的心理健康状况具有特别重要的意义。一方面，大学阶段是一个人世界观、人生观和价值观形成的重要时期，健康的心理是大学生接受思想政治教育和学习科学文化知识的前提和基础，是大学生正常学习、交往、生活和发展的基本保证。另一方面，现代社会的竞争已不单纯是体力和知识的竞争，更重要的是心理素质和人格的较量。国内外教育专家在讨论 21 世纪人才应当具备的素质时，所提出的素质要求很多方面都属于心理素质范畴，如开拓创新意识、独立自主精神、较强的社会适应能力、高度的责任感、良好的自信心、崇高的人格、对科学和真理的执着追求、善于学习、具有合作精神等。因此，大学生的心理健康不仅关系到大学生个人的全面发展和成才，更关系到民族素质的提高与国家的未来。具备良好的心理素质和健康的心理，是时代对大学生的基本要求。

二、我国大学生心理健康状况

大学生作为我国社会文化层次较高的群体，一向被认为是最活跃、最健康的群体之一。然而，面对现代社会竞争的日益激烈，过多、过快的变化让许多大学生感到不知所措，导致心理上的不适应。近年来大量的研究都表明了大学生心理健康状况令人担忧。有研究指出，在校大学生中出现心理障碍倾向者的比例为 30% ~ 40%，其中存在较严重心理障碍的大学生约占学生总数的 10%。将大学生的 SCL – 90 得分同全国正常成人常模比较，几乎所有的研究都发现大学生的得分高于成人。

1997 年北京市八所院校组成的"大学生心理素质调查"课题组使用 SCL –90对 23 所高校 5 200 名在校生进行调查，结果显示 16.5% 的学生存在着不同程度的心理问题甚至心理障碍。张敏（1998）对高等师范院校大学生心理健康状况的研究表明：65.5% 的高等师范院校学生存在各种轻度的不良心理反应，有 18.1% 的学生存在着各种明显的心理健康问题。梁宝勇（1999）采用 SCL –90 对 1 600 名大学生常见心理健康问题的研究表明：有 24.8% 的大学生至少存在一类心理健康问题。

我们（2002）在一项有关大学生心理健康状况的调查研究中发现：

（1）大学生的心理健康总体水平明显低于一般青年，而且在 SCL – 90 所

有因子上的得分均极为显著地高于一般青年。

（2）大学生的心理健康状况存在着性别差异。女生在恐怖方面明显地较男生严重，而在偏执、精神病性两个方面则显著地轻于男生。

（3）大学生心理健康状况存在文理科之间的差异。文科学生在人际关系敏感、抑郁、焦虑、敌对、偏执五个方面较理科学生严重。

（4）大学生心理健康状况存在年级间的差异。总的来说，一年级大学生的心理健康状况最差，二、三年级次之，四年级最好。

一般来说，大学生常见的心理问题主要表现为环境应激问题、自我认知失调、人际关系障碍、学习障碍、性心理适应不良和就业困惑等。环境应激问题主要在新生中表现比较突出。对于绝大多数的新生来说，他们离开了长期依赖的父母以及其他的亲人、朋友和熟悉的环境，面临的是陌生的校园、生疏而关系密切的新群体、新的生活方式和生活习惯等诸多问题，他们内心充满了矛盾，如理想中的大学生活与现实的矛盾、自豪感与自卑感的矛盾、独立性与依赖性的矛盾、渴望交往与孤独的矛盾等，这些会给新生带来不同程度的环境应激。当这种应激超过限度时，就会使学生出现失眠、食欲不振、注意力不集中、神经衰弱，甚至可能出现擅自离校的行为。自我认知失调主要是指许多大学生在中学表现突出，经常得到老师、家长的表扬和同学的羡慕，自我感觉良好，但是到了大学，周围高手如林，这种优越感消失了。许多人在步入大学殿堂后给自己设计了美好的未来，但是他们很快就发现，理想自我与现实自我之间存在很大的距离。这种矛盾冲突使部分学生产生失落、自卑、苦闷、颓废等心理反应。人际关系障碍主要指由于沟通不良、性格缺陷或缺乏社交基本态度与技能等导致人际关系不协调，甚至引发人际冲突，从而陷入孤独、逃避、自我防御的境地。学习障碍主要是指从中学过渡到大学，无论是学习内容和方法，还是教学方式等都发生了很大的变化，加上学习竞争压力大，会造成部分学生出现学习方面的心理障碍，如考试焦虑、注意力不能集中、失眠、头痛等。性心理适应不良主要是指由于缺乏科学的性知识和性观念，无法正确处理性冲动与性压抑之间的矛盾冲突而导致性心理的失常以及两性交往的不适和恋爱中出现的各种心理困扰。就业困惑主要是指在求职择业过程中缺乏选择的主动性，不了解与自己个性能力相匹配的职业，在面试时缺乏自信和技巧。期望过高、就业难等使部分学生产生心理困惑与挫折，感到前途渺茫，甚至出现自杀行为。

三、影响我国大学生心理健康的因素

大学生心理健康问题的形成非一日之寒，而是在各种内外因素的共同作用下长期累积的结果。因此，我们有必要全面探讨在大学生成长过程中，特别是早期，影响其心理健康的各种因素。

（一）生物因素

遗传是个体心理发展的生物学基础，没有这样的基础，或者在遗传上有严重的缺陷，都会对个体心理发展造成不可弥补的或者极为严重的不良影响。人们通过大量的家谱研究和双生子研究发现：遗传因素对学生心理健康有着重要的影响。学生某些心理健康问题与某些遗传因素有着不可否认的联系，有些心理疾病存在明显的家族性倾向。

神经系统的生化因素是影响心理健康的重要因素。研究发现，精神病患者脑组织、血液或尿中含有的一些化学物质，如果注入健康人体内，便会产生相应的精神症状。不同的神经递质对人的精神状态和精神疾病会产生不同的影响，如过多的肾上腺素能转化为一种致幻剂，影响神经传递而引起狂躁型精神病症状；一些精神分裂症状则与多巴胺过多有关。

同时，大量的研究也表明，母亲在孕期的营养、情绪及身体健康状况不佳，分娩过程异常，一些生理疾病、外伤及中毒、微量元素缺乏，神经内分泌系统异常等生理因素，都可能对子女的健康造成不利影响。

（二）家庭因素

大量的研究均表明，个体的早期经验对其一生的心理健康具有重要的影响。大凡成人所表现出来的各种心理问题，或多或少总带有其童年的体验和遭遇的痕迹。早期所经受的较大的挫折或创伤，可能会压抑在个体的潜意识中，在以后会以各种形式表现出来，形成个体的心理障碍。而个体早期的生活环境主要是家庭，家庭的结构和生活氛围、父母的教养方式、家庭经济状况等均对子女心理发展和心理健康具有重要影响。

1. 家庭的结构和生活氛围的影响

家庭的结构对儿童的心理健康有很大的影响。完整的家庭对子女的心理发展有良好的影响。父母对子女的带有差异性的教育是一种天然的和谐，是一种相互取长补短的巧妙配合。而不完整家庭则对子女的心理健康具有十分不利的影响。所谓不完整家庭是指双亲的一方或双方死亡、离婚等家庭。在这样的家庭中，由于性别残缺，缺少父爱或母爱，而且父母对子女的作用不

相同，两者不能互相代替，因此易使个体心理发展，特别是个性、情绪上出现缺陷或障碍，如孤僻、冷漠、粗暴、焦虑、敌意、忧郁、退缩等。

家庭中的生活氛围也对儿童的心理健康有直接的影响。儿童生活在家中，时刻感受和体验着家庭的生活氛围。如果家庭各成员之间互相尊重、互相爱护、坦诚、谅解、和气和忍让，家庭中形成一种和谐、温暖的人际关系和积极向上、轻松、欢乐的生活氛围，则非常有利于个体情绪稳定和良好性格的形成，有利于其心理健康。相反，如果家庭成员之间充满敌意和猜疑，父母经常吵架，则会导致个体焦虑不安和缺乏安全感，不利于其心理健康。

2. 父母的教养方式的影响

一般来说，父母对子女的教养方式主要有三种：民主式、专制式和溺爱式。在专制式的教养方式下，子女的意见和愿望得不到表达，他们很少得到尊重和温暖，其行为常常会受到斥责和禁止，容易形成畏惧、缺乏安全感、缺乏自信、富有攻击性等性格，会严重抑制其心理的发展，影响他们对社会的适应性。在溺爱式的教养方式下，子女得到过度的保护，得不到应有的锻炼，不承担应有的责任，同时，无原则地迁就，使子女成为家庭的主宰，他们容易变得任性、自私、嫉妒，并且自理能力差，缺乏应变能力和正确的自我观念，一旦欲望得不到满足，就容易发生攻击行为，不易适应社会和学校中的人际关系。在民主式的教养方式下，子女既得到尊重和保护，又受到良好的教育。家长对子女起到指导性的作用，既满足他们的正当需要，又对其不正当的要求和言行给予及时说服教育和帮助。在这种方式下，子女懂得关心人、尊重人、同情人，形成积极乐观和开朗的性格，能较好地适应社会和学校生活。由此可以看出，民主式的教养方式有利于子女的心理健康，而专制式和溺爱式的教养方式则不利于儿童的心理健康。但是近年来，由于人们生活水平的提高，大多数的家庭对子女的教养模式是：在物质上尽可能满足子女的要求，甚至百般迁就，而在学习上对子女期望过高，要求过严。前者造成子女的独立性差，心理承受能力低下，难以应付挫折；而后者又使他们面临重重挫折，经受着很大的心理压力。这样，子女的内心充满了矛盾和冲突，心理处于失衡状态且难以自拔，最后导致心理障碍的出现。

3. 家庭经济状况

从目前各高校的状况来看，学生的家庭经济状况，特别是家庭经济长期严重困难，会极大地影响大学生的心理健康。社会上的贫富不均在高校也明显体现出来。一些学生高消费，而一些学生却没钱交学费，甚至连维持日常生活都困难。这种巨大的落差会使许多家庭经济困难的学生产生强烈的自卑感和心理失衡。他们希望得到帮助，但是又不愿意让别人知道自己的困境，以免被人指指点点；他们想参加各种班级、社团活动，但是经济条件又不允许等。他们内心存在着严重的心理矛盾和困惑，由此造成各种烦恼抑郁、交往退缩等。此外，家庭中发生的重大事件等都会对学生的心理健康产生重大影响。

（三）学校因素

在大学生的成长过程中，学校教育对其心理发展和心理健康的影响占有重要地位。从学校教育的指导思想、组织形式和教学内容、方法到教师的态度、管理方式及对学生的期待，以及学习压力、人际关系压力和校风等，都会对学生的心理健康造成影响。主要有以下几个因素：

1. 教师的管理方式、期待的影响

与家庭的教养方式类似，教师的管理方式可以分为民主式、专制式和放任式。显然，民主式的管理方式最有利于学生的心理健康，而专制式、放任式的管理方式均不利于学生的心理健康。教师对学生的态度和期待也会对其心理健康产生效应。如果教师对学生有良好的、积极的期待，即使不用言语明确表达出来，学生也会不知不觉地感受到这些信息，并朝着教师所期待的方向健康发展。相反，如果教师对学生抱有消极的或失望、悲观的期待，就会导致学生消极心态的出现，从而影响其心理的健康发展。

2. 学习压力的作用

我们国家目前虽然正在大力推行素质教育，提倡给学生减负，但是应试教育的影响依然不可忽视。学校追求升学率，教师力求高分，家长望子成龙、望女成凤，在这种情形之下，学生的学习压力可想而知。虽说现在高校扩招，上大学的比例大大提高了，但是学生的学习压力却丝毫未减。

中等的压力，会使学生产生中等程度的紧张，易于注意力集中，调动积极性，有利于学习。但是过重的压力，会造成学生的焦虑不安等，长期处于这样的状态，就会导致心理问题的出现。在目前的教育体制下，无论是差生还是优生，均感压力重重。最近几年，由于学习压力过大而导致的考试焦虑症呈逐年增加之势。

3. 学校中人际关系的作用

学校中的人际关系是影响学生心理健康的重要因素。这是因为任何人都不能离开他人而生活，人有归属感和交往的需要。人际关系良好与否，会直

接影响学生的心理健康，或者说人际关系本身就是心理是否健康的重要标志之一。一个有良好的师生关系和同学关系，在班集体中得到肯定、尊重、温暖、平等对待的学生，会产生安全感，必然有利于其心理的健康发展。相反，一个缺乏良好师生关系，在群体中遭到否定、排斥并感到孤独的学生，会产生敌意、自卑、退缩或攻击性，从而不利其心理的健康发展。

此外，校风、学校的管理制度、教育方法与奖惩措施等都会影响学生的心理健康。

（四）社会因素

人总是生活在一定的社会环境之中，社会文化背景、政治经济状况、社区环境、社会风气、风俗习惯及重大的社会事件等，都会对大学生的心理健康产生影响。近二十年来，人类在社会经济、政治、文化和科技等领域取得了巨大的进步，人们的生活得到了很大的改善，但是同时也加剧了竞争，加快了人们的生活节奏，加大了生活的压力，因而导致人类的心理疾病的发生率不仅没有减少，反而呈不断上升的趋势。下面我们着重讨论两个与大学生心理健康有直接关系的社会因素，即就业问题与网络问题。

1. 就业问题

职业是人生命中的重要组成部分，它决定着一个人的收入、生活水平、社会地位、个人的价值和生活的满足与否。而一个人在事业上的成功与否，关键在于他是否能在所选择的工作中发展自我和实现自我价值，享受他所选定的生活方式。因此，对于大学生来说，就业问题非常重要。

近年来，我国大学生的就业分配制度发生了重大的变化，由过去"统包统分"的就业模式向"供需见面、双向选择、自主择业"的模式发展。同时由于国家许多经济政策的调整，大学生的就业形势变得十分严峻，许多地区，特别是欠发达地区，出现了大学毕业生就业十分困难的局面。在这种形势之下，许多大学生没有转变自己的择业观念和降低职业期待，对自己的个性、能力、兴趣等缺乏正确的了解，也缺乏求职的经验和面试技巧等，更加大了就业过程中的困难和挫折。上大学时的"风光"和毕业时的失落、无奈形成了强烈的反差，使许多大学生出现了心理的失衡，导致心理疾病的产生。

2. 网络问题

互联网跟其他科学技术一样，也是一把"双刃剑"。它既有助于大学生开阔视野，给他们带来机遇，但与此同时也给大学生造成了许多不容忽视的消极影响，特别是在心理健康方面。

首先，互联网对大学生的人际交往有重大影响。网上的人际交往不是面对面的直接交往，而是符号化的间接交往。应该说，在网络交流过程中，大学生们会感到更轻松、更自在。在虚拟化的社交环境中，大学生们不用担心、掩饰自己的缺陷，可以通过网络塑造自己的新形象，展现自我，满足许多现实中不可能满足的愿望。但是这种交往方式在物理空间上隔绝和孤立了交流主体，丧失了现实交往所固有的丰富的人情表达和密切的人伦关系，导致人际关系数字化、非伦理化、非人性化，使得人际关系能力下降。学生一旦离开网络，置身于现实社会中，面对现实中的人际交往时，就会出现人际交往的障碍。

其次，网络也会给大学生的人格发展带来影响。网络上所承载和传播的信息鱼龙混杂、良莠不齐。这既为大学生带来了新的观念和信息，有利于大学生形成开放的心态，也给世界观、人生观和价值观正在形成中的大学生带来很大的冲击，使大学生丧失对本民族文化传统和价值观的认同、信任和自豪感，造成大学生思想意识上的混乱和迷失，甚至严重扭曲其人格。

（五）大学生自身的心理特点

前面我们讨论了影响大学生心理健康的生物因素、家庭因素、学校因素和社会因素。这些因素对大学生心理健康的影响程度与其本身的内在心理素质有很大的关系。同样的生活事件对于不同的大学生个体来说，有不同的评价和态度，且有不同的意义和结果，因此对大学生心理健康的影响程度是不同的。

在大学生的各种心理特点中，最为重要的就是个性特点。那些性格开朗、乐观、自信、果断、坚强、独立的大学生，在面对各种得失、面对各种冲突与选择、面对各种困难与挫折时，他们能理性地对待，会有正确的态度和评价，而且会努力去克服困难，这样就会减少或消除这些应激源对其自身心理健康的不良影响。相反，那些自卑、退缩、孤僻、悲观、焦虑、依赖的大学生，在面对困难与挫折时，会出现不正确的态度与评价，会感到不知所措，会觉得自己生不逢时或者觉得生活对自己如此不公平，因此感到心灰意冷，甚至产生自杀的念头和行为。

参考文献

[1] 伍新春．高等教育心理学．北京：高等教育出版社，1999．

［2］樊富珉．大学生心理素质教程．北京：北京出版社，2002.

［3］樊富珉．大学生心理健康与发展．北京：清华大学出版社，1997.

［4］申荷永，高岚．心理教育．广州：暨南大学出版社，1995.

［5］周家华，王金凤．大学生心理健康教育．北京：清华大学出版社，2004.

［6］陈家麟．学校心理卫生学．北京：教育科学出版社，1991.

［7］陈家麟．学校心理健康教育：原理与操作．北京：教育科学出版社，2002.

［8］赵文杰．大学生心理卫生．上海：复旦大学出版社，2004.

［9］肖少北．心理素质教育若干问题研究．海南师范学院学报（人文社会科学版），1999，12（4）.

［10］肖少北，彭茹静．海南地区大学生心理健康状况调查．中国心理卫生杂志，2002，16（5）.

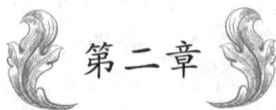

第二章

环境与心理健康

重要的不是环境，而是对环境作出的反应。

—— 鲍勃·康克林

环境有自然环境与社会环境之分。自然环境是社会环境的基础，而社会环境又是自然环境的发展。人类是自然的产物，而人类的活动又影响着自然环境。

第一节　自然环境与心理健康

一、气候与心理健康

人类的许多生命现象都与气候密切相关。人的任何一种生理机能，包括呼吸、血液循环、消化和代谢等在内的一切机体功能，几乎都受气候变化的影响。气候条件的好坏还能影响人们的心理，改变人们的行为，影响人们的工作效率。有利的气候条件，如气流、气温、湿度、光照等，可使人情绪高涨、心情舒畅、工作效率提高；相反，不利的气候条件则使人情绪低落、心情郁闷、工作效率降低。譬如，天气闷热时，人们容易急躁上火、坐立不安。

以下几种具体气候因素对人的心理健康都有影响。温度与人的情绪密切相关。高温的环境不利于通过热传导来降低体温，容易引起生理功能紊乱，

26

影响人体热平衡，使体温升高、情绪不稳、容易冲动，所以高温能引起人的暴躁情绪和过激行为，世界上炎热的地方也是攻击行为较多的地方。和高温一样，低温同样会对人的情绪产生重大影响。所谓的"冬季抑郁症"就是指每当寒冬来临、冰封大地时，许多人就会抑郁沉闷、无精打采、注意力分散、工作效率明显降低。风能影响人的神经系统，提高神经的兴奋性，使人的精神状态发生变化。当清风拂面时，人就会产生舒适感；如果空气不流通，如在拥挤的公交车、商场等，人就会感到心闷不畅、焦虑不安，影响工作效率。此外，降水、湿度、气压等也会对人的情绪产生一定影响：阴雨连绵会使人情绪低落、意志消沉；在潮湿气候里，城市里的暴力行为会增加；低气压会造成人们注意力不集中、无精打采，甚至心烦意乱。

二、饮食与心理健康

（一）饮食习惯与心理健康

有充分证据表明，膳食和营养因素可以导致癌症的发生。美国所有的死亡人数中有 2/3 与饮食有关。在癌症患者中，约50%的发病与饮食习惯有关。动物实验证实，最具致癌作用的化学物质是亚硝胺类化合物、黄曲霉素等，它们都可通过不良饮食习惯危害人体。从各个国家对大肠癌病因学研究的结果看，高脂肪、高蛋白饮食是与大肠癌的发病有关的两种重要因素。据估计，合理的饮食可使全球癌症患病率降低 30% ~40% 。多份研究报告指出，有益的食物能在各个不同阶段干扰癌细胞的生长，如某些食物能够抑制一些致癌化学物质，某些维生素和矿物质所含的抗氧化剂能够把那些氧游离基（致癌物质）扑灭，甚至能够修补一些受损的细胞。有证据表明，麦麸能使早期的癌细胞萎缩，类胡萝卜素可以防止细胞中的恶性转移和对细胞核的破坏。

心理学家及营养学家经过几十年的研究发现，人的心理和情绪状态颇受食物因素的影响。德国营养学家福尔克·帕德尔教授研究发现，新鲜香蕉中含有能够帮助大脑产生"5－羟色胺"的物质，这种物质类似化学"信使"，能将信号传送到大脑的神经末梢，使人的心情变得安宁、快活。富含 B 族维生素的食物，如粗面粉、谷物颗粒、酿啤酒的酵母、动物内脏及水果等，对治疗心情不佳、沮丧、抑郁症有明显的效果。特别是 B 族维生素中含有一种烟酸能减轻焦虑、疲倦、失眠及头痛症状。改变饮食习惯甚至能在一定程度上改变性格。美国心理学家夏乌斯博士在《饮食·犯罪·不正当行为》一书中曾提到一个怪僻少年杰利，他从小多动，难以管教，9 岁时曾被管教一段时间，11 岁即因涉嫌犯罪而被法庭传讯。当杰利父母听取营养学家的建议，对其控制糖类食物摄入后，杰利的性格明显好转。

不良饮食习惯与其他危险因素相结合后所造成的后果更为严重。例如，应激能增加脂质的反应性，而脂质水平能够影响智力功能，尤其是血清胆固醇浓度可能是与思维效能有关的脑营养物质水平的指标。

1. 常见的不良饮食习惯

（1）多食行为。

一些人盲目追求高能量或高蛋白饮食，并认为西餐比中餐好，比如有些大学生为了追求所谓的"时尚"，认为西餐比中餐更有营养。东、西方饮食习惯和差异历史已久，东方饮食所含的能量和蛋白质，虽比西方饮食偏低，但东方人的体型较瘦小，需求也较小，体内有关酶含量和消化液分泌量已与饮食结构相适应，盲目模仿，很容易造成消化不良或营养的失衡。

（2）进食无规律。

进食无规律主要是指忍饥挨饿和暴饮暴食，通常两者会同时存在于一个人身上。这种时而吃得很少或干脆不吃，时而又吃得很多的行为，使胃内长时间得不到食物，有时一下子又塞得满满的，日积月累，易致胃肠功能紊乱失调，甚至功能衰退，导致疾病发生。进食无规律行为多与心理、社会和环境因素等有关，例如大学生中特别是女生进食受情绪影响较大。

（3）挑食与偏食。

挑食与偏食直接或间接的后果是导致营养失衡，从而诱发诸多疾病。在正常情况下，铁的摄入与排泄基本上是平衡的，不易出现缺铁性贫血。但是，有些人吃米面只讲精细可口，导致米面中的大量铁元素在加工过程中流失，因而铁的摄入量也就降低。有些父母过分溺爱孩子，使之养成偏食挑食的习惯，或因缺乏喂养知识，过多地给孩子提供高档食品如各种补品等，孩子生长发育和造血所需的蛋白质、铁和维生素等食品却供应不足，从而导致孩子患缺铁性贫血。

挑食与偏食还可能引起纤维素缺乏症。过去，人们一直忽略了纤维素在营养方面的作用。虽然 20 世纪 70 年代以后，纤维素才逐渐被重视，但随着生活水平的提高，人们更为重视高营养的肉类或蛋类的食物，蔬菜吃得相对较少。长此以往，就会出现因纤维素缺乏诱发和加重某些疾病。

（4）共食习惯。

共食是一种特定的风俗习惯，虽在一定程度上能沟通感情、交流思想，

但极易传播某些疾病，弊大于利。共食是传染性肝炎和肠道传染病的一大传染途径。共食是一种文化现象，改变共食现象涉及社会文化观念的转变问题。

2. 健康的饮食习惯

健康的饮食习惯最重要的是"平衡膳食"的饮食结构。中国人历来讲究饮食要有利健康，宜于养生。古人在饮食方面提出的"调和五味""阴阳相济""膳食平衡"等许多观点，实为人类最早的有关饮食平衡的理论。美国人曾提倡的金字塔饮食结构，也是一种平衡膳食结构。塔底由各种谷物、面食、米饭组成，塔的中部是蔬菜和水果，塔的上部是肉类、家禽、水产品、蛋类、豆类和奶制品，塔尖是高脂食物。《中国居民膳食指南》以科学研究的成果和营养学原则为根据，针对我国居民的营养需要及膳食中的主要缺陷，结合我国的具体国情制定了以下一日三餐的饮食：

油脂类：25g

奶类及奶制品：100g

畜禽肉类：50～100g

鱼虾类：50g

蛋类：25～50g

蔬菜类：400～500g

水果类：100～200g

谷类：300～500g

饮食结构合理是日本人长寿的原因之一。日本人平日饮食主要为鱼、大豆、蔬菜、芝麻、绿茶之类的天然食物，都是些低脂肪的食品，且低盐高蛋白。日本人平均脂肪摄入量是欧美人的1/4，他们食物中植物性蛋白和动物性蛋白的比例为1∶1，而动物性蛋白中肉和鱼的比例也为1∶1，这是最理想的摄取量，也是长寿的必备条件。值得一提的是，现在越来越盛行的素食，也是一种对心理健康有利的饮食结构。

（二）饮食心理障碍

1. 肥胖症

肥胖症是指体内有过多的脂肪，致使体重超过应有标准的反常现象。医学上，个人体重超出应有体重的20%者为体重超常，超过应有体重的50%者为肥胖症。中国肥胖症患者日趋增多，据统计，目前全国肥胖症患者已超过

7 000 万人。据广州市 2000 年的一项调查，广州中小学生中体重超重比例达到了 8% 以上。

评价肥胖的指标有 BMI、皮皱比和 WHR：①BMI 是指体重与身高的平方之比，$BMI = W（kg）/H^2（m）$。BMI 的健康指数为 18.5～25，25～29.9 被视为超重，大于 30 表示肥胖，但这是从西方白种人流行病学研究中得出的。近年来，医生们发现该指标并不适合中国人，因为没有多少中国人的 BMI 超过 30，但冠心病和糖尿病在中国已逐渐流行。有专家指出，中国人群的平均体重指数要低于西方人群，中国对于超重肥胖和心血管病危险因素的关系已积累了大量流行病学资料，有条件对中国人的体重指数进行分析研讨，BMI 大于等于 24 可建议为中国人群超重的切点。②皮皱比是通过测量身体组织的成分来确定肥胖的程度，典型的方法是用两脚规测量肱三头肌和肩胛骨下方的皮皱，测得的双层脂肪的厚度作为肥胖的指标，指数越大越肥胖，通常肥胖女性的数值为 69 毫米，男性为 45 毫米。③WHR 即腰臀比，是指身体处于自然状态时的腰围和臀围的比值，WHR 指数女性大于 0.8、男性大于 0.95 表示肥胖。

对肥胖儿童的研究表明（肖延凤，2001），肥胖儿童喜好油炸、肉类、高脂、甜点、西式快餐类食品，自幼开始过度喂养或过量进食，而且过多摄入的主要是淀粉和肉类食品。肥胖儿童的食欲明显旺盛，且进食速度明显快于对照组儿童。这通常与其父母的饮食习惯和育儿观有关，肥胖儿童的父母往往喜欢吃高脂类食物，并且鼓励子女多进食，将进食作为奖赏、安抚、休闲和惩罚的手段，这会促进儿童的食欲。

对肥胖的心理干预目前主要采用认知干预和行为干预。认知干预的重点在于使肥胖者认识到减少热量食品的摄入量，增加热量的消耗，增加体力活动有助于减少脂肪在体内的积累等措施的重要性。同时对于超重和肥胖症患者，要指导他们防止滥用药物，让其明白各种各样的减肥茶、减肥霜、营养素之类的减肥产品是解决不了根本问题的。即使是因内分泌疾病引起的肥胖，在针对不同的疾病予以药物治疗的同时，也要从饮食习惯和生活方式上予以调节，才能达到减肥和控制体重的目的。行为干预的关键是饮食行为和运动行为的改变，涉及以下内容：①自我监测，主要是每日记录食物的摄入量、运动量和体重，这能直接产生减肥效应，也能为后面的自我奖励做准备；②自我奖励或惩罚，即对自己的摄食行为活动和效果进行正强化（自我奖励）或惩罚，以巩固良好行为；③刺激控制，即限制与过量进食有关的刺激，如

使用小盘子，不与多食者一同进餐等。

2. 贪食症

典型的贪食症表现为：不能控制自己的进餐饥饱程度，周期性的、强烈的摄食欲望，一次可进食大量的食物，而以暴饮暴食、引吐、导泻为主要表现形式。在心理上的主要问题是认知歪曲，存在自我形象感知障碍。贪食症患者通常人际关系差、矛盾冲突多、社交技能和社会能力较差。

治疗方法：认知疗法和药物治疗。主要纠正患者的不良认知观念，包括认知重建、纠正歪曲的信念和贪食行为，增强决断力和解决问题的技能，并进行必要的放松训练。

3. 神经性厌食症

神经性厌食症是由节食不当引起的严重体重失调。如没有其他生理上的原因，仅仅由于患者厌恶进食而导致正常体重明显下降25%者，即被视为神经性厌食症，情况严重时，可因为拒绝进食而使正常体重下降50%以上，进而导致生命危险。神经性厌食症的主要症状除体重明显下降外，患者对食物极度厌恶，先是忍着饥饿不吃食物，后来变成在食物面前也不觉得饥饿，甚至被别人劝说进食后，也会以自行引导的方式，将吃下的食物呕吐出来。他们常因低血糖出现恶心、头晕、乏力、体温低、心率慢、血压低和有时昏厥等症状，还出现皮肤干燥、苍白、弹性差、皮下脂肪薄，因低蛋白血症出现皮肤水肿等极度营养不良表现。常伴有严重的内分泌功能紊乱、女性闭经、男性性欲减退或阳痿，如果发生在青春期前，会导致发育减慢，甚至停滞。该类患者常有情绪不稳、焦虑、失眠、强迫观念甚至抑郁，严重者可有自杀观念及行为。

神经性厌食症的患者多为青年期的女性，年龄多在 12～25 岁之间，女性的发病率比男性高 20 倍。据调查发现，大学生中的神经性厌食症患者通常属于智商较高、行为良好、做事认真的学生，他们对自己的形象过分在意，甚至将美感观念扭曲。

迄今为止，尽管神经性厌食症的病因和发病机制尚不清楚，但大量的研究表明，生物学、社会、家庭、文化及心理因素间的相互作用，对神经性厌食症的发病有直接的影响，例如急性精神创伤或心情持续抑郁等。

神经性厌食症的治疗是十分困难和棘手的。患者常常不愿主动就诊，往往是在家庭压力或减肥产生并发症后才被迫就诊。目前主要采用两种方法治疗：①家庭治疗，由患者的父母或家庭成员参加治疗，对年轻女性而言，通常家庭功能完整并且全体家庭成员参加时效果较好；②药物治疗，常用一种抗精神病药氯丙嗪，可以减轻焦虑，增进食欲。

4. 异食癖

异食癖患者会有一些奇怪的饮食行为，如吃土块、橡皮或纸屑等，其典型特点是：①经常食用某一种或多种常人不能吃，并确实危害人体健康的"东西"；②该行为可由隐蔽到公开，最后发展到顽固成性、不可自我控制的病态行为地步；③多有负性的心理因素影响，或是意外的精神打击的经历；④多发生在儿童和青少年中。

在心理治疗中可采用正强化疗法和认知疗法。正强化疗法是指加强对患者的关爱，鼓励患者吃正常的食品，使其逐步减少和停止异食癖的行为。认知疗法是指通过改变患者家人和周围人的态度，改变引起患者异食癖的不良心理环境来达到改变其行为的目的。

三、拥挤与心理健康

拥挤一直被认为是一种消极的、不愉快的状态，甚至会产生一些恶劣的后果。其中最有名的例子是 1756 年发生的"黑穴事件"：1756 年 6 月 20 日下午 6 点左右，印度军队偷袭了驻守在加尔各答威廉要塞的英军。双方交战后，印军获胜，俘房了英军及其家眷共 146 人，并把他们囚禁在 33 平方米的黑漆漆的如洞穴般的监牢里，仅有两个小铁窗让空气流通。这个监牢平时最多关 40～50 人，现在却塞进了 146 人，相当于平时的 3 倍，拥挤不堪的空间使人们连自由活动身躯都难以做到。当时，气候已逐渐闷热，146 人被关在空气不流通的黑牢里，难免呼吸困难，加上大量排汗，更觉得口干舌燥，俘房们纷纷脱掉身上的衣服，并用帽子当扇子扇风，都无济于事。有的人站累了，只好相互贴着身子一起坐下，一旦要站起来，却没那么容易了。疲惫不堪或受了伤的人站不起来，只有一直躺着，没多久，由于空气不流通，窒息而死。大部分的人烦躁不安，逐渐变得凶暴、毫无理性。有的人向监视的士兵哀求给水喝，有个心地善良的士兵拿了几袋水放在窗口。俘房们一看到水，纷纷挤向窗边，牢房内一片混乱，俘房们你推我挤，许多人因遭压挤、踩踏而死，也有人因心脏急速跳动，支持不住而窒息身亡。深夜时分，俘房们已死亡大半，即使侥幸生存的人，也多半神志不清，真正能够保持清醒的大概只有站在铁窗边的少数几个人。天快亮时，牢房内横七竖八地躺了 123 具尸体。这时候，在外看守的士兵终于意识到事态严重，急忙向上级报告。当上级下令

打开黑暗的监牢时，牢房的门竟然被堆积满地的尸体卡住了，无法向内开启，幸存的人费尽九牛二虎之力将尸体移走，打开了牢门。这时，侥幸存活的只有 23 人。

在环境心理学里，密度和拥挤是两个经常交替使用但实际上有区别的概念。密度是客观的物理状态，指的是单位空间中的人数。拥挤指的是心理上的状态，它不是一个物理量，而是个人的主观反应，是对空间太小而周围人数又太多的感受。许多学者认为，密度是对人们是否感到拥挤最有影响的因素。当然高密度不一定导致拥挤，譬如参加一个同学聚会，虽然当时密度很高，但也不会感到拥挤，其原因可能是你们很熟悉；相反，在同样的密度条件下，和陌生人在一起，你或许就会有拥挤的感觉。此外，高密度还会受到某些修正因素的影响，包括情境因素和个人的某些特征，正是这些修正因素导致高密度有时会产生拥挤，有时则不产生。

（一）高密度对人类的影响

1. 高密度与情感反应

一般认为，高密度会引起普遍的消极情感反应，然而实验结果与这一假设并不完全一致。在改变空间密度的实验中，男性在高密度时比在低密度时体验到更多的消极心境。而女性则相反（Freedman et al.，1972），能彼此友好相处，以比较合作的方式对待拥挤的情境。而且有证据表明，对女性来说，空间高密度并不引起新的心境，只是对原有的心境起到强化作用。对于空间高密度造成的这种性别差异，一些心理学家认为，这反映了男性具有更强的竞争性社会倾向，而女性具有更合群的社会倾向。

2. 高密度与社会行为

高密度导致攻击性似乎是不争的事实。Cox 等人在 1984 年的报告中说，在美国南方的监狱里，密度和暴力活动存在明确的联系。几个月的时间里一所监狱的在押犯人减少了 30%，此段时间内犯人互相攻击的事件也相应减少了 60%，后来此监狱的人数增加了 19%，随之而来的是犯人间的互相攻击事件也增加了 36%。有人对儿童研究发现，如果孩子比玩具多，每个孩子都想得到一个玩具，在玩具不够分时，提高空间密度可能会引起攻击性（Rohe & Patterson，1974），这一现象说明，高密度引起的攻击性与资源的多少及其分配有关。

高密度还会减少助人行为。Bickman 在研究中把封了口贴上邮票的信函故意放在三种密度不同的公寓的地板上，结果发现放在高密度公寓里的信函常常还是在地板上，而放在低密度公寓地板上的信函则被人们从地板上捡起邮寄走了。在另一个实验里，Jorgenson 等人为咖啡厅制定了一个规则，即顾客们在喝完咖啡后把咖啡杯和托盘放回洗涤区，结果发现当咖啡厅里人很多时，这种助人的行为减少了。

3. 高密度对工作绩效的影响

早期研究大多针对简单任务，发现高密度对工作绩效没有影响，后来针对复杂任务的研究得出了不同的结论。Evans（1974）要求被试在实验室完成几项作业，这些作业包括一些基本的信息加工和做决定等认知过程，每一个作业都有简单和复杂两种版本，Evans 还为这些作业设计了两种空间密度（1 平方米/人、6 平方米/人）。结果发现，对大多数作业而言，高密度影响了复杂作业的绩效，但对简单作业则没有影响。

还有人提出（Heller，Groff & Solomon，1977），对于拥挤的许多研究只着重于场所的物质特性，而忽视了作为高密度场所典型特征的各种人际接触。在实验中，Heller 等人让被试完成一个简单的办公室作业——在装订前按页码整理稿件。研究人员为作业安排了两种条件：一是打字稿散乱在房间四周，二是打字稿整齐地堆在一起。在第一种条件下，研究人员要求被试之间讲话或四处走动。结果发现，当被试间不讲话以及在环境中不走动时，高密度对作业绩效没有影响；当被试间相互讲话以及来回走动时，高密度条件下的作业绩效明显比低密度条件下的差。

（二）影响拥挤感的其他因素

1. 个人特征

（1）人格特征。

有人发现，内控制点（认为自己能够把握和支配生活）的人比外控制点（认为自己的命运由外力所控制）的人对拥挤表现出更强的耐受性。

喜欢交际的人能缓和拥挤的感受。Miller（1971）请被试在一个房间模型上粘贴一些人形，直至他们感到拥挤为止，结果发现爱交际的人粘贴的人形最多。在另一实验中（1981），他把好社交的学生分别安排在不同密度的公寓里，结果发现在低密度公寓中的被试，要比在高密度公寓里的被试所感到的压力大，这是否意味着这些人在社会负荷较高的环境里反而感觉更轻松呢？

（2）性别。

男性和女性对待高密度的方式是不同的。在高密度情境中，男性的情感、态度和社会行为比在低密度情境中更具有敌意；相反，女性在高密度情境中，

竞争性和相互间的敌意较少，而相互爱护较多。这些倾向在幼儿、大学生的拥挤研究中也得到证实。

（3）适应水平。

具有高密度生活经历的人体验到拥挤的可能性较小。例如日本和中国香港的高密度居住环境锻炼了日本人和香港人对拥挤的耐受力；现在我国大学生宿舍一般是4~8人一间，虽然他们大多数是独生子女，但四年的宿舍生活同样提高了他们对拥挤的耐受力。然而，同样的结论不能用于监狱，监狱犯人关押的时间越长，对拥挤的耐受力就越低。

2. 情境因素

（1）文化差异。

高密度不一定导致个人或社会的病症。香港的人口密度差不多是多伦多中心区的四倍，但它的犯罪率只有多伦多的1/4，这就是文化差异。在高密度对人类行为的影响中，文化具有调节作用。作为群体，英国人最不能容忍高密度环境，而亚洲人最能容忍高密度环境，意大利人则介于两者之间。

（2）情境类型。

据Stokols（1976）的观点，环境分为首属环境和次级环境。在首属环境中，人们耗费了大量的时间，从事着主要活动，与和他们生活关系密切的人待在一起，这些环境包括住宅、教室、个人办公室等；在次级环境中，人们所花的时间是短暂的，行为活动也是微不足道的，这类环境包括交通工具、运动场地、休闲场地等。因而高密度所引起的社交干扰，在首属环境中比在次级环境中更具破坏性，譬如大学生在宿舍受到的干扰相对于其他场合更大。

（3）人际关系。

如果共享空间中的人们关系比较好，那么这种关系可以缓和高密度带来的压力。譬如和喜欢的人在一起比和不喜欢的人在一起体验到的拥挤感要轻，和熟人在一起比和陌生人在一起体验到的拥挤感轻。Schaeffer 和 Patterson 让被试相信即将和他们做伴的那个人与他们志趣相投，能和谐相处，果然这些被试所报告的拥挤度就比较低。

四、其他环境刺激与心理健康

（一）噪音与心理健康

噪音通常是与乐音相对的，目前国内外对于什么是噪音没有一个严格精确的定义。一般地，环境心理学家认为，那些令人烦躁、不愉快的以及不需要的声音均可称为噪音。噪音是现代城市的主要污染之一，它已被国际标准化组织列为首要公害，在我国被视为城市的第二大公害。它不仅妨碍人们的听力，干扰人们的注意力，还影响着人们的情绪和行为。

1. 噪音与情绪

噪音对心理活动的影响突出表现在情绪反应上。美国的亨利莱对噪音如何影响大脑的化学性质而改变人的情绪做了首次科学研究，证明了噪音可以像药品那样改变人的情绪。他把两组大鼠分别放在 70 分贝和 100 分贝水平的"白色噪音"（无意义混合噪音）环境中各 45 分钟，对照组在安静的环境中放相同的时间，然后分析各组大鼠脑。结果发现两组放置在"白色噪音"中的大鼠脑的化学性质在不同区域发生了不同方式的变化，所有这些变化都影响到神经细胞间的冲动传导所涉及的化学物质水平（刘正华，1991）。噪音正是通过这些化学物质水平的失调，影响和改变了我们的情绪和精神状态。

经研究发现，在强噪音环境中工作的人比在安静环境中工作的人更容易寻事挑衅，他们常常会无端猜疑，动不动就发怒。美国一些汽车工人宁愿上夜班而不愿上白天班，因为晚上噪音比白天小，而且上夜班的人和管理人员容易相处得好；白天班则不同，工人们在嘈杂的厂房中工作，相互交往的机会较少，彼此间因听不到对方说话的声音而不得不提高嗓门，被迫大喊大叫，容易发怒。

2. 噪音与注意力

在噪音的刺激下，人们容易注意力不集中。噪音一方面会抑制负载必要信息的声音信号，从而形成干扰，限制信息通过听觉分析器的传递，甚至还会使声音信号无法传入大脑；另一方面，噪音还会使人分心，不能很好地去解决问题。

根据耶基斯—多德森定律，噪音所引起的恰当水平的唤醒可以提高工作效率，而过高水平的唤醒则会降低工作效率，特别是对那些要求注意力高度集中的复杂作业，由于噪音分散了人们的注意力，工作起来就容易出差错。据调查发现，噪音对大学生英语四、六级考试成绩的影响较大。实验室研究发现，90～110 分贝的噪音对简单的体力和脑力劳动的工作效率没有不利影响，而同样响度又不可预见的噪音会妨碍需要集中注意的任务的顺利完成，如打字、校对、速记等工作。

3. 噪音与身心疾病

听力损伤是长期暴露于高响度噪音下的直接后果之一，眼睛是继耳朵之

后的又一受害器官。有资料表明，当音响强度在90分贝以上时，识别弱光反应的时间延长，40%的人瞳孔扩大；当音响强度达到115分贝时，眼睛对光亮度的适应性下降20%，同时伴有色觉能力的削弱。

暴露于噪音之下还会增加应激，从而引发一系列身心疾病，如精神病、高血压、胃肠病、胎儿畸形等。一项研究比较了伦敦希思罗机场周围高噪音区和低噪音区的精神病发病率，发现高发病率出现在高噪音区。

（二）颜色与心理健康

大自然的各种颜色会使人产生各种感觉，能陶冶人的情操，且与人的心理健康有密切的关系。

人们体验最深的就是颜色会影响人的情绪。明快的颜色能引起人的愉快感，阴郁的颜色可能是心情不佳的原因。实验证明，看到黄色，人就会联想到阳光和火焰，从而感到温暖、快乐；看到蓝色和青绿，就会联想到海水、天空和绿荫，从而感到清新、凉爽。另外，颜色有冷暖、明暗之分。暖色通常指红、橙、黄等，它们刺激性强，能使大脑皮层兴奋；冷色通常指绿、蓝、紫等，刺激性较弱，能使大脑皮层抑制，产生清凉的感觉；明色会引起轻松、自由、舒畅的感觉，暗色会使人压抑和不安。国外曾发生过一件有趣的事：有一座黑色的桥梁，每年都有一些人在那里自杀。后来把桥涂成天蓝色，自杀的人显著减少了；当人们把桥涂成粉红色以后，竟然没有人在那儿自杀了。从心理学角度来分析，黑色显得阴沉，会加重人的痛苦和绝望的心情，把人向死亡推进了一步；而天蓝色和粉红色会让人感到愉快开朗，充满希望，使人从绝望中挣扎出来，重新燃起希望之火。

颜色疗法是近年来一种重放异彩的古代疗法。了解各种颜色的生理作用，正确使用颜色，可以消除疲劳、抑制烦躁、控制情绪、调整和改善人的肌体功能。据研究，一些疾病在很大程度上是由于人体内色谱失衡或缺少某种颜色造成的。在我们体内有七种腺体中心，分布在脊柱的不同部位。每种颜色都能产生一种电磁波长，这些波长由视觉神经传递给大脑，促使腺体分泌激素，从而影响人的心理与肌体，达到医疗作用。每一种颜色有其独特的作用，令人产生不同的情感。在装饰、化妆、服装和广告方面合理使用色彩可以取得宜人的效果。

美国心理学家策勒在美国一所医院里，对病房、门窗、墙壁、家具、床单、灯光等用不同的颜色，分别用于不同的治疗目的。他根据多年的医疗实践发现，颜色对于患者具有刺激、镇静、治疗三种作用。例如红色和黄色可能引起患者的希望、欲望、兴奋和活动。但红色不宜过多，否则易使人神志紊乱。科学家经过进一步研究证明：医院墙壁上刷淡绿色、浅黄色，可使患者情绪镇静、安适，有助于恢复健康。高血压患者戴上有色眼镜，有助于降低血压；蓝色对感冒有良好的治疗和预防作用；紫色环境可使孕妇得到安慰等。

（三）空气污染与心理健康

近四十年来，空气污染日益成为威胁城市环境的严重问题之一。空气污染对人的心理、行为有影响。它一方面减少了空气中氧的含量，另一方面增加了对人体有害的污染物，从而对人的生理、心理产生影响。

空气污染对心理的影响有很多的表现方式，粉尘和烟雾是其中比较直观的两种方式。它们使环境空气中充满浓雾，降低能见度，使人们心情郁闷，对外来刺激不能作出正确反应，容易形成错觉。相对于粉尘和烟雾，空气中其他看不见的污染物对人们的心理、生理构成的威胁更大。例如，塑料工厂的氰乙烯毒气使人失眠、多梦、抑郁、定向发生障碍；油漆车间的二甲苯气体，使人记忆力下降、神志不清、产生幻觉、表情冷漠、乏力懒惰而容易激动。

案例 2-1　厄尔尼诺现象

在赤道太平洋，沿南美厄瓜多尔及秘鲁海岸的冷水区域周期性出现的一股向南流动的暖洋流，使海区的水温比正常年份增高3℃～6℃，并导致海洋浮游生物、鱼群以及鸟类大批死亡，这种异常现象就是著名的"厄尔尼诺现象"。1982—1983年，通常干旱的赤道东太平洋降水大增，南美西部夏季出现反常暴雨，厄瓜多尔、秘鲁、智利、巴拉圭、阿根廷东北部遭受洪水袭击，厄瓜多尔的降水比正常年份多15倍，洪水冲决堤坝，淹没农田，几十万人无家可归。在美国西海岸，加州沿海公路被淹没，内华达等五个州的洪水和泥石流巨浪高达9米。在太平洋西侧，澳大利亚由于干旱引起灌木林大火，造成多人死亡；印度尼西亚的东加里曼丹发生森林大火，并殃及马来西亚和新加坡；大火产生的烟雾使马来西亚空运中断，三个州被迫实行定量供水，新加坡的炎热是35年来最严重的。据统计，本次厄尔尼诺事件在世界范围造成的经济损失约为200亿美元，范围可达整个热带太平洋东部至中部。

评论　拯救大自然，也就是拯救人类自己。

小故事大智慧 2-1 养龙

虞舜时代有个人擅长养龙。舜帝为表彰他养龙的功劳，赐他为豢龙氏，并赏给他两条龙。豢龙氏将龙饲养起来，这两条龙住在主人为它们准备的房子和池塘里，吃着主人为它们准备的美食，它们觉得大海不值得畅游，海里的鲸鱼也不够肥美了。它们就这样安逸悠闲地生活着，最后丧失了龙的许多特点，到头来被杀掉了。

评论 当环境适合自身的发展时，要珍惜并充分利用它；当环境不适合自己的发展时，要有强烈的自律能力。

第二节 社会环境与心理健康

社会环境是指人类生存及活动范围内的社会物质和精神条件的总和。广义的社会环境包括整个社会经济文化体系，如生产力、生产关系、社会制度、社会意识和社会文化。狭义的社会环境仅指人类生活的直接环境，如家庭、劳动组织、学习条件和其他集体性社团等。社会环境对人类的形成和发展起着重要的作用，同时人类活动给予社会环境以深刻的影响，而人类本身在适应改造社会环境的过程中也在不断变化。本节仅以有限的篇幅讨论一下当前在中国变化较大的几个社会环境因素——社会改革、社会文化变迁、价值观变化和家庭结构变化对人们心理健康的影响。

一、社会改革与心理健康

中国正进行深刻的社会改革，人们面临全新的急骤变化的世界，心灵经历着洗礼。马克思在《共产党宣言》中指出："人的观念、观点和概念，一句话，人的意识随着人们的生活资料、人们的社会关系、人们的社会存在的改变而改变。"社会改革促使整个社会环境发生了巨大变化，这必然会对人们的心理产生一定的影响。

（一）积极影响

1. 社会改革促进了人的个性的进一步解放

社会改革一个重要的标志就是社会生产力的变革和发展。邓小平同志指出："革命是解放生产力，改革也是解放生产力。"生产力的重大变革和发展是通过人的思想解放、观念更新、智力的发展和生产技能的提高等人的个性的解放和发展而实现的。我国的改革实践证明，改革为人的个性发展提供了强大动力，促进了人的思想解放，使人冲破种种限制个性发展的旧有观念的束缚，唤醒了人的主体意识、价值意识、竞争意识、利益意识等。譬如现代大学生主体意识、竞争意识比过去大学生更强，他们乐于挑战自我、规划自己的人生。正如邓小平同志所说，改革促进了生产力的发展，引起了经济生活、社会生活、工作方式和精神状态的一系列深刻变化。

2. 社会改革促进了人的潜能的发挥

由于个性的解放，人的潜能也得到进一步的发挥。在过去僵化封闭的旧体制下，知识信息资源的缺乏、职业领域的狭小，使人的潜能发挥受到了很大程度的限制。而在改革开放的环境中，教育体制和就业体制的改革以及产业结构的调整变化，扩大了人们受教育的机会和就业的机会，为人的潜能发挥提供了可能性和现实性。受教育机会增多和文化水平的提高是人的潜能充分发挥的重要前提。同时，产业结构的升级、就业体制的改革，促进了人员的正常流动和职业角色的转换以及体力劳动和脑力劳动的结合，这在很大程度上做到了人尽其才、才尽其用。

3. 社会改革促进了人的需要的发展

这表现在人们需要满足内容的丰富性、需要满足途径的多样性和需要向更高层次发展的趋势。

首先，社会改革解放了生产力，促进了经济的大幅度增长，为人们提供了比过去更加丰富的物质产品和精神产品，极大地满足了人们日益增长的物质文化生活的需要。例如，食物结构的改变、服装颜色款式的多样化满足了人们多种多样的物质生活需要以及审美需要。其次，伴随着需要内容的丰富，满足需要的途径和手段也趋于多样化。如随着社会知识信息传播媒介的发展，人们为满足自我发展需要所需的知识信息，不仅仅通过单一书本来获得，还可以通过各种现代传播媒体如电视、互联网等而获得。人们需要的层次不再仅仅停留在维持生理需要和物质需要上，而是向社会性需要等更高层次的需要发展，如精神享受的需要、自我发展的需要、贡献社会的需要。人们不再只追求吃饱穿暖，还进一步追求丰富的娱乐生活、追求知识、追求自身的完善、追求个人才能的发挥，力求对社会有所贡献。

（二）消极影响

1. 利益的重新分配带来心理失衡感

利益格局的调整使得贫富差距拉大，以前的"大锅饭""铁饭碗""旱涝

保收"等计划经济的产物被逐步打破，取而代之的是多劳多得。知识、智力和能力等作为无形资本参与财富分配，加上社会保障体系的建立需要有一个过程，所以很多人出现埋怨、攀比和嫉妒等心理。市场经济是一种优胜劣汰的经济形态，要求市场主体在市场竞争中以自身优势来取得效益的最大化，这就不可避免地带来利益分配的差距，一部分人产生不平衡感也是在所难免的。

2. 社会竞争的加剧带来焦虑感

社会发展的进程是加速工业化和城市化，在此进程中，人口迅速向作为工商业中心的都市集中，造成人口相对密度的急剧增加。加上人口绝对数量的增加，有限的工作岗位、职称晋升机会、社会福利等使竞争无处不在。生活节奏加快，加之教育竞争、职级竞争、岗位竞争等，人人都有种"不进则退"的焦虑感。譬如我国大学生在就业中面对激烈的岗位竞争，有些人甚至在大学一年级时就开始为就业做各种相关知识、技能的准备。

3. 人际关系的疏离带来孤独感

竞争加速、生活节奏加快、时间的紧迫感使人们越来越疏于人际交往，更多地倾向于理性生活而非感性生活，业余生活多是工作或学习；各种信息载体和大众传播媒介扩大了人们的视界，丰富了人们的精神生活，但剥夺了面对面心灵沟通的机会。电视机、电脑、手机成为生活的中心，人与机器成为最好的伴侣，人与人的情感联系则逐渐淡化。虽然传统家庭稳定、大型，担负着生产、消费、生殖、保护、教育等多种功能，但是社会变革使这些传统的家庭功能发生巨大变化，教育功能转移给学校，安全保护功能转移到保险、社会福利、公安部门等，使得家庭的重要性开始下降，家庭在某些人眼中变得可有可无、形同虚设。家庭成员沟通不够，安全、爱与归属的基本需要得不到满足，往往形成孤独感。

二、社会文化变迁与心理健康

一切社会文化现象突发、持续、急剧或缓慢的变迁，都称为社会文化变迁。在改革开放的大潮下所形成的当代中国社会的文化变迁运动以及由其所带来的"震荡"和"冲击"对人们产生了前所未有的影响。一般来说，受不同的社会文化因素和特定的心理因素的制约，不同的个体对文化变迁的心理与行为反应不尽相同。在社会文化变迁中有三种最为常见的人格取向：第一，进取型。这种类型的人虽然在原先社会化过程中已经逐渐形成了自己的人格、价值观和行为规范，但他能随着外界事物的变化重新调整自己。这种人具有较强的再社会化能力，能较快地接受新思想、新事物，他们的生活态度积极并能随时迎接新的挑战。第二，守旧型。这种类型的人在完成基本社会化以后，便始终坚信业已形成的价值观念和思维方式。其表现形式是思想保守、具有怀旧心理、以不变应万变，乃至表现出偏执狂式的人格障碍。第三，反社会型。这类人在发现自己原有的价值观和生活方式不起作用，而新的观念还没有形成或难以形成时，就会产生一种对现有文化类型的不满或无知，甚至导致越轨或犯罪。社会学家严景耀曾写道："在中国文化中，家庭关系是最基本的和最巩固的关系。但自西风东渐以来，大家庭制度在崩溃中，城市中这种现象尤为显著，因为西方的工业化、商业化的城市生活和中国人的生活方式格格不入，犯罪就是文化失调在家庭关系与其他社会关系上的一种表现。"他列举了 33 个个案，都证明了这些人的人格是由于社会文化变迁而引起的反社会现象。

在社会文化变迁中出现了一种特殊的"边际人"现象。它是在社会文化变迁或地理迁徙过程中产生的一种转型人格，是在新旧文化或本族文化与他族文化的碰撞、选择、冲突下导致人格呈现多变双重化的产物。边际人的心理处在一种失范状态，既怀有希望又常失望；既急需选择又别无选择；既要为适应新环境进行冒险，又要为承受旧传统付出忍耐；在边际人身上，憧憬和痛苦并存，发奋和颓废同在。边际人的类型从时空上可以分为两种具体形态：历时态边际人和共时态边际人。历时态边际人又可称为"过渡人"，这种类型的边际人通常出现在社会动荡或社会大变革时期。新旧思想的交替、传统向现代的转变、社会结构的变迁和科学技术的革命等都会使他们产生茫然、失范、冲突和生疏的感觉。但其中也有一部分人最终会成为时代浪尖上的弄潮儿，推动历史前进的先驱者，诸如"少年中国"的梁启超、"五四"时期的新青年、"四五"运动的新诗人等。共时态边际人又可称为"边缘人"，这种类型的边际人与历时态边际人不同，他们是由于国际联姻、出访、留学、移民等原因而生活于两种不同文化中的人，这种生活经历使他们几乎同时受到两种不同文化类型的影响、熏陶和教育。虽说他们的内心还存在着旧有的价值系统和现存价值观念的冲突，但他们基本上摆脱和超越了本土文化，并能够更加客观、理智、清楚地认识自己民族和其他民族的文化差异。美籍华人学者许烺光在他的成名作《美国人与中国人：两种生活方式比较》中的一段话成了边缘人的典型告白："我是一个'边缘人'，我出生并成长于一种文

化环境中——在那里，生活停滞，大部分人的生活几乎完全可以预知，后来我被从这一文化中赶了出来，到另一种文化中生活和工作。在后一种文化中，人们渴望变化，因为它本来就追求进步，万物与众生的面貌总是变动不居的。处在对比如此明显的两种文化中的人，本来就徘徊于每种文化的边缘。他自己就像是漫步于这两种文化边缘上的两个人一样……"过渡人和边缘人都是边际人，区别只是前者是文化转型的结果，后者是文化交融的产物。但是，在我们这个时代，社会的文化转型和文化交融常常是一种相伴而生的现象。因此，在整个地球变得越来越"小"，各种文化间的交流变得越来越频繁，而各个国家和民族的经济和文化又以比以往的社会快百倍千倍的速度发展的今天，边际人确实已经成为一种十分普遍的转型人格。这种边际人的普遍化倾向加深了我们这个时代的精神裂变和认同危机：人格裂变、漂泊的心灵、价值真空、心理疲惫、精神焦虑、心理失落……这些词语充分反映了现代人精神状态的这种边际性。因此，关注边际人的心理健康已经成为当务之急。

三、价值观变化与心理健康

价值观的形成是一个社会化的过程，处在转型期间的中国社会面临着多种文化价值观念的冲突和选择，人们在这个过程中最容易出现心理状态的失衡，而心理的平衡依赖于价值观的调节。人本主义心理学家马斯洛认为心理健康的一条标准是：具有一种正确合理的哲学观。认知疗法的创始人艾利斯也曾说过："一个人只要有了合情合理的哲学观，那么他就不容易受各种情绪的困扰了。"我们中国也早有"世事无好坏，心境使其然"的说法。这里所指的哲学观、心境，事实上就是一种认知、一种对现实的看法，即价值观。心理学中所讲的价值观是指周围事物以及人和社会的关系在人的心目中的轻重、主次地位。它是世界观的一部分，人生观的核心。它最能体现人们的人生目的和人生意义。价值观作为一种认知，是刺激与反应的中介。外界事物的输入总是通过认知（主要是价值观）的转换，从而使刺激具有不同的性质和不同的意义。各种认知是否相互协调，是否处于一种相对稳定的状态，决定了一个人的心理是否处于平衡状态。当人对各种问题的看法处于一种协调的状态时，人的心理就处于一种平衡状态；反之，当各种价值观处于一种矛盾的或不稳定的状态时，人就会产生种种的心理冲突。处于不平衡状态中的主体，会产生认知失调，造成主体的不快和压力，所以要力求消除这种失调，如果不成功，则会产生各种各样的心理问题。因此具有协调、稳定、正确的价值观就成了具备较高的心理健康水平的一个主要条件。

彭晓玲等（2005）对大学生价值观与心理健康相关性的调查发现，价值观与心理健康存在正相关。当代大学生价值观呈现出主体化、世俗化、多元化和复杂化的共同特点，但不同心理健康程度的学生却存在差异。首先，独生子女及个性化追求使学生价值观呈现主体化。调查中，超过半数的学生是独生子女，他们自我意识较强，追求个性化发展。同时，当代大学生的主体意识显著增强，个人努力、自我设计、自我奋斗和追求自我实现等思想观念较以前更为浓厚、强烈。他们崇尚自立，追求独立的人格，在价值问题上主张独立思考、自主判断和自我选择，不愿意充当顺从的角色。在价值观的取向上，当代大学生不但考虑国家和集体，也看重个人价值取向，力图追求集体和个人利益的统一。其次，大众传媒中的不良信息使得大学生价值观呈现世俗化。如今，学生了解信息的渠道和方式非常丰富，仅网络一项就极大地拓宽了大学生的知识面，今天的大学生可以足不出户就了解家事、国事、天下事。信息的极大丰富拓宽了学生的知识面，提高了学生的学习效率，但学生时刻面对的信息良莠不齐、鱼龙混杂，一些消极的世俗的观念也直接进入当代大学生的视线，并影响和改变着他们的价值观。再次，多元化社会格局使学生价值观呈现多元化。大学生价值观走向多元化与现代社会格局的多元化息息相关。在当代中国，这些不同的主体有着不同的利益、不同的理想信念、不同的政治选择和不同的目标追求，各自相互独立。这些多元化的主体形态呈现为多元化的社会格局，反过来又给予社会以多元化的影响。在多元化的社会格局中，大学生的价值观呈现出多元化走向也就不足为奇了。最后，不同的心理状况使学生价值观呈现复杂化。不同的家庭出身和生活背景，不同的年龄和经历让人形成不同的心理状况；不同的心理健康水平则会影响人对事物的判断和评价，形成不同的价值观。心理健康的学生在对人对事上有较积极的观念体系和行为模式，对于失败和挫折能正确认识、归因，具有较好的情绪调节能力，这些积极的生活态度有助于他们形成良好的价值观，同时有利于心理朝着更健康的方向发展；而心理不健康的学生遇人遇事常常是以消极的思想和行为应对，造成一些负面影响，产生消极情绪，如此循环，则形成了较消极的心理倾向系统，形成了不正确的价值观，错误的价值观又反过来影响了他们的心理健康水平。

目前我国大学生正处于传统文化与现代文化冲突、磨合、交融的过程中，人经常处于价值选择的困难之中，就会出现价值冲突。具体表现为价值取向

模糊、价值评价偏差、价值认同失衡、价值观念错位。这种价值冲突表现为个体的心理冲突，若冲突不能及时解决，个体就会产生不安全感，导致情绪问题，并有可能发展成为心理问题。在许多大学生中出现的自卑、自负、嫉妒、空虚、双重人格、自杀、自我封闭、盲目从众、逆反、自私、享乐等心理问题，其根源实质就在于价值评价偏差、价值认同失衡和价值观念错位等。自卑、自负就是自我评价不正确，过多地自我否定或过多地自我肯定产生的一种狂妄自傲或自惭形秽的情绪体验；嫉妒是由只注重暂时的表面利益，看重优越的地位及孤立浅薄的评价方式引起的；空虚是由过分讲究个人得失，一旦个人要求得不到满足就万念俱灰等错误观念导致的；双重人格的形成，是大学生律人律己两种相互对立的价值评价标准在并存中彼此消长的反映；而自杀在某种程度上说也是因价值评价的客观性和多维性等因素的不合理性造成的，这种不合理性使个体对当前挫折产生了错误的态度和认知；自我封闭的学生很少或不受外界影响，极力维持已有的价值观念、行为方式，使自己陷入怀旧、失衡、自得的状态中，过度的恋旧使他们思想封闭，不愿与外界交流与沟通，因而感到孤独；盲目从众的学生，面对新的观念、思潮、娱乐方式、流行文化等在未作理性分析和价值判断的情况下，盲目模仿，从而导致社会角色混乱；逆反心理、自私心理、享乐心理等则是价值观念错位的结果。

四、家庭结构变化与心理健康

家庭是构成社会的基本单位，是一个人最早接触并且终生保持密切联系的重要环境。人的健康离不开良好的家庭环境。在家庭环境诸因素中，家庭结构的完整性甚为重要。家庭结构是指家庭关系的整体模式，也叫家庭类型。

家庭结构有多种划分方法，按照家庭代际层次和亲属关系的立场，可将家庭分为核心家庭、主干家庭和联合家庭。核心家庭是指由一对夫妻与未成年子女组成的家庭；主干家庭是指由一对夫妻与已婚子女组成的三代同堂的家庭；联合家庭是指一对夫妻与多对已婚子女组成的家庭。当前我国家庭结构的第一大变化是随着计划生育政策的推行，核心家庭成为21世纪我国家庭的主要结构形式。核心家庭的主要优点是家庭关系简单、成员少、易于感情沟通。因此，父母可以将大量的时间和精力投入到孩子的教育上，从而提高下一代的整体素质。但出现的一个主要问题是由于父母过度重视对孩子的教育和培养，把精力过多地放在孩子的学业和智力开发上，加重了孩子的心理负担，导致孩子与父母的关系不良或使孩子产生逆反行为、厌学甚至抑郁症、学校恐怖症等较为严重的心理问题。

家庭结构的第二大变化表现为单亲家庭不断出现。近年来，随着社会经济、文化的飞速发展，人们价值观念的急剧变化，家庭结构的稳定性正在动摇。产生单亲家庭的直接原因有两个方面；一是离异，二是丧偶。单亲家庭作为一种特殊的家庭形式，对家庭成员特别是对孩子的心理健康有很大影响。国内外大量研究表明，生活在父母离异家庭的儿童其心理健康方面都落后于正常家庭的儿童。调查显示，在父母离异的单亲家庭中，青少年犯罪率高达40%，其中年幼组以情绪异常为主，而大龄组在情绪、性格等行为方面均可能异常。男孩表现在行为方面异常，具体表现为易烦躁、发怒等；女孩则以情感障碍为主，表现为胆怯自卑、郁闷不快等。国内的一些研究发现，5岁以前父母不全的个体违法行为比例较高。另一些研究发现，早期失去母亲的孩子，如果没有代替母亲的人，其身体发育、情绪发展以及智力发展等方面会出现长期的缺陷。这些孩子成人后常常因神经质而变得粗暴、冷酷、缺乏同情心，易出现反社会行为。而在单亲家庭中成长的孩子情绪变化激烈，自我控制力差，长大后易冲动，常常作出不符合社会要求的行为，与人相处时爱挑起争端、侵犯别人等。有心理学家曾作过研究，在只有母亲的家庭里，孩子的性格（尤其是男孩）会受到很不利的影响。一般容易表现为自制力差、好冲动、过失行为和反社会行为比较多，特别是对5岁前失去父亲的男孩影响更为严重，往往表现为缺乏男子气概。总之，单亲家庭会对孩子造成重大的不良影响，他们无法享受正常家庭的温暖和关心，过早失去父母的关爱，有的甚至失去经济上的依靠，得不到良好的家庭教育，这一切都严重阻碍了孩子的心理健康。主要表现在：一是家庭关爱的缺失导致儿童心灵扭曲；二是家庭监护和教育功能的弱化使儿童容易受到不良环境的影响。家庭结构的破裂，容易使青少年产生心理偏差，形成孤僻、冷漠和封闭的心理甚至是变态人格，很难融入正常的社会中去。一旦出现家庭残缺，祖辈、单亲一方、亲友和社会等各方面都要尽力予以弥补。目前，又出现了许多父母外出打工的"留守家庭"，留守家庭对儿童造成的不良影响也不容忽视。

案例 2-2　狼孩的启示

1920年的一天，在印度西南部的一个小城附近，一位牧师救下了两个由狼抚养长大的女孩。这两个女孩，大的7岁，起名为卡玛娜，小的不到2岁，

不到一年后就死在了孤儿院。

狼孩的生理结构、躯体生长发育和身体外形与人不同，特点是：四肢长得比一般人长，手长过膝，双脚的拇指也稍大，两腕肌肉发达；骨盆细而扁平，背骨发达而柔弱，但腰和膝关节萎缩且毫无柔韧性。在心理活动方面与同龄人相差甚远，她们不会说话，不懂人类的衣食住行，不会计算，见人恐惧、紧张，手脚并用，着地爬行。她们不喜欢穿衣服，穿上衣服就撕下来；用四肢爬行；喜欢白天缩在黑暗的角落里睡觉，夜里和狼一样，嗅觉特别灵敏，用鼻子四处嗅闻食物，怕光、怕火、怕水，喜欢吃生肉，而且吃的时候要把肉扔在地上才吃，不用手拿，也不吃素食。

卡玛娜虽然 7 岁了，但智力发育程度只相当于 6 个月的婴儿。后来虽然经过精心教育和训练，但她 4 年才学会 6 个词，6 年才学会直立行走，7 年才学会 45 个词，17 岁的时候，只相当于 3 ~ 4 岁的幼儿智力。

评论　人不是孤立的，而是高度社会化的，人脱离了社会环境就形成不了人所固有的特征。

小故事大智慧 2－2　环境影响形如染丝

墨子把学生们带到一家染坊店里，说："这些丝绢本来都是雪白雪白的，当把它们放进黑色的染料中，就变成了黑色的；当把它们放在黄色的染料中，就变成了黄色的。染料一变，丝的颜色就跟着变。因此，染色的时候不可不慎啊。做人的道理和染丝一模一样，所不同的是，那丝是被人放进染料中的，如何做人则完全是自己作出的选择啊。"

评论　环境对人的影响作用之大是难以想象的，一定要慎重地选择自己成长的环境，千万不要为求一时的欢乐或一时的好奇而坠入那黑色的染缸里。应该自觉地到良好的环境中去接受熏陶，虽然生活的情调淡一点，但久而久之必定会受益匪浅。

参考文献

［1］俞国良，等．环境心理学．北京：人民教育出版社，2000.

［2］徐磊青．环境心理学．上海：同济大学出版社，2002.

［3］林玉莲，胡正凡．环境心理学．北京：中国建筑工业出版社，2006.

［4］朱敬先．健康心理学．北京：教育科学出版社，2002.

［5］郑希付．健康心理学．上海：华东师范大学出版社，2003.

［6］顾瑜琦，刘克俭．健康心理学．北京：北京科学技术出版社，2004.

［7］谢利·泰勒．健康心理学：第五版．朱熊兆，姚树桥，王湘，译．北京：人民卫生出版社，2006.

［8］张明．透视心理的巧妙技术：心理测量．北京：科学出版社，2005.

［9］周晓虹．现代社会心理学：多维视野中的社会行为研究．上海：上海人民出版社，1997.

［10］许烺光．美国人与中国人：两种生活方式比较．彭凯平，刘文静，等译．北京：华夏出版社，1988.

［11］胡峰．浅谈家庭环境与大学生心理健康．江西理工大学学报，2002（6）．

［12］康绍芬．完全家庭与不完全家庭儿童心理健康的比较调查研究．内蒙古师范大学学报（教育科学版），2005（8）．

［13］李中芳．孩子的心理健康与家庭环境之浅谈．中外医疗，2008（10）．

［14］李景华，郝燕丽．家庭教育环境与青少年学生心理健康关系研究．教学与管理，2009（9）．

［15］彭晓玲，周仲瑜，柏伟，等．大学生价值观与心理健康相关性调查分析．重庆科技学院学报，2005（2）．

［16］王红时，范晓玲．价值观与大学生心理健康关系的研究．长春大学学报，2008（4）．

［17］朱燕．大学生价值目标与心理健康关系研究．黑龙江教育学院学报，2008（5）．

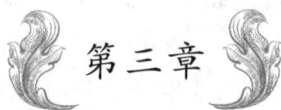

第三章

自我与心理健康

在一番激烈抗争之余，当濒临绝望之际，倏然返回自我的人，即可认清自己和世界，进而改变自己的所有本质，超越自身和一切的痛苦，进入无比崇高、平静、幸福的境界。

——叔本华

一个人在生活中，能否真正认识自我、肯定自我、完善自我，将在很大程度上影响或决定自己的前途和命运。人的自我认识是一个连续过程，而大学阶段是自我认识最关键的时期。如果大学生能够正确地认识并接纳自己，对自己有一个合理的期望，清楚地知道自己为之奋斗的意义，并能充分把握每一个让自己成长的机会，实现自己的理想，那么他这一生都会过得快乐、充实和富有意义。

第一节　大学生自我意识发展概述

一、自我意识的内涵和结构

（一）什么是自我意识

自我意识是个人对自己的意识。一般表现为个体对自己的身心状况与特征、自己与他人以及周围世界的关系的意识。美国心理学家詹姆斯把"我"分解为主体我（I）和客体我（me）。自我意识就是主体我对客体我的意识。例如，大学生通常会对自己的身材、长相很关注，也会观察自己的行为表现，从而了解自己的性格类型，更关注自己在人际交往中的表现和地位，还有对自己行为的反思和自知等，这些都是自我意识的具体表现。概括起来，自我意识包括了个体对自身的意识和对自身与周围世界关系的意识两个方面。

（二）自我意识的结构

个体的自我意识由自我认识、自我体验和自我调控三种心理成分构成。这三种心理成分相互联系、相互制约，统一于个体的自我意识之中。

1. 自我认识

所谓自我认识，是指主观我对客观我的认识和评价，是自我意识的认知成分。自我认识包括自我感觉、自我观察、自我分析和自我评价四个层次。其中自我观察和自我评价集中反映了个体自我意识发展的水平，也是自我体验和自我调控的前提。

大学生平时会在自己比较在意、比较关注的方面（如个人品德），注意观察自我的表现（如热心帮助别人），再通过分析自己的观察（如帮助别人的行为出现的频率很高），对自己进行评价——"我是一个心地善良的人"，这就属于自我认识的过程。

2. 自我体验

所谓自我体验，是指自己对自己怀有的一种情绪体验，也就是主观我对客观我所持有的一种态度，包括自尊、自信、自卑、自责、自满、自豪、内疚等。自尊是指个体在社会比较过程中所获得的有关自我价值的积极的评价与体验。自信是对自己的能力是否适合所承担的任务而产生的自我体验。自我情绪体验反映了主观我的需要与客观我的现实之间的关系。如果客观我满足了主观我的需要，就会产生积极肯定的自我体验，表现为自我的满足，否则就会产生消极的、否定的情绪体验，表现为自我的责备。

大学生在自我认识基础上对自己作出了评价（如"我是一个能干的人"），如果这种评价结果与自己本来的愿望相符合，便产生了自尊、自信、自豪等积极肯定的自我体验。这种积极肯定的自我体验又会进一步强化大学生原有的自我认识，并逐步形成较为稳定的人生观和价值观。

3. 自我调控

所谓自我调控，是指自己对自身行为与思想语言的控制，也就是主观我

对客观我的制约作用，属于自我意识的意志成分，它包括自立、自主、自律、自我监督和自我控制等层次。自我监督是一个人以其良心或内在的行为准则对自己的言行实行监督的过程；自我控制是主体对自身心理与行为的主动掌握。自我调控是自我意识中直接作用于个体行为的环节，它是一个人自我教育、自我发展的重要机制。自我调控的实现是自我意识的能动性的表现。

大学生在形成明确自我认识、获得较为深刻的自我体验的同时，会逐步形成较为清晰、肯定的自我形象，并会为维护自我形象而努力。如大学生形成了"我是一个心地善良的人"的自我形象，他们就会通过自我调控来维护自己的正面形象。

自我意识的调控作用表现为：发动或制止行为；心理活动的转移；心理过程的加速或减速；积极性的加强或减弱；动机的协调；根据所拟订的计划监督检查行动；动作的协调一致等。其中最常见的就是发动行为或制止行为的作用。

发动行为，即主观我根据当时的情境，自觉调动客观我采取行动实现既定目标。例如，要求自己每天坚持跑步一个小时，然而在"跑步一个小时"的活动过程中会遇到各种阻碍，自我不断提出要求克服重重困难坚持到底，这就是自我发动和支配自己行为的具体表现。

制止行为，即主观我根据当时的情境，抑制客观我的行动和言语。例如，不随地吐痰，公共场所不抽烟、不乱扔垃圾等，都是自我调控的结果。

二、自我意识的种类

自我意识是一个多维度、多层次的复杂的心理系统，我们可以从不同的角度将自我意识进行分类。

（一）按自我意识的内容划分

按自我意识的内容划分，自我意识可分为生理自我、社会自我和心理自我：

生理自我是个体对自己身躯的认识，包括个体对自己的身体、外貌、体力等方面的意识。生理自我在情感体验上表现为自豪或自卑；在意向上表现为对身体健康、外貌美的追求，物质欲望的满足，对自己所有物的维护等。

社会自我在宏观上是指个体对自己的社会属性的意识，包括对自己隶属于某一时代、国家、民族、阶级、阶层等的意识；微观上是指对自己在社会群体中的地位、角色、名望、权利、人际交往等的意识。

心理自我是指个人对自己心理属性的意识，包括对自己的人格特征、心理状态、心理过程及行为表现等方面的意识。

（二）按自我的观念划分

按自我的观念划分，自我意识可分为现实自我、投射自我和理想自我：

现实自我是指个体从自己的立场和观点出发，对自己目前的实际状况的评价和看法，即对自我的现实感。它是自我现实、社会存在的真实反映。

投射自我是个体想象中他人对自己的看法。即想象自己在他人心目中的形象，想象他人对自己的评价，以及由此而产生的自我感。通常现实自我和投射自我之间往往有一定的距离。当距离较大时，个体便会感到自己不为别人所了解。

理想自我是指个体经由理想或为满足内心需求而在意念中建立起来的有关自己的理想化形象。理想自我是个体想要达到的完善的形象，是个人追求的目标。理想自我与现实自我往往也是有差距的，但它对个人的认识、情绪和行为产生的影响很大，常常成为个人行为的动力和参照。

三、个体自我意识的发生和发展

心理学研究表明，个体自我意识从发生、发展到相对稳定和成熟，需要20多年的时间。自我意识的发展需要经历自我中心时期、客观化时期、主观化时期三个阶段，最终形成一个具有自己独特见解、个人浓厚主观性的自我意识。

（一）自我中心时期

在生命降生之初，婴儿是没有自我意识的，他们甚至不能意识到自己和外界事物的区别。他们吮吸自己的手指、脚趾或者安慰奶嘴感觉和吮吸母亲的乳头是一样的。因为他们把这些东西都当作是自己的一部分，在他们的生活中，主体和客体是混沌一体的。

在婴儿8个月左右，他们的生理自我开始萌生，具有了自我意识的最初形态。到1岁左右，幼儿开始能把自己的动作和动作对象区别开来，初步意识到自己是动作的个体。例如，幼儿发现咬自己的手和脚与咬别的东西（玩具、饼干等）感觉不一样；自己推皮球，皮球就滚动了等。这就认识到自身是一个独立实体，是动作的主体，体验到了自我的存在和力量，产生了最初的自豪感和自信心，从而形成了自我感觉。此时，他们仍旧把自己当作客体来认识。最显著的例证是儿童像大人一样称呼自己，就像他称呼他的某一个

玩具一样。一直到 2 岁以后，幼儿才逐渐学会用代词"我"来代表自己。

3 岁左右的幼儿自我意识有了新的发展。幼儿开始出现了羞耻感、疑惑感、嫉妒感，幼儿使用第一人称"我"一词的频率明显提高。当幼儿会准确地用人称代词"我"表示自己，用别的词表示其他事物时，说明他开始意识到了自己心理活动的过程和内容，开始把自己当作客体转化为把自己当作一个主体的人来认识。例如，母亲问幼儿："谁给你的糖？"幼儿应该回答为"阿姨给我的糖"，而不会说成"阿姨给你的糖"。这种主体意识的觉醒，推动了幼儿独立意识的萌生，比如幼儿在许多活动中都强烈要求"我自己来"。

总的来说，这个年龄段幼儿自我意识的特点是以自我为中心，他们把自己的想法和情感都投射到他人心理或外界事物上，认为别人的想法和他的想法是一样的。

（二）客观化时期

这一自我意识发展阶段从 3 岁持续到青春期。在客观化时期，个体自我意识发展的主要内容是社会性自我，尤其是社会角色自我的发展。3 岁的幼儿作为一个独立个体，在家庭生活、幼儿园与学校游戏活动、学习活动、劳动中通过模仿、认同、练习等方式，逐渐形成各种角色观念，如性别角色（男孩、女孩）、家庭角色（孩子、哥哥、姐姐等）、伙伴角色（玩伴、笔友、好搭档等）、学生角色（好学生、班干部等）。

青春期是一个明显的分水岭。在青春期以前，个体眼光是向外的，对外部丰富多彩的世界有着浓厚的兴趣。最明显的表现是青少年中有大量的追星族，他们为明星耀眼的光芒所吸引，追随自己喜爱的明星，关注明星的一举一动，模仿他们的打扮。此时，他们对自己的内心视而不见，不善于了解自己的心理，更不善于用自己独特的眼光去认识千变万化的世界。

（三）主观化时期

从青春期到成年大约需要 10 年时间，是个体自我意识主观化发展的时期。在这个时期，个体的自我趋于成熟。它的显著特征是把原来主要朝向外部的认识活动，转向自己的内心世界，探索自己的内心活动。比如，这时的青少年会提出一系列的问题要自己回答：我是一个什么样的人？我要成为一个什么样的人？我的长相如何？我的脾气、性格怎样？我有什么样的特长和才能？我能成就什么样的事业？我在别人心目中的形象如何？我怎样走人生之路？这是在个体智力成熟、生理成熟、社会地位和社会化迅速发展的基础上达到的。具体表现在四个方面：①个体在认识和评价事物时有自己的观点，自我意识已成为个体认识外部世界的中介因素，个体的思想和行为带有浓厚、独特的个人色彩；②个体会从自己观察到的人格和身体特征出发，强调相应事物的重要性，形成特有的价值体现，以指导自己的言行，提高自己的社会地位；③个体有生活目标的追求，出现与其价值观相一致的理想自我，即有了对自己未来的总的观点和总的设想，如"我希望成为怎样一个人"；④个体借助抽象思维能力使其自我意识超越具体的情境，提升为个人的人生观、价值观和世界观。

案例 3-1 **关于人生的质问：人为什么要活着**

一名高三学生，平时成绩不错，临近高考时，忽然失去了学习的激情，学习成绩也急速下降。在苦恼和彷徨中，他找了同学、家长、班主任，进行人生意义的探讨，这是他与班主任的谈话记录：

"老师，人为什么要活着呢？人存在的意义是什么呢？这个世界的存在又有什么意义呢？我想不通我每天做的这些事，比如上学、吃饭、睡觉，好像人活着的目的就是为了生存。如果任何生物，它们所做的一切都是为了生存，那真是太可悲了，这世界上任何事情就显得没有丝毫的意义了。"

"我和我的好朋友说过，可是他们根本不感兴趣，也理解不了我说的话。他们都觉得我闲得没事儿胡思乱想，说我大脑有问题。我也尝试和父母谈过，可他们总是说别想那么多，好好学习，将来考上大学找份好工作就会衣食无忧了。可是我觉得这些问题是应该思考的，人活在这世上，总应该想想为什么活着吧。不过……也许我思考这些问题本身也是没有意义的，谁知道呢？我想不通。"

评论 人的自我意识发展持续一生，在不同发展时期面临不同的主要问题。一般来说，当一个人开始考虑自己的人生道路时，一切问题以"自我"为核心而展开，并以解决好"自我"这个问题为目的，这一时期自我意识便发展到了前所未有的高度。个体通过自我剖析，诸如"我是谁？""我要向何处去？""生命的意义是什么？"等这些自我认识的问题会随之而来。处于该时期的年轻人应通过多读一些人生哲学的著作，多与他人的思想进行交流，逐步建构起关于人生的自我认识。

小故事大智慧3-1　在鸡群里长大的小鹰

被风吹落的鹰巢里面有一只完好的鹰卵，农夫将它捡起放在正在孵蛋的母鸡身下。

小鹰被孵化出来后，整天和小鸡一起刨土、找小虫吃，也学小鸡叽叽地叫上几声，但是它弯弯的嘴和粗大的脚以小鸡的审美标准是怪异和丑陋的。在小鸡的嘲笑中，小鹰感到失落和自卑。

一天，一个可怕的黑色阴影掠过鸡场上空，小鹰和小鸡们躲进了鸡圈。小鹰抬头看到一只拥有巨大翅膀的鸟在天空滑翔，它从没有看过如此强健的大鸟，便问同伴："那是什么？"

"是鸟中之王——鹰，它属于天空，是天空统治者。和我们鸡不一样，我们属于地面。"

小鹰觉得自己与老鹰很像，它第一次发现自己竟然为与小鸡不同而自豪。这种新的感觉让小鹰找到了真实的自我。从此，小鹰重新诠释自我——作为一只鹰翱翔在高空之上。

评论　只有你发现了真实的自我，你才能找准自己的位置并拥有属于自己的天地。

第二节　大学生自我意识发展的特点及偏差

大学阶段是自我意识发展的转折时期，也是自我意识和自我矛盾表现最突出的阶段，对个体的人生观、价值观、世界观形成有着非常重要的意义。

一、大学生自我意识发展的特点

（一）我国大学生自我意识发展的总趋势

我国心理学家黄希庭等曾经对大学生自我意识发展进行过系统的科学研究，结果发现：

（1）我国大学生自我意识的总体发展水平较高。表现在：大多数大学生的自我评价与别人对他的评价比较一致；他们的自我认识、自我体验和自我调控基本是协调统一、同步发展的，大学生的自我意识已经成为一个有机的整体。

（2）我国大学生自我意识的发展呈上升趋势。表现在：大学一、二、四年级学生的自我意识稳步协调发展，大三是特殊时期，大三学生的自我体验尤为强烈，而自我认识与自我调控的发展滞后，导致三者不能协调发展，因此大三是大学生自我意识发展的重要转折时期。

（3）我国大学生的自我意识具有较明显的时代特点和中国文化的印记。有较强的民主意识、竞争意识、成才意识和参与意识。

研究也发现我国大学生自我意识发展中存在一些不足。最突出的表现是我国大学生的理想自我与现实自我之间存在着较大的矛盾，主要表现在两个方面：其一，有较高的理想自我，而现实自我无法自觉调控自己追随理想的行为，致使理想变成空想；其二，大学生过分关注自我，过多考虑自我，过分看重自我，而对他人、集体和社会的关注较少。

（二）大学生自我认识自觉性更强、自我评价更完善

大学生的自我认识与高中生相比发生了很大变化。大学生的自我认识逐渐丰富和完善，他们能从更多角度、更多层次对自己进行观察和评价；大学生的自我认识更具有完整性，他们不仅对自己的外表相当重视，而且开始重视自己的意志、智力水平、人际交往能力等；同时大学生自我认识的发展更具主动性和自觉性，善于主动地把自己和周围的人进行比较，而且会自觉学习书本上和媒介中的名人、英模的人格品质，以便更好地符合时代发展的要求。

例如，在一项关于大学生和中学生自我认识比较研究的问卷调查中发现，在回答"你认为你是一个什么样的人？"这个问题时，多数大学生回答的是自己的一些心理品质，如善良、热情、诚实、乐观、自信、自尊等。而中学生在回答中表现出他们对自我的认识比较看重一些外在的东西，如身体、容貌、仪表等。可见大学生对自己的认识发生了很大变化，这种变化不是指学生不看重外在的东西了，而是与外在的东西相比，他们更加注重内在的素质。

丰富多彩的大学生活为大学生提供了多角度认识自己的机会，也丰富和扩大了大学生自我认识的内容。在参与活动中或活动后他们常常会对自己在活动中的表现进行评价："我能干吗？""我的性格如何？""我有什么能力和特长？""我是一个好搭档吗？""我是完成这项任务的关键人物吗？"……这些问题主要指向他们的心理自我和社会自我的评价，而对这些问题肯定或否定的回答，又直接触发他们的积极自我体验或消极自我体验。

（三）大学生自我体验更加丰富而深刻

在丰富的自我认识的基础上，大学生的自我体验表现出深刻而丰富的特

点。大学生是一个"最善感"的群体，有喜欢、满意自己的肯定情绪，有讨厌、不满意自己的否定情绪，也有喜悦和忧愁、有紧张和轻松等丰富的情感体验。虽然大学生在成长过程中同时体验着积极与消极情绪，甚至悲观失望、自暴自弃等消极情绪会在一段时间内存在，但在大学生丰富多彩的情绪体验中，他们自我体验的情绪和情感的基调是积极的、健康的。他们对自己未来的生活是充满热情的，对自己的学习也表现出一定的自信、好胜心理。自尊感是大学生群体中表现得最强烈的情绪体验，他们会为维护自己的尊严而努力甚至去战斗。

（四）大学生自我调控的自觉性增强

在大学的学习环境中，大学生需要自己安排自己的学习、照料自己的生活、组织自己的活动、解决自己的问题。同时，由于自我认识、自我体验的发展，进一步促使大学生的自我控制能力达到较高水平。他们强烈地期望充分发展其独立性，摆脱依赖性和幼稚性。但由于身心发展的不平衡以及生活经历、时代背景、社会环境的不同，大学生与他们的长辈在处世态度、生活追求、价值观念上都会有很大的差异。有时大学生为了证明自己的独立性，会有意识地做一些与长辈或社会期望不相符合的事情，利用自己的叛逆行为来向他人昭示自己的独立。

大学生自觉性增强还表现在具有强烈的自我设计、自我完善的愿望。这与我国当代大学生奋发向上、力争高目标的心理品质是密不可分的。从跨入大学校门开始，一些大学生就开始了自己人生目标的设定和实现目标的具体行动规划。比如打算继续求学的就做好了考研的准备，而有自己喜爱职业的大学生则充分利用大学期间做兼职积累职业经验以及通过阅读、参加培训等方式积累专业知识，为自己将来走出校门做好准备。

二、大学生自我意识发展偏差的类型和表现

（一）过度自我中心

大学生强烈关注自我，但过度关注自我则会导致自我意识的偏差。过度自我中心通常表现为个体只从自己的角度、标准去认识、评价事物以及自己与他人的行为，从自我角度出发采取行动。

例如，某大二男生卫生习惯特别差，脏衣服、臭袜子不洗，到处丢，同学们都不愿意与他同住一个宿舍。他却愤愤不平地说："个人卫生习惯是我个人的行为自由，你们凭什么要我改变自己的行为？"这种只站在自己的角度去

思考问题，却不考虑他人感受的过度自我中心行为，影响了他正常的人际交往，招致其他舍友的厌恶。

又如，某大学一名学生，为了证实"熊的嗅觉敏感，分辨东西的能力强"这句话的正确性，将硫酸当饮料投喂北京动物园的5只熊，致使5只熊不同程度地被化学药品灼伤。大学生探索未知领域是值得称赞的，然而该学生却在探索知识中造成恶果，招致社会的责难，其原因在于他只按照自己的标准去认识世界，而忽略了自然界中其他生灵（熊）的感受与生之愿望，破坏了人与自然的和谐。

（二）过高的自我评价

过高的自我评价，是指个体高估自我，对自己肯定的评价远远超出自己的实际能力和表现。用放大镜看自己的长处，很少认识到自己的缺点和短处，同时用显微镜看别人的短处，很少看到别人的长处。在这种对自我过高评价的支配下，个体往往会扩大现实的自我，形成错误的、不切实际的理想自我，并认为理想的自我可以轻易实现。

为自己设定明确目标，并以此作为努力方向以调节自己的行为是自我意识发展的表现，但是大学生容易在目标确定过程中不考虑现实条件因素或者在目标行为实施过程中因客观条件限制受阻而不善于重新调整，也不善于听取他人建议，一味坚持己见，出现过度苛求自我的偏差。

大学生过高的自我评价，通常表现在两个方面：

一方面大学生以幻想的自我代替现实中真实的自我。自认为与众不同，志向很高、抱负很大，总想"不鸣则已，一鸣惊人"。只接受幻想中"完美的自我"，而不能接纳"平凡、有缺点、不完美的自我"。其他大学生中很普遍、很常见的问题出现在他身上时，就会让他觉得自己很不完美，严重影响了自我的情绪体验并会因此丧失自信心。

例如，上海某高校大四的一名学生，因盗窃走进了铁窗。他坦言，作案是为了让自己失败得更彻底。由于想当然地认为自己能当"领导"，做"伟人"，加之从中学以来养成的自我中心和盲目乐观的心理，当在现实的学业与班干部竞选中受挫折时，他不是努力缩小理想我与现实我的距离，而是自我放弃，经常逃课。最后，他成了全系最差的学生，并最终以犯罪的方式来宣泄自己的苦闷。

另一方面，由于过高的自我评价致使某些大学生对于人际交往的思维模式是"我好你不好，我行你不行"。他们不会设身处地地为其他人着想，总喜

欢居高临下、颐指气使，以为谁都比不上自己，从而给别人带来不愉快。一旦遇到挫折，总是把失败的责任推到别人身上。因此，过高的自我评价的学生常常疏远集体，很难与他人处理好人际关系，在遭遇较大挫折时由于没有朋友的支持与安慰，情感上的挫伤会比他人更强烈，严重时会引发过激行为和反社会行为。

（三）过度自卑

自卑是个体对自己的一种不满、否定的自我情感体验。人在生活中的某些时候产生自卑感是很正常的，这种情感体验对人的发展并非坏事，很多时候它还是人们行为的动力。著名心理学家阿德勒在记录自己成长的心路历程中形成了他的理论：自卑的超越。但是过度的自卑是不正常的，过度自卑往往会使自尊心屡屡受挫。

过度自卑者往往只看到自己的缺点，而忽略了自己拥有的优点。总是不喜欢自己，不能容忍自己的弱点和缺陷，看不到自己的价值，甚至夸大自己的不足，觉得自己一无是处、低人一等，自己的缺点很多很严重。对自己求全责备，抱怨、指责自己。做什么事都没有信心，在别人面前很自卑，厌恶自己，逃避应承担的责任，失去自我发展的良机，严重的还可能否定自我、厌恶自我，甚至走向自我毁灭。

大学生过度自卑通常表现为在挑战性的公共场合总是逃避退缩，即使是在平时的学习、交往中，也往往是过于拘谨、畏缩、敏感，担心别人发现自己潜藏的缺点而看不起自己。在他们自卑心的内部常常包裹着一颗敏感、极易受伤害的自尊心。别人随便说的一句玩笑话或者别人的一个动作、表情，都可能会给他的自尊心带来强烈的刺激。为了避免自己极度脆弱的心灵因外在刺激而受伤害，他们干脆躲得远远的，千方百计不让别人看见自己的内心。

三、大学生自我意识发展与心理健康的关系

大学生的自我意识迅速发展，理想自我和现实自我产生分化，但是自我发展并非完全同步，有时会出现不平衡、不统一的现象。当大学生的自我认识、自我体验、自我调控不一致时，就会出现行为上的困惑和冲突。各种自我之间不能协调一致，将导致自我认同难以形成，自我形象不能同一，从而给他们内心带来冲突、不安、痛苦和焦虑，影响他们的身心健康。

（一）大学生自我认识的片面性影响心理健康

大学生不能客观、全面地评价自我，往往容易导致自大或自卑心理。片

面地看待自己的优缺点，或者认为自己什么方面都比别人强，回避或否认自己的缺点；或者认为自己什么都比别人差，否认自己的优点。

自大者容易鄙视他人，缺乏自知能力，不能与人和谐相处。由于不能知己知彼，容易失败，情绪情感上也容易受伤害。自卑者在自我评价时对自我始终持有否定和怀疑态度，致使自尊心屡屡受挫，因自卑而心虚胆怯，遇到问题选择逃避或退缩，逐渐形成消极的心理定式，使自己失去上进的信心和动力。

（二）大学生自我体验的波动性影响心理健康

大学生自我体验的基调是积极的、健康的，而积极情绪与消极情绪相互交替的波动性是客观存在的。大学生自我发展过程中不可避免地会遭遇挫折，在他们遇到挫折时，容易产生消极、否定的情感体验。有些消极的情绪情感非常强烈，如失恋、失去亲人或学业意外失败，大学生一时难以调适自己，无法使自己从消极情绪的阴霾中走出来，逐渐变得消沉，甚至自暴自弃、悲观失望，进而转变成心理障碍，严重影响他们的心理健康。现代医学研究证实，良好的情绪可使机体生理机能处于最佳状态，使免疫系统发挥最大效用，抵抗疾病的侵袭，而消极的情绪会减弱人体对抗一般疾病的能力并诱发各种疾病。因此，沉浸在消极情绪中的大学生还容易患上生理疾病，"屋漏偏逢连夜雨"，心灵又添了一道伤痕。因此，大学生自我体验的波动性对他们的心理健康影响极大，学校应对那些情绪波动较大的学生进行心理疏导。

（三）大学生自我调控的矛盾性影响心理健康

大学生有较高的理想自我，而理想自我与现实自我的差距越大，对自我调控的要求也就越高，由此引发了自我调控的一系列矛盾。这些矛盾主要表现为主观自我动机的多样性与客观自我精力的有限性。主观自我对行动的理智要求和客观自我的冲动行为的矛盾，主观自我制定长远目标与客观自我屡屡动摇的矛盾等。

比如大学生对未来充满信心，抱负水平较高，成就欲望较强，但是由于他们的生活范围相对狭窄，社会交往比较单一，缺乏社会阅历，对自我认识的参照点较少，不能很好地将理想与现实结合起来，从而使理想我与现实我之间产生较大差距。如果这种矛盾与冲突过于强烈，不能及时加以调适，就会导致自我意识的分裂，从而带来一系列的心理问题。

总之，大学生自我意识能否协调、平稳地发展，直接影响到健全人格的形成和心理的健康。大学生需要学习如何塑造健全的自我意识，维护自我的心理健康。

案例 3-2　一个自卑的农村大学生

"我来自农村。农村孩子上学不易，我自幼勤奋刻苦，学习成绩很好，好不容易考上了重点大学，全家人、全村人都为我高兴。可是来到学校以后，我并不高兴，总觉得自己处处不如人，心里很不是滋味。我发现自己很多方面都不如别的同学，比如满口的家乡话常引同学们发笑；穿着、举止动作都显得土里土气；我以前的学校不重视体育，现在上体育课时自己的动作显得很笨拙；自己也没什么文艺才能；在宿舍聊天时，城里的同学见多识广、侃侃而谈，自己没见过什么世面说起话来笨嘴拙舌，常常惹得同学们哄堂大笑，自己觉得很丢脸。每每进行这样的比较，我就觉得很自卑。于是我拼命学习，想以优异的学习成绩来显示自己的才能，补偿其他方面的不足。我很担心考试失败，那就证明自己真是先天不如人。我每天都比别人更刻苦地学习，但总担心自己可能会考不好，因此学习时注意力很难集中，学不进去，一直处在深深的焦虑之中。现在我晚上很难入睡，白天又看不进去书。我该怎么办呢？"

评论　没有人能让你自卑，只有你自己才能让你变得自卑。人都各有所长，也各有所短。农村大学生突出的优点是能吃苦耐劳、勤俭、谦虚、执着，这是艰苦生活给予他们的财富，也是他们创造未来财富的资本。如果他们能多参加学校的各种活动，发展自己的兴趣，学习人际交往，就能在踏踏实实的辛勤耕耘中，实实在在地收获属于自己的幸福。

小故事大智慧 3-2　另一扇梦想之门

有一个男孩，从小就有远大的理想——要努力做一个受人瞩目的成功人士。小时候他曾想当一名运动员，然而一场疾病关闭了这扇梦想之门。

后来他对绘画产生了浓厚的兴趣，他画的素描总是栩栩如生。为了在绘画上取得受人瞩目的成功，实现自己的理想，他报考了国内最好的美术院校。他的素描受到著名的威尔斯教授的青睐，因此对他非常关注。可是在色彩的考试中，男孩表现非常糟糕，他好像连画画该使用什么颜色都弄不清楚，威尔斯教授没有录取他，但从中也发现了男孩的一个秘密：他是色盲，根本就无法使用颜料作画。落榜的男孩非常伤心，通向他的理想自我之门再次关闭了。

几周后，威尔斯教授找到了这个酷爱艺术却被艺术拒之门外的颓丧的男孩，把他带到一个摆满雕像作品的工作室，在这个白色的世界里，摆满了一个个表情生动、栩栩如生的人物雕像。在这儿，教授为男孩开启了另一扇艺术梦想之门。

十年后，男孩成了国内外著名的雕塑家，成就了他心目中的理想自我。

评论　在你的生活中对应着一扇扇门，但是并非每一扇都能打开。只有全面评价自己的优缺点，才能找到为你敞开的那扇门。

第三节　大学生完善自我的途径和方法

自我意识在大学生人格的形成与发展中起决定性作用。一个没有自知之明的人是不能自我发展、自我完善的。健全的自我意识具有面向未来的前瞻性，不仅是大学生自我发展的动力，还是他们自我发展变化的引导者，它使大学生可能超越自我原有的水平，使他们的行为具有自由特征、创造性与新异性。大学生能否强化自我意识，实现自我意识的和谐统一，直接影响到大学生能否成为一个具有独立个性的人，能否成为一个为社会所接纳并实现自我价值的人。

大学生完善自我的途径主要有三个方面：正确认识自我，积极悦纳自我，努力超越自我、完善自我。

一、正确认识自我

人需要正确地认识自己的优缺点，客观地评价自己，从而为自己制定一个合理的追求目标，才能顺利地到达成功的彼岸。大学生正确认识自我的方法有以下几个方面：

（一）从与别人的比较及别人对自己的评价中认识自己

他人是自我意识形成的参照系。他们犹如一面面镜子，不仅能帮助大学生发现自我，而且能帮助他们从各个角度认识自我，形成健全的自我意识。大学生应该多参与社会交往，才能"照见"他人的那面"镜子"。用心向别人学习，获得足够的经验，吸取充分的教训，按照自己的需要去规划人生，把握自己的命运。

例如，有一个女大学生，各方面都非常优秀，就是脸上有一块很大的红色胎记，为此她感到很自卑。直到有一天，一个暗恋她很长时间的男生向她表露心迹时，她直接问那男生："你不在意我脸上这个难看的胎记吗？"男生的回答非常出乎她的意料："就是你的胎记吸引我，我才开始注意你的。我觉得它的美让你更加独具魅力。"

可见，大学生要纠正自我认识偏差，需要为自己找一面好"镜子"。在社交中提高自我认识水平，具体有以下三方面要求：

第一，选择正确的角度。从"你"和"他"的不同角度评价反馈信息，发现"我"的独特性。他人的评价通常会比自己的主观认识更客观，通过比较他人评价与自我评价的差异，逐步调整自我认识的偏差，提高自我认识的能力水平。

第二，选择适合的"参照物"。选择和自己条件相类似的人进行比较，根据自我发展目标，善于吸取他人所长，为我所用。切忌盲目地用他人所长比自己所短，打击自己的自信心。

第三，选择正确的内容。选择那些能够通过个人努力改变的内容来比较，才能对自我发展产生激励作用，否则会给自我带来消极情绪，切忌进行诸如家庭背景、相貌、运气等因素的比较。

（二）在实践活动中进行自我比较和自我反思

在实践活动中的自我比较是大学生正确认识自我、评价自我的重要途径。"不经一事，不长一智。"一般人总是通过自己所取得的成就及社会效应来分析、认识自己，成功与挫折最有利于认识一个人的性格特点和能力。大学生在参与实践活动中会获得成功也会遭遇失败，这些成功与失败就好像正反两面镜子，大学生通过比较自己成功与失败的经验，从而能更加全面、清楚地认识自己的优缺点。连续的成功经验能印证自我评价中某些方面的正确性，而失败的经验能反映自我能力评价中某些方面的不足。为了避免重蹈覆辙，个体需要在失败中不断进行自我反思，重新调整原有的自我认识，发现自己的不足。经过调整后的自我认识将再次接受实践的检验，自我认识就是在这样不断的实践与反思中得到更加全面的发展。可见，"失败是成功之母"是科学的说法。从个人认识自我能力的发展这一角度而言，失败的意义大于成功。

在参与实践活动后，个人的自我反思也是大学生深刻认识自我的重要途径。个人自我潜能是一个潜藏的巨大宝藏，人们通常很难全面而深刻地发现自己所有的潜能。在实践活动中，个人潜能会在特定的情境中被激发出来。

如果活动后个体没有反思过程，这些无意中被激发的潜能可能就会被忽略，个体就会失去发展自我能力的一个良机。因此大学生应积极参与各种实践活动，并在实践中不断解剖自我、评价自我，从而挖掘自我潜能，深刻认识自我的优缺点，发挥自我的优势，促进自我的个性化发展。

（三）通过专业的渠道认识自己

大学生还有一种认识自己的渠道，就是到专业的就业指导中心或心理咨询中心进行咨询，这是一种有效而快捷的方式。专业人员能用他们的学识、经验以及科学的测量技术或咨询技术给个人提供帮助。在咨询过程中，个人会获得大量的知识和信息资料，从而对自我心理问题进行正确认识。

二、积极悦纳自我

自我悦纳是心理健康的标准之一。悦纳自我是指个体能够体验到自己的价值，既能了解自己，又能接受自己，有自知之明，对自己的能力、性格和优缺点都能作出恰当、客观的评价，对自己不提出苛刻、非分的期望和要求，对自己的生活目标和理想也能定得切合实际，因而对自己总是满意的，同时，努力发展自身的潜能，即使对无法补救的缺陷，也能安然处之。

据不完全统计，"郁闷"一词已经成为目前大学生中使用频率最高的词。在大学校园生活中可以随时随地听到类似这样的言语："好郁闷啊，我最害怕英语了。""好郁闷，我嘴巴总是这么笨。""郁闷，我为什么没有别人那么好的记性？""郁闷，我的腰这么粗。""郁闷，我什么都不行。""郁闷，我出生在落后农村，没背景。"……其实，这些评价都是大学生自己强加给自己的。心理学上称之为"自我标签"。现实生活中，有些大学生无意识地给自己贴满了这种"标签"，给自己贴上这种标签后的大学生会变得不能接受自己、不能尊重自己、不能爱惜自己，并因此而悲叹命运不公，认为自己命中注定是失败的，失去了学习和生活的信心，也失去了发展自我、超越自我的可能。

大学生活是充满希望而美好的，为什么这些大学生会给自己贴上这样一些影响自己发展的"标签"呢？法国著名思想家卢梭曾经说过一句很富有哲理的话："大自然塑造了我，然后把模子打碎了。"每个人都是大自然的产物，都有其独特性。但是有些人选用的却是完美的公共模子，用完美的模子来评价现实的自我。他们总是用这个完美的标准来衡量"自我"的各个方面，就会发现自己存在一些缺点，而这些缺点影响了自己的完美，使自己成了不完美的人。再看看周围的同学，别人身上就没有这些缺点。长期处于这样的评

价中，他们慢慢形成了一种信念："别人是幸运而完美的，我是不幸而劣迹斑斑的。"这种信念使他们畏缩于自己描绘的阴影中，不敢直面到来的机遇或与他人的交往。

（一）积极评价自我

这是促使个体产生自尊感、克服自卑感的关键。每个人都会追求完美的自我，但是人无完人，每个人都不可避免地会有某些缺陷。只不过有的人缺陷多些，有的人缺陷少些，有的人的缺陷给他的生活带来巨大的不便，有的人的缺陷只给他带来小小的烦恼。既然缺陷是每个"自我"都有的一种客观存在，那么个人命运的区别就在于你如何主观地对待它。把自己客观存在的缺陷看作不幸而沉浸于抱怨中，裹足不前，还是把自己新发现的不足看作是新的起点、升腾的希望？为此，大学生要正确对待自己的缺陷与不足。

首先，要分析自我缺陷与不足的性质与类型。人的短处主要有两种类型：一种是可以改变的，如不良习惯、脾气不好、缺乏毅力等，对于可改变的不足我们要有知过则改的精神；另一种是不可改变的，如自己的长相、因疾病或意外事故导致的生理缺陷等，这些已成为自己生活中既定的事实，我们要面对现实，勇敢接受自己的缺憾，并努力发展其他方面的优势来弥补自己的不足。

其次，肯定自己的优点和长处。"人无完人"一方面告诉我们人不可能十全十美，另一方面也告诉我们人也不可能一无是处。可见，一个人的缺点是客观存在的，优点同样也是客观存在的。只是有时"习惯"给我们戴上了有色眼镜而没有发现它，摘下"习惯"的有色眼镜，你会发现自己很"富有"。人们都喜欢雨后美丽的彩虹，但都为彩虹转瞬即逝这个缺点而感到遗憾，却很少有人认识到正是因为彩虹短暂的停留，人们才会珍视它的美丽，短暂成就了彩虹极致的美好。因此，大学生应该学会剖析自己，客观看待自己的优缺点，以便扬善救失，促进自我的完善发展。

（二）在失败与成功中寻找收获

成功与失败是相对性概念，它们是客观存在且缺一不可的。任何人都会经历生活、学业与事业上的失败，同时也会收获成功。它们犹如生活的两个面，共同组成了完整的生活。人们都在追求生活中的成功，希望用一次又一次的成功来装点自己美好的生活。然而，失败是不可避免的，失败给人带来了痛苦。如果个体一直沉溺于失败的痛苦中，无法振作起来再去迎接挑战，成功就会因此远离他。为此，大学生应该学会客观地看待人生中的每一次失败与成功，既要学会从成功中树立自信心，发现自己的优势，更要学会从失败中找到自己崛起的希望。

失败并非像人们主观想象的那般只有破灭而无半点希望。"失败是成功之母"，换一个视角，你就能发现失败中暗藏的希望。犹如坎坷能让我们看到互相搀扶的身影，失败能让我们深切体会鼓励的真诚，不幸能让我们更懂得珍惜幸福。"福兮祸所伏，祸兮福所倚"，不要因为时常遇到挫折就万念俱灰、心灰意冷。要记得随时为自己鼓掌，要学会欣赏自己、表扬自己，把自己的优点、长处、成绩、满意的事情统统找出来，在心中强调一番，反复刺激和暗示自己"我可以，我能行"。

美国著名的篮球明星迈克尔·乔丹的名言："我可以接受失败，但我不能接受放弃。"把失败、挫折也都看作是一种收获，你就有了一种新的体验。受挫一次，你对生活的理解会加深一层；失误一次，你对人生的省悟会增添一成；失败一次，你对成功的内涵会看得更加透彻。总结失败与成功的收获，把它们装入自己前行的背囊，作为自己踏上新征程的风向标。

（三）学会感恩

施惠勿念，受恩莫忘。这是人之美德，也是衡量一个国家文明程度的标准。大学生在成长过程中，承载着家人、社会和国家的关爱与期许，更得到了许许多多的恩泽和帮助，对此要保留一颗感恩的心，延续报恩的行为。感恩的本质是人性沟通，从最原始的亲情，到社交中人与人的交往，他人的付出与自我情感的回应能让人们保留一种美好的满足感。这种满足感能使个体保持一种宽厚、持久的自我愉悦感。

同时，感恩和报恩有助于大学生发现社会自我、人际自我，并能扩大他们对社会自我、人际自我中的优点意识。授人玫瑰，手有余香。怀着一颗感恩的心，即使是为他人、社会奉献出一份微薄之力，也能给人带来巨大的快乐。大学生如果在感恩、报恩行为中看到了自己的影响力之大、给社会带来了诸多的美好，就会扩大他们对自己优点的认识与体验，增强他们对自我的信心，对自我的悦纳性也会得到增强。

三、努力超越自我、完善自我

大学生学会接纳自我、愉悦自我，有了积极的心态，便有了挑战自我、战胜困难的勇气，也就有了超越自我、完善自我的可能。超越自我是对自身现有的能力或素质的突破，这不仅仅是心理潜能的激发，更多的是人性的完

善、境界的提高和智慧的升华。超越自我是对自我现有安稳而满意状态的颠覆，是对自我优势永不停歇的拓展，也是对自我缺点的不断挑战。而自我完善是个体在认识自我、悦纳自我、超越自我的基础上，自觉规划行为目标，主动调节自身的行为，积极改造自己的个性，这是个性全面发展以适应社会要求的过程。超越自我、完善自我是个体自我教育最重要的方式，是个体主动改变现实自我以达到理想自我的过程。

社会中的成功人士总是在不断超越自我中树立自我鲜明的个性形象。央视名嘴白岩松对优秀人才是这样评价的："一个优秀的人，不能以他对社会作了多大贡献作为一个最直接衡量的标准。我觉得人的一生不过是在和自己不停地挑战。一个优秀的人总是能给自己提出一个新的目标，然后去攻克。我认识一个人，他18岁时得了一种怪病，他一生的努力就是如何由瘫痪变成走一步，然后走两步。你能说他给社会作出了巨大贡献吗？但是我觉得他是一个优秀的人，因为他一辈子都在挑战他自己。"善于挑战自我的人，生活中充满了希望与激情，在生活中的各种困境面前能自信、从容地应对，并能把前途、命运牢牢地掌握在自己手中。可见，大学生要发展自己，成为优秀的社会人才，必须不断地超越自我，这样才能实现理想的自我、到达完善的自我。

（一）确立正确的理想自我

确立正确的理想自我就是个体在自我认识、自我悦纳的基础上，按照社会的需要和个人的特点来确立自我教育的发展目标。大学生要确立正确的理想自我，需要满足两个条件：

1. 要敢于树立美好的理想自我

大学阶段是人生的重要转折时期，他们将走出校园步入社会，从莘莘学子转变为社会栋梁。大学生在校园里为能在社会中走得更稳而努力学习、积蓄力量，对校园外的社会生活满怀憧憬。因此，这个阶段是大学生树立理想自我、规划美好未来的黄金时期，对自己未来美好的人生图景犹如在他们心中点亮的一盏盏明灯，指引他们一步一步地超越自己，激起他们为理想自我而奋斗的热情。

在现实中，有些大学生却把超越自我停留在"梦"中，只是闲暇之余想想，而不敢把它当真。现实中惨烈的失败经历以及简陋的现实条件，致使他们不敢有美好的理想自我，认为那是高不可攀、常人无法达到的巅峰，只有少数有特殊才能的人才能达到。然而事实是，在满足基本需要的基础上，任何人都可以拥有超越自我、完善自我的梦想。人本主义心理学家马斯洛曾经对这个问题进行过深入的研究。他分别对熟人、朋友以及 3 000 名大学生进行了抽样调查，并通过传记和自传对历史上和当时仍然在世的著名人物（如贝多芬、爱因斯坦、斯宾诺莎、歌德、杰弗逊、林肯、史怀哲、弗洛伊德等）进行了个案研究。在研究中他发现了人们共同具有一种超越性需要。这是人天生具有的一种心理需要，这是一种对自我存在价值的需要，虽然不强烈，但如果失去，就会导致超越性精神疾病或"灵魂病态"。正如马斯洛所描述的："当我努力去了解、思考和在日记中、笔记中描绘它们时，在一个美妙的刹那间，我顿然意识到可以从这两种人格的典型模式中概括出许多共同的特征……我力图证实这种人格模式是否存在于其他地方，结果，我的确在一个又一个人身上发现了它。"

大学生应该善于抓住优势特长与社会发展规律的契合点，从而自信地树立起理想自我，不畏周围人的耻笑和现有条件的简陋，勇敢地扬起心中的帆，不断超越自己和完善自己。

2. 要立足于社会实际，确立合理的理想自我

正确树立理想自我的前提条件是大学生必须在熟悉和了解社会、认识社会发展现状和规律的基础上，为理想自我的确立寻找合适的社会坐标。要完成这一任务，大学生就必须认真学习理论知识，积极参与各种社会实践和人生实践活动，把学业、事业与自我超越的目标结合起来。在实际社会活动中获得确立理想自我的深刻体验，再结合掌握的理论知识和自我的反思，不断提炼关于自我的认识，逐步在个人与社会的联系中感悟人生的价值和意义，逐步建立起正确的理想自我。

大学生要善于把握住时代的脉搏，随着时代发展和个人成长不断认识自我的社会坐标。既要保证个人的理想自我在主观上能引向美好未来，又要保证理想自我在客观上符合社会和本身条件的发展规律，使今日的理想自我能逐步转变为明日的现实自我。

（二）不断超越现实自我、完善理想自我

超越现实自我是大学生不断修正现实自我的行为和相应的心理，使自己朝着正确的理想自我的目标发展。大学生在某一人生阶段树立的理想自我必然会受到当时的经验和环境的限制，不可能达到完善的水平。随着个人的成长和社会的变迁，这个"理想自我"会变得不合时宜。因此大学生既要坚持理想自我的终身发展方向不变，又要在对现实自我的不断超越过程中，联系实际对理想自我进行调整，改变或重新选择达到理想自我的途径，使自己能

不断接近完善的理想自我。

大学生追求理想自我的过程，表现在心理和精神上有一个相对稳定的自我观念和自我图式。在日常生活与学习中，他们自觉地对现实自我进行评价并把它与心理上的自我图式相对照，这样就不可避免地会产生"理想自我"与"现实自我"之间的矛盾。自我意识的这种矛盾必然会使人产生失落、烦恼、失意等消极的体验，造成心理上的障碍。这些消极情绪往往会成为大学生超越现实自我的阻力，也可能会成为他们怀疑理想自我甚至放弃理想自我的根源。大学生为了超越现实自我和追求理想自我，就必须做到如下几点：

第一，坚定自我发展的信念。相信自己无论是成功或失败都是超越现实自我的过程，成功和失败都能让自己离理想自我更接近。

第二，自我监督，经常反省自己。在超越现实自我的过程中，从经常性的成功和失败经验中总结和提炼自己的智力和非智力因素的特点，找到自己的优势与不足。

第三，自我调节，不断改进。超越现实自我的关键并非是表面取得更多的成功，而是对自我存在的不足的改进或有效控制，大学生要善于进行自我批评，勇于向自己的缺点开战，寻找多种途径、方法改变或控制缺点对自己完成任务的影响。

案例 3-3 霍金的财富

霍金 1942 年出生于英国牛津，大学毕后他转到剑桥大学攻读博士，研究宇宙学。1963 年，霍金被诊断出"肌萎缩性侧索硬化症"，1970 年在学术上声誉日隆的霍金已无法自己走动，只能使用轮椅。

虽然身体的残疾日益严重，霍金却力图像普通人一样生活，他甚至是活泼好动的。在莫斯科的饭店中，他建议大家来跳舞，他在大厅里转动轮椅的身影是一大奇景，当他与查尔斯王子会晤时，还旋转自己的轮椅来炫耀，结果轧到了查尔斯王子的脚趾头。

一名记者曾对霍金提问："霍金先生，卢伽雷病将你永久固定在轮椅上，你不认为命运让你失去很多的出路吗？"

霍金的脸上充满笑意，他用还能活动的三根手指，艰难地叩击键盘后，显示器上出现四句话："我的手指还能活动，我的大脑还能思维，我有终身追求的理想，我有爱我的人与我爱的亲人和朋友。"

这个骄傲地面对人生的人，在回答完那位记者的提问后，又艰难地打出了第五句话："对了，我还有一颗感恩的心。"

霍金凭着自己勇敢顽强的人格力量和不断求索的科学精神，取得了生命中一个又一个的成功。如，科普著作《时间简史》，被译成几十种语言在全球发行；《时间简史续编》成为宇宙学无可争议的权威……霍金被称为"在世的最伟大的科学家""当今的爱因斯坦"。

评论 不要为自己缺少某一样东西叹息，只要你认真一一清点那些早已熟视无睹的"财产"，就会发现自己早已拥有了整个世界。

小故事大智慧 3-3   多撑一百步

美国华盛顿山的一块岩石上立着一个标牌。标牌告诉后来的登山者：那里曾经是一个女登山者躺下死去的地方。

原来，女登山者当时正在寻觅的庇护所——"登山小屋"只距离自己一百步而已。

如果能多撑一百步，她就能活下去。

评论 倒下去之前再撑一会儿。在达到自己能力极限时再向前迈进一步，你与他人的差别也许还是一点点，然而与原来的你却有天壤之别，因为你实现了自我的超越。

案例 3-4   永不停息的车轮

1996 年，25 岁的阿姆斯特朗被诊断出患有严重的睾丸癌，并被下结论为仅有 50% 的存活希望。在用尽全部力量和意志征服病魔之后，阿姆斯特朗变得更加珍惜自己的运动生命了。从他的训练计划上，我们可以看到：丘陵地区 5 小时骑行；跟随摩托车的 2 小时不间断快速骑行；4 小时骑行，包括两个山路赛段，每个路段必须在 30 分钟内完成……1998 年，死里逃生的阿姆斯特朗看上去很虚弱，没有人愿意在这个癌症患者身上下赌注。1999 年，阿姆斯特朗在世界上最艰苦的体育赛事之一——环法自行车赛中获胜，第一次获得成功。"癌症患者"阿姆斯特朗实现了体育界最动人心魄的王者归来。2000年蝉联环法总冠军，其后接连第三次、第四次、第五次、第六次，第七次，他以史无前例的 7 次获得环法冠军而载入体育史册，也作为一个战胜癌症并创造体育奇迹的运动员鼓舞着许多人挑战极限。如今的阿姆斯特朗全身心投

入到抗癌基金会和"玫瑰自行车赛"中,为人类的抗癌事业积极奔走。他喜欢这样,他不想停下来……

评论 无论你身处何种境地,只要你相信自己、坚守信念,愿意付出努力,就能实现一次又一次的自我超越,逐步达到完善自我的目标。

参考文献

[1] 江光荣. 选择与成长:大学生心理学. 武汉:华中师范大学出版社,2004.

[2] 王祖莉. 大学生心理健康教育. 北京:科学出版社,2004.

[3] 郭永玉. 人格心理学:人性及其差异的研究. 北京:中国社会科学出版社,2005.

[4] 伍新春. 高等教育心理学. 北京:高等教育出版社,1998.

[5] 爱德华·霍夫曼. 马斯洛传:人的权利的沉思. 许金声,译. 北京:华夏出版社,2003.

[6] 江光荣. 心理咨询的理论与实务. 北京:高等教育出版社,2005.

[7] 肖少北. 大学生心理健康教育. 兰州:甘肃文化出版社,2005.

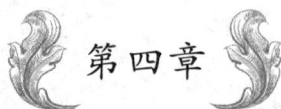

第四章

情绪与心理健康

成功的秘诀就在于懂得怎样控制痛苦与快乐这股力量，而不为这股力量所反制。如果你能做到这点，就能掌握住自己的人生，反之，你的人生就无法掌握。

——安东尼·罗宾斯

人的任何心理活动都伴随着一定的情绪状态，情绪就像人的影子一样与之相随，是人心理状况的晴雨表。大学生是一个充满活力的群体，情感世界丰富多彩，情绪变化快、波动大。认识情绪，了解情绪的特点和作用，提高情绪觉察力，进而控制和调节情绪，对于提高学生的心理素质和生活质量有很大的裨益。

第一节　大学生的情绪特点

大学生正处于青春期向成年期的过渡时期，在生理发育趋向成熟的同时，心理也经历着急剧的变化，这种变化主要反映在情绪上。大学生这一群体独特的社会地位、知识水平、人文素养以及所面临的生活、学习环境，都会给他们的情绪打上自己的烙印。调查表明，大学生的情绪具有以下特点：

一、丰富性与差异性

大学生的情绪发展是一个由不成熟到成熟、由简单到复杂的渐进过程。在这一过程中，呈现出鲜明的丰富性和差异性的特点。

大学一年级的新生初入校门，对大学生活充满了好奇与幻想，渴望友谊，渴望迅速地适应新的环境。另外，由于生源地、学习背景、家庭环境、学习期望值等差异，他们中有的带着"成功者"的自信与自负，有的带着"失败者"的自卑与自责。在高考目标业已实现，新的目标尚未建立或明确的情况下，处于相对于高中时期要松散得多的大学生活环境，有些学生感到彷徨和困惑，也有部分同学会产生"松口气"的情绪。有的大一新生由于新鲜与好奇，再加上想证明自己的能力，参加各种学生社团或学生会活动，在活动中由于各自的基础和特质不同，也会获得不同的内心体验。

大学二年级的学生已逐渐适应新的环境，学习的压力没有刚来时那么大，此时大学生开始更多地把目标放在综合素质的提高和社会经验的积累上，独立性和主动性都有了较大的发展，开始较为现实地设计自己的理想，情绪的波动性和冲动性减少，稳定性增加，"考证热"就是此时一个典型的现象。有不少大学生希望在课余时间多参加各种培训来增强自己各个方面的技能，此时学生的理智感和求知欲都有了较大的发展。

大学三年级或毕业班的学生因面临着即将走向社会的压力，也面临着考研或是工作等矛盾，他们更多地关心自己的前途和命运，出现了对物质、家庭、择偶、工作等新的想法和打算，情绪呈现出矛盾性和复杂性。

从以上情况不难看出，大学阶段情绪情感的发展正在趋向于成熟，并不断完善和升华。这一阶段的情绪既有青春期情绪特点的痕迹，又表现出成年人的老练成熟的色彩。年纪不同的个体在情感发展和情绪变化上呈现出一定的差异性和复杂性，且不同性别又有不同的特点，再加上两性情感因素的介入，使得大学生的情感内容变得多姿多彩、异常丰富。

二、稳定性与波动性

大学生随着年龄的增长，情感状态趋向稳定，表现在时间上有了更强的持续性，表现为心境化。比如，一次成功的喜悦往往会影响一段时间内的活动与心理状态，并有可能使周围的事物都披上一层愉快的色彩。调查显示，有三成多的大学生表示"自己对事情能够沉着冷静，能控制自己的情绪，不随外界环境的变化而大起大落"。

但大学生的情绪波动性仍很明显，情绪起伏较大，容易从一个极端走向另一个极端。比如，有些大学生在强烈的感情冲击下，做事武断，缺乏全面分析，行为固执，听不进劝告，有明显的感情用事的痕迹，表示"高兴起来我想热情地和每一个人握手，低落起来别人一个轻蔑的眼神就可以把我击倒"。据调查，有26%的大学生"心情常常随当时的气氛而变化"，16%的大学生认为自己"是一个容易发怒的人，会为小事而过分激动"，有26.5%的大学生"不善于抑制自己的冲动或沮丧情绪"。在这些情绪不安定的大学生中，有相当部分需要寻求帮助与关怀，以使自己顺利度过这段心路历程。

大学生情绪不稳定常见的另一种情况是情绪来得快，去得也快。俗语中"热血青年""血气方刚"等正是这种情绪不稳定的鲜明写照。调查显示，引起大学生情绪波动的原因，一方面来自心理、生理的急剧变化，另一方面来自社会需求与个人需求之间的矛盾。大学生渴望独立，认为自己已经成人，不喜欢别人过多地干涉。但由于自身认识事物还有局限性，因此理想与现实经常出现矛盾，在情绪上难免会有所反映。

三、强烈性与冲动性

美国著名心理学家霍尔（G. S. Hall，1916）曾用"疾风怒涛"这个词来形容青春期的情绪与情感的特点。大学生虽然已进入青年中期，但青春期的特点仍有所保留，表现在情绪情感的成熟程度上存在着个体间的差异性。比如，有的同学情绪爆发快、强度大，一般小事也会引起冲动。调查显示，34%的大学生表示自己常常"凭感情办事"，17%的大学生认为自己在别人眼里"是一个性格倔强、脾气急躁的人，做事讲话容易操之过急，言辞激烈，易冲动"。比如，停电时有的学生敲盆、吼叫，甚至起哄、扔东西等，这表明仍有部分大学生情绪情感的发展尚未成熟，需要引导。

四、外显性与内隐性

同所有的年轻人一样，大学生对外界刺激的反应也是迅速而敏感的。喜、怒、哀、乐常常形于颜色，具有外显性的特点。被调查的大学生中有37%的学生表示"心情不畅时，无法在他人面前掩饰自己的不愉快"。但由于年龄的增长，自控能力的逐渐增强，使得他们情绪的外显性与内心体验并不总是一致的，在某些场合或特定情景下，他们还会把自己的真实想法"封闭""隐

藏"起来，变得含蓄、内隐，表现出相应的掩饰性。在问到"你采用什么方式消解心中的不快"时，有高达63％的大学生选择"脱离集体，陷入深深的孤独中，不会随意向他人倾诉"。

五、社会性与细腻性

大学生不仅有由生理需要而引起的情绪表现，而且还有由社会需求和自我完善需求而引起的社会性情感表现。这类社会性情感主要包括理智感、道德感、责任感、义务感等，他们的社会性情感的发展与自身社会的成熟度是相一致的。

另外，随着大学生交往领域的不断扩大，对友谊的依赖程度更高，同伴之间心理接近的需要也更强，因此，他们的情感在内心体验上就有了更多的敏感与细腻的特点。据调查，有50％的大学生承认"十分留心自己的感情体验"。

六、友情性与爱情性

生活在开放、活跃的大学校园里，相同的年龄、共同的理想追求和共同的兴趣爱好，加之频繁的接触，更容易播撒友谊的种子。英国17世纪杰出的唯物主义哲学家培根在《论友谊》中说："得不到友谊的人将是终身可怜的孤独者，没有友情的社会则是一片繁华的沙漠。"因此，感情丰富的大学生对于友情的追求，较其他年龄段或其他领域和阶层的人要强烈得多，而且更珍惜友情。很多人把大学期间建立起来的同学友情视为终身的精神财富，年代愈久，友情愈醇愈浓。

同时，大学生的生理发育已经基本成熟，渴望与异性交往、期望得到爱情的体验是这个年龄段青年人的一种正常情感需求。特别是在当前大环境下，大学校园里谈情说爱已经司空见惯，爱情体验也成了大学生情感生活的一项重要内容。

【知识链接】 情 商

情商是评价情绪智力发展水平高低的一项指标，以区分自己与他人对情绪的把握和控制，以及对人生的乐观程度和面对挫折的承受能力为主要内容。情商越高，事业成功的可能性就越大。美国哈佛大学心理学家戈尔曼（Coleman，D.）认为，一个人在社会上能够获得成功，起主要作用的不是智力因素，而是情商，前者占20%，后者占80%。

情商不是天生注定的，而是可以通过后天的学习加以提高的。戈尔曼认为情商来源于五个方面的能力，即自我认知的能力、自我控制的能力、自我激励的能力、认知他人的能力和维护人际关系的能力。

- -

案例 4-1 **糖果实验**

在美国斯坦福大学附属幼儿园，研究人员把4岁的孩子一个接一个地带进屋里，并把一粒糖放到每个孩子的桌前，告诉他们说："你们现在想吃这粒糖就吃，但如果你们能等我去办完事回来再吃，那就可以吃到两粒糖。"14年后，当这些孩子高中毕业时，研究人员再把那些马上就吃掉糖的孩子与等待研究人员回来得到两粒糖的孩子相比较，发现前一组更容易被压力压垮，动辄生气发怒，常与人打架、斗殴，追求目标时抵制不住诱惑。升大学考试时，那些等待的孩子在总分为1 600分的升学考试中比平均成绩高出210分。

"糖果试验"中的那些孩子，长大后差异更加明显。那些能抵制诱惑的孩子，长到二十八九岁时，学到了更多的知识和技能，做事更专心，更能集中注意力，能建立亲密的人际关系，办事认真，更具责任心，面对挫折也显示出较强的自控力。

相反，4岁就不能控制自己的孩子，相比而言认知能力较差。他们孤独，办事令人不放心，做事不专心，在追求目标时承受力较差。

评论 "糖果试验"的结果揭示出不能控制情感的代价。当我们冲动、恼怒或情绪波动时，我们的思考、工作能力都会受到影响。不良情绪给我们带来了无尽的麻烦，每一个想要在事业上获得成功的人必须善于控制自己的情绪。

小故事大智慧4-1 钉子的故事

从前，有一个脾气很坏的男孩。他的爸爸给了他一袋钉子，告诉他，每次发脾气或者跟人吵架的时候，就在院子的篱笆上钉一颗。第一天，男孩钉了37颗钉子。后面的几天他学会了控制自己的脾气，每天钉的钉子也逐渐减少了。他发现，控制自己的脾气，实际上比钉钉子要容易得多。终于有一天，他一颗钉子都没有钉，他高兴地把这件事告诉了爸爸。

爸爸说："从今以后，如果你一天都没有发脾气，就可以在这天拔掉一颗

钉子。"日子一天一天过去，最后，钉子全被拔光了。爸爸带他来到篱笆边上，对他说："儿子，你做得很好，可是看看篱笆上的钉子洞，这些洞永远也不可能恢复了。就像你和一个人吵架，说了些难听的话，你就在他心里留下了一个伤口，像这个钉子洞一样。插一把刀子在一个人的身体里，再拔出来，伤口就难以愈合了。无论你怎么道歉，伤口总是在那儿。要知道，身体上的伤口和心灵上的伤口一样都难以恢复。你的朋友是你宝贵的财产，他们让你开怀，让你更勇敢。他们总是随时倾听你的忧伤。你需要他们的时候，他们会支持你，向你敞开心扉。"

评论 学会控制情绪，避免因情绪失控而造成不可弥补的损失。

第二节　大学生常见情绪困扰及其调适

适度的、情境性的负面情绪反应是正常的，也是无害的；但持久的情绪困扰与烦恼，陷于不良情绪中不能自拔，甚至出现心理障碍，如抑郁症、焦虑症、恐惧症等，则会严重妨碍学习和生活，需要及时有效地调节。大学生中常见的情绪困扰主要有如下几种：

一、焦虑

焦虑是个体主观上预料将会有某种不良后果或模糊地感到有威胁性情境出现时所产生的一种不安情绪，同时伴有忧虑、烦恼、害怕、紧张等情绪体验。大学生考试的失败以及毕业前对就业或将来前途的担心和忧虑，都可使人产生焦虑情绪。心理学认为，适度的焦虑有利于学生自我能力的发挥，但高度焦虑则会影响一个人的精神状态、认知、行为和健康，使人思维受阻、行为迟缓，亦可引起食欲不振、失眠等躯体症状，严重的焦虑还能使人丧失希望和情趣，并可导致身心疾病的发生。

大学生常见的焦虑有五种：一是自我形象焦虑，主要发生在特别关注自我外貌形象的学生身上；二是学习焦虑，主要发生在对自己能力的主观评价不如他人以及那些对获得好成绩有强烈愿望的学生身上，表现为考试时怯场、无法安心学习等；三是人际关系焦虑，主要发生在性格内向敏感、独立性差的学生身上，他们对师生关系、同学关系、异性关系产生心理焦虑；四是恋爱焦虑，主要发生在有恋爱关系的学生身上，恋爱受挫或失恋引发的自我否定，认为自己不具备爱人与被爱的能力；五是前途焦虑，主要发生在对自己的职业定位不够明确的学生身上，表现为过度地担忧未来的职业选择与就业前景。

要克服过度的焦虑，首先要能觉察自己害怕什么，自己想要控制什么，然后冷静地分析自己焦虑的事情是否在自己力所能及的可控范围内。对于超越个人可控范围的事要"放手"，对于个人可控的事要好好规划，决定如何应对，并积极付诸行动。要尽最大努力把注意力从担心失败转移到积极行动、争取成功上来。另外，应增强自信，不怕困难，不计较得失，遇事要当机立断，任何犹豫或徘徊只会增加焦虑。

二、抑郁

抑郁是一种感到无力应付外界压力而产生的，由情绪低落、冷漠、失望等构成的消极心境，通常当事者感受为缺乏活力、丧失兴趣、自罪自责、食欲差、失眠、体重下降等。生活中轻微的抑郁是常见的，它引起的不良体验，对人的行为有一定的消极作用。严重的抑郁则属于异常状态，需要特别的关心和疏导，因为长期持续的抑郁会导致心理性的抑郁症，而抑郁症是威胁人类生命的杀手。因此，对那些性格内向、沉默寡言的大学生应多加关注。

抑郁情绪如同其他情绪反应一样，人人都曾体验过。对大多数同学来说，抑郁只是偶尔出现，时间短暂，时过境迁，很快就会消失，这是不足为虑的。但是当长期处于抑郁状态，甚至有导致抑郁症的倾向时，就需要高度警惕，应寻求专业心理咨询师或心理医生的帮助。

三、嫉妒

嫉妒是指因他人在某些方面胜过自己而引起的一种不快甚至痛苦的情绪体验，是对他人不友好、敌视与憎恨的不健康情感。嫉妒者不能忍受别人的成功及自身的不足，对于他人的成就、荣誉、能力甚至穿着打扮等超过自己，都会引起心理不平衡。地位相似、年龄相仿、经历相近的人之间更容易产生嫉妒情绪。大学生中，常会出现这样的情况：当原来与自己差不多的人超过自己时，心中难免会产生一种说不出的不舒服或不服气的情感，这就是嫉妒。

日常生活中一般的、一掠而过的嫉妒情绪，可以为自己追求上进的行为增添一定的动力。心理健康的人会非常理智地将这种情绪控制在适度范围内，

并善于将其转化为鞭策自己的动力。心理不健康的人则会让自己沉浸在这种消极的情绪中，任其滋长，日复一日地在阴暗的角落里蹉跎岁月，使自己变得消沉并充满仇恨，其结果是人与人之间的对立、分裂，并导致个体内向、逃避，甚至诱发心理疾病。也就是说，当嫉妒无限制地发展，并挣脱了理智的控制反过来控制了人的心灵的时候，人就会产生较为严重的心理问题。病态的嫉妒一会害人，二会害己。这种人看见别人的成功比看见自己的失败还要难受，凡是发现比自己优秀的人和事，就会情不自禁地产生一种痛苦的"条件反射"，导致一系列严重的情绪反应。而且，过分嫉妒的人为了达到自己比别人强的目的，往往不是从自身去努力，而是不择手段地去贬低或损害他人。此时不但没有使自己的才干增加，反而拉大了和他人的距离，而且因其行为不合社会规范，为社会和他人所不容，使其心理上受到了更大的打击。

克服嫉妒情绪，首先要开阔视野，全面认识自己与他人的优势和劣势。明白"尺有所短，寸有所长"的道理，充分发挥自己的优势，弥补自己的不足，对于无法改变的客观现状要学会平静接纳。其次，加强修养，充实自己的生活。培根说过："嫉妒是一个四处游荡的情欲，能享有它的只能是闲人，每一个埋头干事业的人，是没有工夫去嫉妒别人的。"要摆脱嫉妒情绪，就要不断地充实自己的生活，寻找自身新的价值，要踏实地走自己的路；要正确认识自己，摆正自己和他人的位置；要学会正确地进行比较，正视差距，学习他人的长处，克服自己的短处；从挫折中振作奋起，把嫉妒转化为积极进取的内在动力，不断完善自己。

四、自卑

自卑，顾名思义，就是自己看不起自己，是个体由于某种生理或心理上的缺陷或其他原因所产生的对自我认识的一种负面情绪体验。自卑的学生往往认为自己什么都不行，这是自卑的实质，即自我评价过低。自卑者总是以失败来衡量自己。荷兰哲学家斯宾诺莎说："由于痛苦而将自己看得太低就是自卑。"自卑可能来自早年他人对自己的消极态度，也可能来自自己期望过高、要求过严而又屡遭挫折的体验。体弱多病、生理缺陷、记忆力差、性格孤僻、经历坎坷、境遇不佳、过分追求完美的人都容易产生自卑。长期生活在自卑阴影下的人，情感生活往往失去平衡，他们习惯于给自己的行为设置消极障碍，面对机遇裹足不前，自己阻塞了成功之路。这种结果反过来又进一步强化了他们的自卑。事实上，许多人的自卑都是自己虚构出来的。他们盲目地假设别人在轻视自己，无端地猜疑别人要攻击自己，把善意的赞扬看成是讽刺，真诚的同情被曲解。

要克服自卑感，首先要建立起正确对待自卑的态度，分析产生自卑的原因和内在的心理过程，客观、全面地评价自己和他人，不能因为一次失败就否定自己的能力和价值，更不能用自己的不足与别人的优势相比较，应该以积极的方式面对现实；其次可以将注意力转移到自己感兴趣也最能体现自己价值的活动中去，从而淡化和缩小弱项在心理上的自卑阴影，缓解心理压力和紧张；再次可以寻找比较容易也很有把握完成的事情来做，成功后收获一分喜悦，然后再找下一个目标。自信恢复一分，自卑的消极体验就会减少一分。

五、愤怒

愤怒同恐惧一样，是人和动物最原始的反应，是在同自然环境的斗争中为保护自己必须具备的一种本能。因此，人都是可能发怒的。但是，这并不意味着人的愤怒可以不受节制。中医说，"怒伤肝""大怒则形气绝"。心理学将人的性格分成 A 型性格和 B 型性格两种，其中 A 型性格的"敌意"和"发怒"，被称为危险的情感因素。这是因为，发怒时体内所释放的激素和其他化学物质的累积，会引发心脑血管疾病和其他身心障碍。而且人在愤怒的时候，意识狭窄、认识模糊，再加上胡乱猜疑导致的敌意情绪扰乱了心理的平衡，容易产生一系列过激的行为，造成严重的社会问题。

在相当一部分易怒的大学生中，常常有一些错误的认识，认为发怒可以挽回面子，维护自尊；可以威慑他人，树立威信；可以满足愿望等。其实不然，发怒的结果往往事与愿违，得到的不是尊严和威信，反而是引发他人的愤怒、厌恶等更恶劣的后果。我们自己的情绪不但不能被抚平，反而会更加气愤。因此，怒气看起来是对外的，实际上受伤害的却是自己，心理上咀嚼不愉快的也是自己。正如古希腊学者毕达哥拉斯所言："愤怒以愚蠢开始，以后悔告终。"

很明显，无限制地发泄愤怒或一味地压抑愤怒，都不能真正消除愤怒。要想少生气，且有效地制怒或恰当地宣泄怒气，要从自己做起。首先懂得尊重人、宽容人。只有尊重他人才能获得他人的尊重。宽容了他人，获得的是自己心绪的宁静。愤怒本身并不可怕，它恰是一种能量，能量不会凭空消失，如果无法辨识愤怒，则它会恣意泛滥无法控制。所以，怒气一旦产生，要及

时地意识到，并设法让自己冷静下来，最好别讲话。屠格涅夫曾劝告与人争吵且情绪激动的人："在开口之前，先把舌头在嘴里转十个圈。"如一旦怒火中烧，自觉情绪一时难以控制，可适当转移注意力或转移环境，给自己一点时间去觉知自己的情绪状态，并弄清楚自己是为什么而生气，这种爆发的后果是什么。如果你知道发怒会有损自己的利益，那么最好约束自己，无论这种自制多么吃力。然后再想一想如何适当地表达自己愤怒的情绪才能解决问题，从而使内在的力量转化为积极的、保护性的力量。

六、冷漠

冷漠是对周围环境中的人和事漠不关心，是对挫折的自我逃避式的退缩性心理反应。主要表现为对他人怀有戒备心理，不与他人交流思想情感，对生活中绝大多数事情毫无兴趣，游离于群体之外等。冷漠往往是因为努力却得不到承认或屡遭挫折所致。此外，缺乏家庭的温暖，缺乏安全、信任、尊重的社会环境，也会造成性格孤僻、情绪冷漠。冷漠的人表面看起来很清高，其实内心往往很痛苦和孤寂。由于没有宣泄的途径，巨大的心理压力无法释放，导致产生了这种不良情绪。冷漠严重阻碍了个体的心理健康和自我发展。

要消除冷漠，首先要转变观念，纠正认知，意识到自己是生活的主人和创造者，任何事都具有两面性，不可一叶障目、以偏概全。生活就是这样，你报之以热情，它才会回报你热忱。机遇之门常为那些充满热情的人打开，命运之神总会把机会留给那些积极、热情而愉快的人，主动地走出自己低沉的情感世界，积极地投身到生活中去，并从中获得乐趣和自身价值。

案例 4-2　大学生"无聊"面面观

在现今的大学校园里，"无聊""郁闷"似乎成了大学生的口头禅。据某本科院校问卷调查显示，有63.6%的大学生觉得大学生活无聊，如果加上"偶尔觉得无聊"更是高达83.7%，其中"无聊""郁闷"两词更是以55.2%的投票率高居全国高校流行语榜首。

心理学上认为，无聊是心理"亚健康"的情绪反映，具体表现为对生活目标的不明确、对未来的不确定、对现实的无能为力等。

大学生感到无聊，首先，与应试教育有关。在中学阶段，考上大学是学习的目的。一旦进入大学，高中时期的目标变成现实，新目标又未及时确立，不少同学进入"动力真空带"或"理想真空期",感到茫然空虚是很正常的。其次,与大学生对生活的理解有关。很多人对大学生活存在误解,认为进了大学就等于进了天堂。其实,大学只不过给学生提供了一个可能性的平台,一切都要靠自己的努力。再次,与社会上的消极现象有关。大学生正处在一个特殊的年龄阶段,过多地看到社会负面的东西,情绪波动较大,易受社会上不良现象影响,从而产生悲观的情绪,对生活厌倦、失望。

前谷歌中国区总裁李开复博士在给中国学生的《大学四年应该这么过》一文中指出:"进入大学是你一生中第一次放下高考的重担,开始追逐自己的理想、兴趣;这是你第一次不再单纯地学习理论同时还要亲身实践;这是你一生中最后一次有机会系统性地接受教育;这可能是你最后一次可以将大段时间用于学习的人生阶段;也可能是最后一次可以拥有较高的可塑性,可以不断修正自我的成长历程。"

评论 一个人最常面对的是自己,而不是别人。生活的本质就是平淡,无聊、孤独是难免的。一个人的成熟就是对平淡生活的理解和接受,往往是那些能忍受孤独和平淡的人才会有所成就。

小故事大智慧4-2 佛陀的见证

有一天,佛陀行经一个村庄,一些前去找他的人对他说话很不客气,甚至口出秽言。

佛陀站在那里仔细、静静地听着,然后说:"谢谢你们来找我,不过我正赶路,下一村的人还在等我,我必须赶过去。不过等明天回来之后我会有较充裕的时间,到时候如果你们还有什么话想告诉我,再一起过来好吗?"

那些人简直不敢相信他们所听到的话和眼前所看到的情景:这个人是怎么回事?其中一个人问佛陀:"难道你没有听见我们说的话吗?我们把你说得一无是处,你却没有任何反应。"佛陀说:"假使你要的是我的反应的话,那你来得太晚了,你应该十年前就来的,那时的我就会有所反应。然而,这十年以来我已经不再被别人所控制,我已经不再是个奴隶,我是自己的主人,我是根据自己在做事,而不是跟随别人在反应。"

评论 提高对情绪的觉察和管理能力,做情绪的主人。

第三节 大学生健康情绪的培养

良好的情绪状态不仅有利于提高工作、学习效率，而且有益于身心健康。弗洛伊德曾说："学习掌控自己的情绪是成为文明人的基础。"一个能够成就一番事业的人，仅有良好的智力和一定的知识是不够的，他还必须懂得适时调控自己的情绪，在各方面表现出得体的言谈举止，从而表现出良好的高素质人才的面貌。加强大学生情绪和情感的自我调节和自我修养，是大学生拥有健康情绪情感的最佳渠道。

调控情绪的方法，概括起来说有两大类：一是堵，即压抑策略。在某些不良情绪产生时，学会克制、约束不良情绪的表达。这虽然是一种调节情绪的方法，但是从心理学角度来讲，过分压抑自己的情绪不利于身心健康，反而会使它们在内心深处积淀下来，使情绪困扰更加严重，甚至积累到一定程度后会以破坏性的方式爆发出来，造成更大的伤害。二是疏，即疏导、宣泄不良情绪。选择合适的方式方法和时间场合，在尽量不影响他人的情况下将不良的情绪释放出来，从而使糟糕的心情得到放松，这是一种良好的不良情绪排解方法。排解不良情绪的方法有多种，不同的心理学派也有不同的论述，我们根据大学生的心理特点，有选择地介绍以下八种方法，供大家参考。

一、认知调节

不良情绪的产生主要是自我意识的发展不够成熟。因此，当大学生发现自己有负面情绪时，可以通过两种方式来认识自己：一是思考自己的情绪是怎么产生的；二是分析这种情绪是否由于自己的想法或解释所造成，和自己的个性、习惯又有哪些联系。

美国心理学家艾利斯提出"情绪ABC"理论，他认为一个人情绪的好坏是由自己的想法所决定的。如果能改变一个人非理性的思想、观念和评价，就能改变他的情绪和行为。A是缘起事件，B是信念，C是情绪与行为的结果，影响我们情绪反应和行为表现的并非事件本身，而是我们对此事的解释。因此，即使发生的事情相同，若我们所持的信念不同、评价不同，便会产生不同的情绪反应。所以，艾利斯认为人应该为自己的情绪负责，因为情绪是由自己的想法制造出来的。如果能找到人的非理性信念，并驳斥、干预此信念，以合理信念取而代之，人就会有新的情绪产生，拥有较好的情绪反应。

以克服自卑为例。要克服自卑，首先，要正视自卑。心理学家阿德勒认为，过分自卑者经常先入为主地认为"我不如别人"，使自己陷入一种消极心理定式中，这样往往会造成实践起来更困难的恶性循环，产生消极后果。因此，积极的自我暗示是很有必要的，"别人行，我也行"，增强自己改变现状的信心。其次，要建立合理的目标体系。理想自我标准的制定既不过高，也不过低，切合实际，同时积极改变自己某些不合理的观念。再次，学会全面、客观、合理地进行自我评价。不以偏概全，不妄自菲薄，一件事做不好并不代表每件事都做不好，一个方面有缺陷也不意味着每个方面都有不足。此外，心理补偿也不失为一个有效的好方法。阿德勒认为，一个人在某方面不足，则往往会通过个人努力在其他方面取得成就，用补偿心理来激励自己，正所谓"失之东隅，收之桑榆"。

二、自我暗示

语言是人的情绪与表现强有力的影响工具，通过语言（包括不出声的内部语言）可以引起或抑制情绪的反应。比如，心里默念"太气人了""气死我了"之类的话，并想象让自己气愤难耐的情景，就会发现自己心跳加快、呼吸也开始变得急促，生理上、心理上似乎真的发起怒来；反之，如果默念"太开心了""好高兴呀"之类的话，并想象一些令人愉快的情景，心里就会真的愉快起来。这就是自我暗示的神奇功效。

为了调节情绪，我们应该学会经常给自己一些积极的自我暗示。当情绪不好时，不要放纵情绪的泛滥，要多跟自己说"一切都会好起来的，明天就是新的一天了""烦恼、哀愁都是没有用的，我要对自己有信心"，甚至每天照镜子时对自己笑一笑，充满自信地大声跟自己说："我看起来精神状态很好！"不管自己相不相信，一定要坚持这样做，时间长了，自我暗示的效果就会出来了，你就会变成一个自信、乐观、开朗的人。

三、意志调节

培养良好的意志品质，也是大学生培养健康情绪的一个重要调节手段。人的意志品质能够调节情绪的发生和强度。一般来说，思想修养水平较高的人，能更有效地调节自己的情绪，因为他们在遇到问题时，善于明理与宽容。拿常见的骄傲来说，这种情绪的危害性显而易见，除导致学习成绩下降外，

还会导致人际关系恶化，严重者还会引起心理疾病。产生骄傲情绪的原因主要是自视过高，对自己评价不切合实际或对别人缺乏了解，自以为是。正所谓"虚心使人进步，骄傲使人落后"，克服骄傲情绪的主要途径是不断完善自己的人格，培养自己谦虚谨慎的品质，取人所长，补己所短，为今后发展打下良好的基础。

四、转移

转移可分为注意转移和行动转移。注意转移是指把注意力从自己的消极情绪上转移到其他方面上去。转移的另外一种类型是行动转移，即把情绪转化为行动的力量，把怒气转变为从事科学、文化、学习、工作、艺术等的力量。凡是长期心情不好的人，都易沉溺于不良情绪中难以自拔。因此，解决不良情绪，不妨采取一些建设性的行动，包括自己感兴趣的、有意义的、有创造价值的、可以增进人际关系改善等的行动，这样不仅可以调整自己的情绪状态，而且可以取得积极、正面的行动效果。可以说，转移是一种很好的调节情绪的方式方法。

五、适当宣泄

所谓适当宣泄，是指在适当的场合或时机采用适当的方法，有效排解心中的不良情绪。不良情绪累积太多难免会像火山一样爆发，使人所受的影响更大。因此，学会适时适度表达某些负面感受，使之源源不断地释放出来，对身心不无益处。

（1）倾诉。找一个值得信赖的人，将心中的想法与苦闷统统诉说出来，可以使抑郁得以缓解。罗杰斯认为，人不仅可以交流内心的思想，而且可以交流内心的各种各样的情绪，包括内心的冲动、模糊的感受，甚至难以启齿的秘密，都可以沟通和交流。通过沟通，可以缓解压力，释放内在负能量。在生活中，为什么朋友多的人相对比较健康，就在于他们有更多的宣泄渠道。在宣泄的同时，朋友的理解和关心也成为一种情感上的支持。因此，在倾诉中，宣泄治疗与支持治疗同时起作用。

（2）朗读。大声朗读，把心灵打开，让文字变成音响，将心与口统一，口成为心灵的一扇窗户，每一次响亮地打开，意味着一种勇气、一种气概、一次直抒胸臆的宣泄。朗诵的内容可以根据自己的兴趣选择，比如："下定决心，不怕牺牲，排除万难，争取胜利！"将这样的语录大声朗诵十遍，估计你的抑郁就会不翼而飞。苏轼的《念奴娇·赤壁怀古》气势磅礴，对于喜欢诗词的人再好不过。

（3）痛哭。当遇到意外的打击、受到很大的委屈或精神压力过大时，找个没人的地方痛痛快快地哭一场，不失为一种缓解情绪的快速而有效的方法。平时我们总要求自己要坚强，有泪不轻弹，经常强忍或压抑着自己想哭的冲动，但实际上，偶尔的痛哭是有利于身心健康的。生理学家通过化学测定发现，人的眼泪中含有因负面情绪而产生的毒素，痛哭可以使这些毒素随着泪水排出体外，而不至于长期积累在体内影响身体健康。大哭过后，情绪得到缓解，因情绪紧张而带来的感觉、记忆和思维障碍也就自行消退了。这时我们就可以比较冷静、客观地面对自己的问题。

（4）写日记。每天睡觉前打开日记本，把一天的喜怒哀乐随意地写下来，自己与自己对话，自己做自己的知心朋友，然后卸下包袱轻松地进入梦乡，这真的是一种很好的调节自己情绪的方法。古人曾说："吾日三省吾身。"其实，写日记本质上是一种倾诉，只不过对象不是别人，而是自己。日记可以天天写，也可以心情不好时再写，不必局限于晚上，随时都可以用来发泄自己的情绪，尤其是不想跟别人说或无人可说时。把情绪宣泄在纸上还可以帮助自己整理混乱的思维，有效地分析自己面临的问题，时过境迁后，还可以拿来看看自己当初的心路历程，帮助自己更快地成长、成熟。

（5）运动。在情绪很强烈又没有适当的发泄口时，可以通过运动来发泄。比如，对着沙袋猛擂一通，到操场上跑几圈，干点累人的体力活或到空旷无人的地方大喊大叫一通等，这些都可以释放聚集在体内的能量，达到缓解压力、宣泄情绪的目的。

六、深呼吸放松法

深呼吸放松法简单易行，却非常有效，因此被称为放松第一法。

人一紧张，呼吸便会急促，出现所谓"过度呼吸"的情况，此时，吸入的新鲜空气最多只到达胸部便被呼出。这是紧张的自然结果，也是紧张进一步加剧的原因。因为"胸呼吸"会使大脑与四肢血管轻度收缩，通过"腹式慢呼吸"，血液里的氧气比例下降，改变血液的酸性，增加钙在神经与肌肉中的比例，从而使神经与肌肉变得敏感，你会颤抖、肌肉僵硬、脸红、出汗，甚至出现头昏、眩晕、视觉模糊、不真实感、麻木等生理反应。这些身体症状会在短短不到一分钟的时间里完成，使你的紧张实实在在地躯体化。

值得庆幸的是，"过度呼吸"能够如此神速地导致以上症状，改变呼吸也能迅速克服以上症状。这就是调息法简单有效的原因。调息法的关键是将"胸呼吸"变成"腹式慢呼吸"，血液循环将恢复正常，充足的氧气将随着血液流向全身，上述一系列紧张的生理反应都将消失。

深呼吸放松法的具体操作步骤如下：

在座位上舒服地坐好，身体后靠并伸直，不要驼背，解开束腰的皮带及衣物，将右掌轻轻置于肚脐上，掌心向下，五指并拢。

现在开始长长地、慢慢地吸气。你可以将自己的肺想象成一个气球，你想尽量将这个气球充满。当你感觉到气球已全部胀起，气沉丹田，保留两秒钟。然后，轻轻地、慢慢地将气呼出。

在吸与呼时，你可以采用"手拴法"来证实自己是否在进行腹式慢呼吸。在吸气时，你的手掌将离开身体，向外运动，表明你已经将空气一直送到了肺的底部。你也可以采用鼻吸口呼的方式，随着鼓腹收腹，细长地吐纳，你会有气通向全身的舒畅感。

你的目标是要做到：吸气持续四秒钟，呼气也持续四秒钟。你可以边呼吸边数秒。为了放慢速度，数秒的方法可以做些改变，将"一秒"改成"一个千分之一"，这样数可以将速度基本上降到大约一秒钟一个数字。

这种方法如果每天坚持练习两次，每次 4～10 分钟，使之成为你的生活习惯，你就可以在最需要的时候用以缓解焦虑，而且它能够有效地降低你对焦虑的易感度。

七、升华法

当个人欲望或需求因某种原因或条件的限制不能实现时，可以通过升华的方法将其原有的内部动机转化为社会性动机，以社会可以承认、接受、允许的方式，去追求更高的目标，从而获得新的、更高级的精神满足。例如，歌德在失恋后写出流传后世的名著《少年维特之烦恼》；司马迁遭宫刑而著《史记》；居里夫人在丈夫横遭车祸的不幸后，用努力工作来克制自己的悲痛，完成了镭的提取等，这些都是利用升华法来调节情绪的典型例子。升华法是一种最为积极的情绪自我调节控制方法，它跟一个人的修养、觉悟密切相关，而且需要有一颗奋发向上的心。

八、环境调节法

环境对人的情绪也能起到一定的作用。一个干净整洁、光线充足的房间，一个风景优美、空气清新的地方，会让人感到舒服、愉快；而一个拥挤、脏乱、昏暗的空间，只能让人感到心情压抑、烦躁。所以，情绪不佳时，不要让自己闷在房间里，不妨到外面走走，呼吸一下新鲜的空气，感受一下来自外界的活力或者进行一次短途旅行，让紧张、压抑的心情放松一下。

除了上述方法外，美国心理学家理查德·格里格和菲利普·津巴多在其合著的心理学教科书《心理学与生活》一书中介绍了九种培养良好情绪体验的方法，并建议在一年内实施。

（1）永远不要说关于你的不好的事情。寻找那些你将来采取行动可以加以改变的不快乐的根源。只给你自己和他人建设性的批语——下次应该采取什么不同的做法来得到你想要的东西。

（2）将你的反应、想法和感受同你的朋友、同事、家庭成员以及其他人进行比较，从而使你可以估计出自己行为的适宜性以及你的反应同适宜的社会规范的关系。

（3）结交一些密友。你可以同他们分享感受、快乐和忧虑，致力于发展、保持和拓展你的社会支持网络。

（4）发展一种平衡时间的观点，从而可以灵活地对待你的工作、环境的要求和自己的需求。有工作在手时请面向未来，目标达到、有快乐在握时请珍惜现在，和你的老板联系时请珍惜过去。

（5）永远对你的成功和快乐充满信心（并且和他人分享你的积极感受）。清楚地了解你独特的、与众不同的品质——那些你可以提供给他人的品质。例如，一个害羞的人可以给一个善谈者提供专注的倾听。了解你的个人优势和可以有效进行应对的资源。

（6）当你感觉到你的情绪就要失去控制时，请采用离开的办法避开使你不快乐的环境，或者站在另一个人的位置上考虑一下，或者设想未来，使你看到问题得以解决的前景，或者向一个同情者加以倾诉。请允许你自己感受和表达自己的情绪。

（7）记住失败和失望有时是伪装下的祝福。它们可以告诉你目标可能并不适合你或者救你于未来更大的失败之前。吃一堑，长一智。遭受挫折后说一句"我犯了个错误"，再继续前进。你的每一次经历，不幸和挫折实际上都是一个潜在的美妙机会，只是它们未以真面目示人。

（8）你如果发现无法使自己或他人走出抑郁，那就向学校或社区的健康部门受过专业的训练人员寻求帮助。在某些情况下，有些问题看上去是心理

问题，实际上是生理问题，有些则恰好相反。

（9）培养健康的愉悦。花些时间去放松、去反省、去收集信息、去放风筝、去享受你的爱好、去进行一些你可以独处的活动以及那些你可以做到并得到更好享受的活动。

正如苏轼所写的："人有悲欢离合，月有阴晴圆缺，此事古难全。"消极情绪的产生是正常的，也是不可避免的。大学生不能否认自己情绪的存在而去"堵、塞、压"，应当给它一个适当的空间，让它有一个合理的疏导，不要让情绪左右自己的思考和行为。总之，了解和掌握自己的情绪，尝试改变自己对事物的认知与感觉，不断增强自信，可以帮助大学生活出真正的自我。

案例 4-3　装扮心情

美国一广告公司的部门经理弗雷德工作一向很出色。有一天，因一件意外小事让他心情变得很差，但由于这天他要和一位重要客户见面谈话，所以不能表现出情绪低落，于是他在会议上装作心情愉快而又和蔼可亲的样子。令人惊奇的是，他的这种心情"装扮"带来了意想不到的结果——随后不久，他发现自己不再抑郁不振了。

评论　美国心理学家霍特指出，弗雷德在无意中采用了心理学的一项重要规律：装作有某种心情，模仿某种心情，往往能帮助我们真的获得这种心情。

小故事大智慧 4-3　帮助宣泄情绪的电子游戏

最激烈的宣泄方式是暴力活动。一个叫 Wright 的美国人，发明了一种电子游戏，游戏者可以根据想象，设计出喜欢的城市，如建筑物、河流、道路、交警、人口、电力情况，最后可以加入灾难和犯罪。当大破坏开始时，游戏者开心大笑、兴奋不已。现代社会过分的压抑使人们渴望发泄，在某些日本公司里，甚至有酷似老板的橡皮人，让人们可以在工作之余得以宣泄情绪。

评论　适当宣泄是一种有效的情绪管理途径。

参考文献

［1］理查德·格里格，菲利普·津巴多．心理学与生活．王垒，王甦，等译．北京：人民邮电出版社，2003．

［2］李开复．做最好的自己．北京：人民出版社，2005．

［3］黄希庭．大学生心理健康教育．上海：华东师范大学出版社，2004．

［4］盖晓芬．高职学生心理健康教程．杭州：浙江科学技术出版社，2007．

第五章

压力、挫折与心理健康

> 不因幸运而故步自封，不因厄运而一蹶不振。真正的
> 强者，善于从顺境中找到阴影，从逆境中找到光亮，时时
> 校准自己前进的目标。
>
> ——易卜生

常言道："人生逆境，十有八九。"可以说，压力、困惑，彷徨、失望、挫折、失败是人生在成长、进步过程中必然会遇到的"坎"，也是成长、进步不可或缺的阶梯。人生犹如攀登一座高峰，虽每前进一步都充满了艰难，但即使前进一小步也是人生新的高度。我们经历的每道"坎"都充满了战栗和紧张感，在这过程中你会深深感受到彷徨、犹豫、无奈和绝望的痛苦，但你每闯过一关，就意味着你又上了一个新台阶。从这个意义上说，经历挫折是好事而不是坏事。如果生命历程中缺少这种战栗与挣扎，就意味着你并没有触及成长的关键点，最终难成大器。

第一节 压力与身心反应

在现代社会生活中，人们越来越感受到了前所未有的紧张和压力，而这些紧张和压力给人们的身心健康带来了严重的威胁。因此，心理压力与健康

的关系这一问题理应受到人们的广泛关注和重视。

一、压力的概念

压力（stress）也叫应激，这一概念最早于 1936 年由加拿大著名的生理学家汉斯·薛利（Hans Selley）提出。他认为压力是表现出某种特殊症状的一种状态，这种状态是由生理系统中因对刺激的反应所引发的非特定性变化组成的。在当代的科学文献中，许多生理、心理专家都曾对压力做过研究，压力这个概念至少有三种不同的含义。

第一种，压力是指那些使人感到紧张的事件或环境刺激。如有一份"压力很大的工作"，即把可能带来紧张的事物本身当作压力。

第二种，压力是指一种身心反应。比如有人说"我要参加歌咏比赛，我觉得压力好大"，这里他就用压力来指代他的紧张状态，压力是他对歌咏比赛事件的反应。这种反应包括两个成分，一是心理成分，包括个人的行为、思维以及情绪等主观体验，也就是所谓的"觉得紧张"；另一个是生理成分，包括心跳加速、口干舌燥、胃部紧缩、手心出汗等身体反应。这些身心反应合起来称为压力状态。

第三种，压力是一个过程。这个过程包括引起压力的刺激、压力状态以及情境。所谓情境是指人与环境相互影响的关系。根据这种说法，压力不只是刺激或反应，而是一个过程。在这个过程里，个人是一个能通过行为、认知、情绪的策略来改变刺激物带来的冲击的主动行动者。面对同样的事件，每个人经历到的压力状态程度却可以有所不同，就是因为个人对事件的解释不同，应对的方式也不同。

凡是有知觉、有想法的生物都必然承受压力。因为，有知觉必能感受到外界的改变，而改变可能会带来压力；有想法必定会衍生出自我期许与外界现实之间的冲突，而冲突也可能会带来压力。因此，身为万物之灵的人类，所承受的压力，想必也是万物之最。

现代人一定比古代人承受更多的压力。因为资讯的发达让我们对外界改变的感受更深、更广、更及时；交通四通八达、网络无国界，让人与人之间，无论实体或是虚拟的接触皆大幅增加，有接触就有比较，有比较就免不了冲突及压力的产生。

二、压力下的生理反应

面对压力时，我们会有什么样的生理反应呢？当我们感受到压力或者威

胁时，首先受到刺激的是位于脑干上方的下丘脑（hypothalamus），它分泌促肾上腺皮质激素（ACTH），进而释放出肾上腺皮质激素，它是通过刺激位于大脑底部的脑下垂体（hypophysis）分泌出较多的促肾上腺皮质激素。而这些突然增加的促肾上腺皮质激素就好像发自大脑深处的警报讯号一样，它会告诉肾上腺（adrenal gland）去分泌出较多的应急激素，包括皮质醇（cortisol）以及肾上腺素（adrenalin）。皮质醇会使人体的血压和血糖升高，同时，肝脏会产生更多的葡萄糖（glucose），为身体提供额外的能量。肾上腺素会使人体产生包括心跳加速、呼吸减缓等急性应激反应，这是因为身体吸入的氧气增多了。在受到急性压力刺激时，瞳孔也会放大。另外，急性压力可能产生腹泻，这是因为压力会加快肠道运动，导致水分无法得到充分吸收，人体就会突然腹泻。总之，这些应急激素会强化我们的骨骼肌肉系统、心肺系统以及神经知觉系统的功能，目的在于使我们的专注力增加、反应速度加快，同时使肌肉力量增强。这些改变有助于机体的战/逃反应（fight - or - flight response），即有助于我们去迎战或者逃离所面对的压力和危机。当然，为了应对压力，在强化前述诸系统的同时，和战/逃反应无关的其他生理系统的功能就会暂时性地受到压抑，其中包括消化系统、免疫系统、新陈代谢系统等。这就和电脑系统一样，在系统资源有限的情况下，主要程式总要被分配到较多的资源，以增加整体系统的效能。

【知识链接】战/逃反应

战/逃反应由人体的自主神经系统所控制，在高等哺乳类动物身上历经数百万年的演化而成。动物在遇到紧急情况时，身体需要行动以自保，自主神经系统的设计便为此准备。在上古原始丛林，人和别的哺乳类动物在遇到众所周知的"剑齿虎和长毛象"时，都需要有快速反应的保命方法。

上面提到的是急性压力对人体健康的危害，其实还有一种压力叫慢性压力，它对人体健康的危害是潜移默化的，是一种隐形杀手。慢性压力是一种长期持续存在的压力，对人体健康可能产生十分严重的危害。在慢性压力下，负责战/逃反应的交感神经系统始终处于紧张状态。这种状态对身体是有害的。人体如果长期承受慢性压力，肝脏就会失去监控功能，导致肾上腺皮质激素分泌过量。肾上腺皮质激素分泌过量会导致免疫系统中的激素分泌减少，这样身体就很容易生病。比如，有的学生在连续几周的紧张学习备考之后很容易得重感冒或流感。另外，过量的肾上腺素会使胃酸分泌过多，最终可能会导致胃溃疡。慢性压力会引起胃灼热（烧心）也是这个道理。美国压力研究所（American Institute of Stress）列举了压力的50个症状。除了在上文中提到的，这些症状还包括：磨牙、口吃、身体颤抖、耳鸣、手脚出汗、脸色发红、口干舌燥、过敏、胸口痛、语速过快、言语混乱、原因不明的体重增加或体重减少等。以上这些症状还算轻微，严重的话，慢性压力还会导致肌肉抽搐、皮疹、脱发、性能力下降或不孕不育等。更严重的，还会导致血压升高，威胁到人的生命。高血压是慢性压力带来的最严重的危害，长时间血压过高可能会导致心脏病或心脏骤停。

适当的压力有助于个人的发展及能力的提高。但是，长期存在的压力，或者暂时存在但过大的压力，都会危害我们的健康。其实每个人面对压力的反应不尽相同，承受压力的能力也不一样。有的人面对很多事情都能轻松应对；相反的，有的人面对芝麻小事也会心烦意乱、不知所措。这种反应的差别，部分和遗传体质有关，部分则和个人的过往经验有关。所以，我们必须了解自己的能力上限，了解自己对压力的耐受度，认识压力的来源，学会放松自己，只有这样才能避免长期受到压力的危害。

生活是一部由自己导演的戏剧，你的心有多大舞台就有多大，但你导演的戏剧成功与否，就要看你是否有一个健康的身体。无论何时，保持健康就是对自己负责，也是对社会负责，因为有了健康才有希望。

三、压力下的心理反应

在一般情况下，压力可以激活机体的潜在能量，使人能以更积极、有效的状态投入所面临的压力情境，以赢得工作、生活的控制权。具体来说，压力可引起警觉、注意力集中、思维敏捷、精神振奋等适应性的心理反应，这将有助于个体应付环境。例如，学生考试或运动员参赛，在适度的压力下竞争容易出成绩。但如果外界压力大大超过了机体所能承受的极限，或者机体的应激反应系统得不到阶段性的休整，就会使人的心理和行为活动发生紊乱、衰退甚至是衰竭，肌体的健康水平就会急剧下降，这主要包括以下三个方面。

（1）压力对人的认知活动的影响。包括：注意力下降，难以聚精会神，经常会视而不见、听而不闻，常常出现强迫性分心；思维阻塞，突然遗忘正在谈论的话题线索或资料，或者面对试卷脑子里一片空白；短期或长期的记忆力衰退，信息提取速度减慢，信息再认或再现的错误率加大；思维紊乱，

分析能力、判断能力、决策能力全面下降，言语表述缺乏逻辑性等。

（2）压力对人的情绪情感活动的影响。包括：经常出现精神紧张、焦虑或烦恼；出现疑病或幻想，喜欢夸大病痛的感觉；性格发生明显变化，神经过敏，防卫心理增加，原有的良好个性突然一反常态，令人不可思议，而原有的不良性格则变得日趋严重；情感情绪的自控力下降，极端性情绪的发生率增加，经常出现敌意、攻击、愤怒、暴躁不安甚至是歇斯底里；郁郁寡欢，悲观失望，自我评价降低，无助与无能感上升，精神萎靡不振等。

（3）压力对人的行为活动的影响。包括：工作、学习与生活的兴趣和热情大幅度下降，做什么事都觉得索然无味；行为活动的计划性、目标感降低，经常出现顾此失彼、疲于奔命的被动局面；对新鲜事物失去敏感性，行为懒散，办事拖拉，被动应付，不愿承担责任；逃避困难，失去上进的信心和勇气；沉默寡言，不愿与人交流，喜欢独自发呆；行为古怪，不合群，人际矛盾增加；持续失眠，精力不足，经常出现上课或上班时打瞌睡的现象；借酒消愁，吸烟量增加，面部扭曲，无意识的多余动作增多等。另外，压力过大过久，还会引发谈话结巴、刻板动作、过度饮食、攻击行为等不良行为反应。心理学研究发现，当猩猩被隔离监禁一段时间后，会出现重复的摇晃、吮吸手指或原地绕圈等刻板行为；把一只动物关在无法逃离的笼子中并给予电击，会引起动物不断吃东西的行为；当两只动物被电击时，电击开始或结束后不久，它们会打起架来。

上述种种由压力带来的不良身心反应，其警示性是相当明显的。而且对同一个体来说，反应模式也是相当稳定、始终一致并且会重复出现的。因此，善于关注、识别并严密监视自身的压力反应，是有效应对压力、维护心理健康、防止个体受到身心伤害的重要一环。

案例 5-1 罗京走了

2008 年 8 月 31 日，罗京最后一次主持新闻联播。之后，他住进了医院，我们再没有见到新闻联播里那张熟悉的面孔，再也没听到那熟悉而又浑厚的声音。2009 年 6 月 5 日，央视新闻宣布了央视主持人罗京因淋巴癌扩散去世的消息。他的遗体告别仪式于 6 月 11 日在八宝山举行。根据有关报道，当年有人采访罗京关于播报完新闻的感受，他说："终于又熬过一天了！"

评论 面对国脸的英年早逝，我们很是悲痛和惋惜，但从中也看出了压力给他的健康带来了很多不利的影响，可以说他的病逝与紧张的工作生活不无关系。

小故事大智慧 5-1　祈求再有一条腿吗

在法国一个偏僻的小镇，据传有一处特别灵验的泉水，常会出现神迹，可以医治各种疾病。有一天，一个拄着拐杖、少了一条腿的退伍军人，一跛一跛地走过镇上的马路，旁边的镇民带着同情的口吻说："可怜的家伙，难道他要向上帝祈求再有一条腿吗？"这句话被退伍的军人听到了，他转过身对他们说："我不是要向上帝祈求有一条新的腿，而是要祈求'帮助我，叫我没有一条腿后，也知道如何过日子'。"

评论　学习接纳失去的事实，不管人生的得与失，总是要让自己的生命充满亮丽与光彩，不再为过去掉泪，努力活出自己更健康的生命。

第二节　压力源与压力应对方式

大学生是一个特殊群体，既承载着家长的高期望，也关系着社会未来的发展。但是，近年来大学生面临着令人担忧的负面现象：苦闷、迷惘、焦虑、偏执、脆弱，于是乎休学者有之，退学者有之，失眠、轻生、自杀者皆而有之……这些非同寻常的问题不但影响了大学生的健康成长，也与构建"和谐社会"的基本精神背道而驰。大学生自迈入大学的校门起，就要靠自己独立思考和独立解决问题，因此就会越来越多地遇到人生发展过程中比较大的课题，这对大学生来说无疑是一个考验，同时也为大学生的成熟提供了锻炼的机会。能够客观、理性地面对压力并采取积极的方式去化解，是一个人成熟的重要标志。

一、压力产生的原因——压力源

目前，压力是造成大学生出现心理不健康或亚健康的主要原因。压力的产生原因是复杂的，我们将那些具有威胁性或伤害性并能带来压力感受的事件或环境称为压力源。生活中的压力源可能存在于人们自身，也可能存在于环境中。但是，人类最主要的压力源是人，人际关系是造成压力的最主要来

源。大学生常见的压力与大学生自身特点和大学生活环境、人际关系密切相关。心理学家把造成压力的各种生活事件进行分析，提出了四种类型的压力源。

（一）躯体性压力源

躯体性压力源是指通过对人的躯体直接发生刺激作用而造成身心紧张状态的刺激物，包括物理的、化学的、生物的刺激物。如过高或过低的温度、微生物、变质食物、酸碱刺激等，这一类刺激是引起压力下的生理反应的主要原因。

（二）心理性压力源

心理性压力源是指来自人们头脑中的紧张性信息。例如心理冲突与挫折、不切实际的期望、不祥预感以及与工作责任有关的压力和紧张等。心理性压力源与其他类型压力源的显著不同之处在于它直接来源于人们的头脑，反映的是心理方面的困难。生活中的压力事件处处可见，但为什么有的人无动于衷，有的人却耿耿于怀，区别常常源于人们内心对压力的认知。如果过分夸大压力的威胁，就会制造出一种自我验证的预言：我会失败，我应付不了。长此下去，会产生所谓的长期性压力感，从而畏惧压力。

（三）社会性压力源

社会性压力源主要是指造成个人生活方式上的变化，并要求人们对其作出调整和适应的情境与事件。社会性压力源包括个人生活中的变化，也包括社会生活中的重要事件。个人生活的改变常常会给人带来压力，如家人的突然离去、家庭生活的变故等；社会生活中的重要事件包括灾害、环境污染、政治动荡等，这些往往会给人造成重大的打击。对于大学生而言，社会性压力源主要与新环境适应、自我意识及个人发展、恋爱、求职就业、人际关系问题、经济问题有关。

（四）文化性压力源

文化性压力源最常见的是文化性迁移，即从一种语言环境或文化背景进入到另一种语言环境或文化背景中。这种迁移使人面临全新的生活环境、陌生的风俗习惯和不同的生活方式，从而产生压力。若不改变原习惯，适应新的变化，常常会出现不良的心理反应，甚至积郁成疾。例如出国留学，如果缺乏对环境改变所应有的心理准备，没有一定的外语水平，在异国文化背景下就难以适应、难以沟通，最终导致疾病或不得不中断学业，这种事例也是时有发生的。

二、大学生常见压力的应对方式

当代大学生思想活跃，世界观尚在形成和发展中。他们思维敏捷，求知欲强，对自己的前途充满幻想。但在大学期间，由于社会环境的影响，难免会碰到这样或那样的压力。如何对待压力，如何避免受挫学生自暴自弃所造成不可挽回的后果，如何使学生能够在压力面前百折不挠，勇敢地笑对人生，这就需要有正确的应对方式。

然而，有些大学生在面对压力时往往采取不良的应对方法。如依赖药物，服用一些镇静剂虽然可以起到暂时减轻压力的作用，但不能解决压力产生的根源。另外，长期服用容易形成对药物的依赖，失去个人尊严，甚至引发其他疾病。再如酗酒、抽烟，酒精是神经系统的一种刺激物，同时也是一种镇静剂，烟草是一种兴奋剂，但也有一定的镇静作用。抽烟、酗酒虽然能够暂时起到抑制中枢神经系统的作用，缓解紧张状态，但经常酗酒会导致酒精中毒，而抽烟带来的副作用更是危害无穷。其他不良的应对方法还有沉溺于幻想、攻击自己或他人等。不良的应对方法会给个体带来更大的身心伤害，因此，大学生需要掌握一些正确的压力应对方式。

（一）正确认识压力

首先，应认识到大学生活并不总是一帆风顺的，压力是不可避免的，是客观存在的。其次，对待压力应采取积极的态度，不逃避，化压力为动力，始终以乐观、坚强、自信的态度对待生活，尽量做到在"必要的压力"和"放松"之间保持一种平衡。更重要的是，每当你感到有压力时，要记住三个字：简单化！傅雷在翻译罗曼·罗兰《约翰·克利斯朵夫》的译词中说道："真正的光明绝不是永没有黑暗的时候，只是永远不被黑暗所掩蔽罢了。真正的英雄绝不是永没有卑下的情操，只是永不被卑下的情操所控制罢了。所以在你要战胜外来的敌人之前，先得战胜你内在的敌人；你不必害怕沉沦堕落，只要你能不断地自拔与更新。"

（二）采用放松技术

1. 肌体反应控制技术

许多情况下，面对压力，人的肌体就会产生紧张反应。为了控制这种反应，我们有必要学会一些有效的、不使用药物的放松技术。

（1）体育运动。例如，游泳、打篮球、跳绳、瑜伽等体育运动，外出散步效果也很好。

（2）静思。俗语说，"心静自然凉"，以这样的心态，或许可以轻松解决生活中许多难以处理的问题。静思可以有不同形式，包括听音乐、演奏乐器或静心去做自己爱好的事情。

（3）逐步放松。这是一种系统的、全面的和有选择的放松技术，基本方法是让你身体某一部分（如上肢）的肌肉先绷紧，然后再有意地使它放松。放松的顺序：上肢—头部—躯干—下肢。

2. 引导想象

先把自己的身体放在一个舒适的位置上，想象自己置身于一个安全、宁静和惬意的场景（海滨、湖泊、树林等）中，试着用心去感受或倾听，找到真正处于这个场景中的感觉。每天想象几次，每次5分钟，当这些场景对你变得熟悉和具体的时候，就可以达到帮助你减轻焦虑和使你放松的效果。

3. 深呼吸放松法

这是最简单而有效的放松方法，适用于各种感到紧张的场合。具体做法是：人站定或坐定以后，双肩自然下垂，两眼微闭，然后做缓慢的深呼吸。慢慢地吸气，再慢慢地呼气。一般持续数分钟便可达到放松的目的。

4. 诉诸文字

自己跟自己倾吐诉说，愿意说什么就说什么，愿意怎么说就怎么说，随着心中的苦水流于笔端，心情自然会轻松很多。如果事后觉得充满特殊情感，就当成日记，留作美好的回忆，说不定还可以成为日后写作的素材呢。

5. 大哭一场

美国生化学家佛瑞博士曾经做过这样的实验：让一群志愿者去看好莱坞的滥情电影，把他们被感动的泪水收集起来，与另一群闻了洋葱后刺激出来的泪水化验对比。分析报告显示，两种泪水的化学成分不一样，情绪悲伤的泪水含有一些"有机茶酚胺"毒素，是哭泣把它们排出了体外。所以在某种情况下，任凭自己泪水横流，这是缓解心理压力的安全阀，需要时不妨纵情大哭一场，男同学也不例外。

（三）学习和掌握自我暗示法

对于大学生自身而言，要学会自我调节和自我暗示，善于用各种理由把事件合理化，尽量减少挫折感，缓解外部环境带给自己的种种压力。心理学研究表明，暗示对人的心理活动和行为具有显著的影响。自我暗示法，就是借助语言的暗示作用来缓解压力和调节不良情绪。当你急于求成时，可以对自己说："关键是我与目标之间的距离有多远，一时的进展速度是次要的，最重要的是达到目标，欲速则不达。"当你害怕某个场景时，可以提醒自己："不要怕，要勇敢些。"自我暗示法可以用不出声的内部语言进行默念，也可采用自言自语等其他方式。

（四）积极投身实践活动

大学生应积极投身实践活动，如学校组织的演讲活动、论坛活动以及社会实践活动等。在实践中不断磨炼自己，提高意志力和抗压能力，培养坚强的意志品质。在投身实践活动的过程中，不要过于关注自己的得与失，要试着学会关心他人、帮助他人、为他人着想，这也是放松自己、解脱自己的有效方式。心理学研究表明，利他会使人心态轻松愉快。

（五）寻求社会支持

当我们把压力问题说给家人和朋友听之后，他们的支持会成为一个阻碍压力发展的缓冲器。因此，建立良好的社会支持系统是必要的，它可以提供给你心灵的慰藉，是为你遮风挡雨的温暖港湾。美国杰出的人本主义心理学家罗杰斯这样说过："在我的一生中，有好几次我感到自己因无法解决问题而火冒三丈……或者一时被绝望的心情和认为一切都毫无价值和意义的心情所压倒。可以肯定，这时候我已经处于病态的心理状态。但我比大多数人幸运的是，在这些时候我总能找到人倾诉自己的苦衷，由此使我从精神纷乱中解脱出来。最幸运的是，他们往往能够比我自己更深刻地倾听和理解我的意思……如果有人倾听并理解你，那些可怕的情感就立刻变得可以忍受，那些似乎不可思议的因素就会变得合乎情理，易于理解……"当你满腹冤屈的时候，到亲人、朋友那里滔滔不绝地说出来，得到安慰和支持，将大大减轻你的痛苦，也许"能够说出的委屈便不是真的委屈"了。同时，也可以请教心理咨询师，将心中的苦恼说出以求良策。

总之，无论面临何种压力，都必须正视它，积极应对。"千磨万击还坚韧，任尔东西南北风"，面对学习、生活中的不如意，要学会冷静地分析，以愉快、健康的心理来处理问题；"自古雄才多磨难"，面对就业的压力，心里不畏惧，勇敢面对挑战，将困难变成奴隶，命运的主人就是你自己；"不因贫穷而落魄，只因拼搏而精彩"，面对生活中的贫困问题，需要我们以平常心对待，拼搏进取，并使之化为前进的动力。

案例 5-2　大学考试不理想的苦恼

某一女生以很高的成绩考上了北京的一所大学，这是她所在的县城有史以来的最高成绩，于是她成了焦点，频频出镜。后来，县长、副县长、家长集体送她去学校，阵容庞大。她决定认真学习，早上很早去自习，直到晚上老师把她撵走。出乎意料的是期末考试她却考了倒数几名，她不敢相信这样的事实，于是产生了轻生的念头。

评论　刚进入大学，对大学的学习生活一时不能适应，出现考试成绩不理想的情况是正常的事情，对个人的发展一般不会造成太大的影响。然而大学生往往给自己施加过大的压力，从而产生过度的情绪反应，甚至导致严重的后果。

小故事大智慧 5-2　静思

一个城市里的有钱人，到乡下收田租。到了佃农的仓库，有钱人东看看、西看看，不知何时把心爱的怀表弄丢了。有钱人心急如焚，佃农也不知如何是好，只好把村里所有人都找来寻找怀表。翻遍谷仓，但是怀表依然不见踪影。天色渐渐晚了，有钱人一脸失望，村里的人也一个个回家去了，但是有个人留了下来。"我有把握找到你心爱的怀表。"这人告诉有钱人，信心十足。"好吧，那就麻烦你，找到了我会奖赏你的。"只见这个人再次走进谷仓，找定位置之后，静静地坐了下来。一切都安静了下来，悄然无息，但有个小小的声音从谷仓的右后方角落传来。"滴答，滴答，滴答……"这人轻轻地像猫一样，踏着几乎无声的脚步，寻声走向右后方角落。到了附近，这人伏身下来，耳朵贴地，在一堆稻草中找到了怀表，然后走出谷仓，露出得意的微笑，朝有钱人走去。

评论　人生会遭遇许多事，其中很多是难以解决的，这时心中被盘根错节的烦恼纠缠住，通常会茫茫然不知所措。如果能静下心来思考，就往往会恍然大悟。

第三节　挫折与挫折承受力

近年来，媒体在报道青少年出现的一些心理问题时，常常会提及现在青少年的心理承受力太差，经不起一点挫折。老师和家长的批评、考试成绩不好、受到同学欺负等，甚至别人的一句话、一个眼神，都可能引发他们极端的行为。因此，很有必要提高大学生的挫折承受力。

一、挫折与挫折承受力的含义

（一）挫折与挫折承受力的定义

所谓挫折，就是指人们在某种动机的推动下，在实现目标的活动过程中，遇到了无法克服或自以为无法克服的障碍和干扰，使其动机不能实现、需要不能满足时所产生的紧张状态和情绪反应。挫折承受力则是指个体适应挫折、抵抗和应对挫折的能力，是个体在遇到挫折情境时，经受住打击和压力，排除困难、摆脱困境，从而使自己避免心理与行为失常的一种能力。挫折承受力包括挫折耐受力和挫折排解力两个方面。挫折耐受力是指人们受到挫折时，经得起挫折带来的打击和压力，并能保持心理和行为正常的能力。挫折排解力是指人们受到挫折后，能对挫折带来的消极因素进行直接的调整和转变，积极改善挫折情境，并从挫折状态中解脱出来的能力。挫折耐受力和挫折排解力是两个既有联系又有区别的概念。两者的联系在于它们都是对挫折的适应能力，共同构成挫折的承受能力。耐受力是适应的前一阶段，是对挫折消极、被动地适应，表现为对挫折的负荷能力，它为排解力提供基础；排解力是适应的后一阶段，是对挫折的主动适应，表现为对挫折情境的改造能力，是对耐受力的进一步发展。耐受力是接受现实，努力减轻挫折带来的情绪反应强度；排解力是改变现状，促使需要得到满足和目标得到实现。

一般来说，挫折承受力较强的人，往往受挫反应小，受挫时间短，挫折带来的消极影响少；而挫折承受力较弱的人，则容易在挫折面前不知所措，受挫折带来的不良影响大，易受伤害，甚至心理和行为会失常。因此，挫折承受力的大小反映了一个人心理素质和健康水平的高低。许多人的心理问题就是由于遭受挫折但又得不到很好的调适和排解而造成的。增强挫折承受力，是有效适应挫折情境和保持心理健康的重要途径。

（二）"挫折阈值"与挫折承受力的个性差异

"挫折阈值"是人们对挫折的感受力。心理学中把引起挫折感的最小刺激点叫作"绝对挫折阈限"或"下限"；把人们能够承受的挫折感的最高限度叫作挫折适应极限，即挫折感范围的上限，或"上阈"。绝对挫折阈限与挫折承受力成正比关系，即绝对挫折阈限越低越容易受到挫折，绝对阈限越高对挫折越不敏感。每个人的挫折承受力是不同的。有的人遇到一点轻微的挫折就会引起主观世界的烦乱、颓废沮丧、一蹶不振；有的人即使遇到重大挫折，仍意志坚定、百折不挠、顽强进取，直到最后胜利。不同人的挫折承受力不同；同一个人对相同的挫折程度、不同的挫折情境的承受力也是不同的。有的大学生能够忍受学业的失败，却不能忍受恋人的背弃；有的人能从容对待人际交往中的不合群、孤独，却不能忍受自尊心受到丝毫的伤害。大学校园发生的种种极端事件都与挫折承受力息息相关。班干部改选中落选的女生投湖，联欢会上唱歌跑调的男生卧轨，品学兼优的女生因听闻同学们的"流言蜚语"而上吊等，之所以出现如此多的悲剧，是因为他们的挫折耐受力和挫折排解力不足。挫折承受力是后天学习来的，因而，无论是家庭还是学校，都应该教育大学生学会承受日常生活中遇到的挫折，鼓励他们从挫折、失败中吸取经验、教训，增强克服困难的信心，同时也要通过提供适度的挫折情境，采取恰当的方法来锻炼大学生的挫折承受力。

二、影响挫折承受力的因素

影响一个人挫折承受力的因素有很多，一般可概括为外在因素与内在因素。外在因素主要指环境方面，包括自然条件和社会条件，如无法预料的天灾人祸、意外事件、社会动乱等，这些都是个人意志所不能左右的。内在因素主要指自身条件，包括个人的生理条件、人格特点、心理状态、自我认知、经济条件、社会经验等，由于自身条件的限制，可能会阻碍目标的实现，降低挫折承受力。内在因素具体可概括为以下三个方面：

（一）生理因素

身体健康的人比体弱多病的人更能承受挫折。一个身体健康、发育正常的人，一般对挫折的承受力要比一个疾病缠身、有生理缺陷的人高。这是因为挫折会引起人的生理反应，并给人的心理带来紧张和压力，对体弱多病者来说，这会使他们的身体更虚弱，病情更严重，甚至发生意外。国外有人研究发现，体弱多病者与身体健康者在丧偶后一年内，前者的发病率比后者高

78%，死亡率高三倍多。看来，健康者更应珍惜"健康"这一宝贵财富。

（二）心理因素

一是个性因素，性格开朗、乐观、坚强、自信的人，挫折承受力强；性格孤僻、懦弱、内向、心胸狭窄的人，挫折承受力低。另外，个人兴趣也是应对挫折不可忽视的因素。当人们对某样东西怀有浓厚的兴趣时，他们会一心钻研，即使是在别人看来很苦的事情，他们也会乐在其中，这时他们的挫折承受力就强。诺贝尔在研究炸药的过程中，多次发生爆炸事故，弟弟被炸死，父亲被炸成重伤，自己也几次有生命危险，但终获成功。二是自我认知，认知是指我们对周围事物的想法和观点，也就是人的认识活动。挫折刺激正是通过人的认知而作用于情绪，产生这样那样的心理和行为反应的。凡是建立了积极的自我认知的大学生，面临挫折时容易客观、正确地看待挫折，适应挫折并将挫折转化为动力；而自我认知不足的大学生，遭遇挫折时容易走极端，陷入管状思维中。三是心理预期，个体对自我的心理预期越高，遭受挫折的心理承受能力越弱。一个优秀的大学生很难接受自己平凡的现实，因而感到很受挫；反之，一个对大学生活没有很高预期的学生面临挫折时，心理相容度会更高些。另外，离预期的目标距离越近，则对挫折的承受能力越强，即个体在几乎达到目标时，经历失败，他们不会甘心，反而会继续努力尝试。但如果一开始就失败，他们则会早早放弃，挫折承受能力反而弱。在一个以大学生为对象的研究实验中，研究者让这些大学生试走迷宫并在不同地点堵塞通路，结果发现越是走到接近出口处的人，越不愿放弃目标，从而作出更多次数的尝试（Adelman & Roenbaum，1954）。

（三）社会因素

一是过去经验。国外曾有人做过一个动物实验。他们对一组幼小的白鼠给予电击及其他挫折情境，使其产生紧张状态，然后让它们正常发育。长大以后，这组白鼠就能很好地应对挫折引起的紧张状态。而另一组没有受到这类挫折刺激的白鼠，长大后遭受电击等痛苦刺激时就显得怯懦和行为异常。对人来说也是如此，在婴幼儿期所受的刺激，可使成年期的行为更富于适应性和多变性。当然，任何事情都应有个"度"。如果受挫频率过高，"屋漏偏逢连夜雨，船迟又遇打头风"，一个刚刚失恋不久，考试又未通过，没几天又因心不在焉而把钱包弄丢了，接连遭受挫折的人，可能会形成自卑、怯懦等特征，缺乏克服挫折的勇气，挫折承受力也必然大大降低。二是社会支持。一个人拥有的社会资源越多、社会支持体系越完备，获得的心理援助越多，

越容易走出挫折情境。正如一位哲人所说："快乐与别人分享，快乐增加一倍，而痛苦与别人分担，痛苦减轻一半。"当一个人感到有可以依赖的人在关心、爱护和尊重自己时，就会减轻挫折反应的强度，增强挫折承受力。

三、提高大学生挫折承受力的途径和方法

既然挫折是不可避免的，就有必要学会如何面对挫折，提高挫折承受力。一般来说，经历过较多挫折的人，比一帆风顺的人的挫折承受力要高。这就像在水温较高的时候去浴缸洗澡，如果先把脚和小腿伸进去，等适应以后，再伸入大腿和身体其他部位，直到皮肤适应了水温，再全身进入浴缸。这样，即使水温很高（当然指在人的承受范围之内），也不在话下了。人类应对挫折的能力也可以这样发展。人对挫折的承受能力和适应能力，是可以锻炼和培养的。

（一）正确认识挫折

要正确地认识挫折，并不是一件容易的事情。在挫折情境中有许多不理智的反应、不正确的行动，都与缺乏对挫折的正确认识有关。因此，我们应当树立正确的挫折观。

1. 挫折是客观存在的

可以说，挫折是生活的组成部分，每时每刻都可能会遇到挫折。所谓"一帆风顺""万事如意"，往往只是人们美好的期望而已；相反，"天有不测风云，人有旦夕祸福"倒是司空见惯。

2. 从不同角度看待挫折

德国哲学家黑格尔说过："只有永远躺在泥坑里的人，才不会再掉进坑里。"挫折给人以打击，带来损失，但也能使人奋起、成熟，从中得到锻炼，变得坚强起来。美国著名作家爱默生曾说："每一种挫折或不利的突变，都带着同样或较大的有利的种子。"强者之所以为强者，不是因为他们遇到挫折时根本没有消沉和软弱过，而恰恰是因为他们善于克服自己的消沉与软弱。不过，经受过挫折，尝试过苦果，也不一定都能产生积极的作用。挫折的结果，可能会使一个人发奋图强，也可能会导致一个人丧失斗志。这需要我们正视挫折，认真吸取教训，从而将"失败"变为"成功之母"，才能使坏事变好事，并获得解决问题的能力，使挫折向积极的方向转化。

因此，我们要学会从不同角度看待挫折，善于积极认知，就像照相一样，同一景物或人，从不同角度拍摄，就会得到不同的形象。其实，在我们的整

个生活中，挫折仅仅是生活的一小部分，还有那么多快乐和幸福的事情，我们为什么不去注意它们，而要对自己的一些伤痛念念不忘呢？英国作家萨克雷有句名言："生活是一面镜子，你对它笑，它就对你笑；你对它哭，它也对你哭。"如果我们以欢悦的态度对待生活，那么生活也会对我们报之以"笑"。

3. 善于忘记

挫折如果已经发生，那就应当面对它，寻找解决的办法；如果已经过去，就应当丢开它，不要老是把它保留在记忆里，要善于忘记。沉浸在痛苦里犹如掉入泥泞的沼泽地，你越是不能很快地从中脱身，它就越可能把你困住，而且会越陷越深，直至埋没。面对挫折，善于忘记并不是说采取逃避的态度，而是情感不要长久地停留在痛苦的事情上，我们的理智应当多在挫折和坎坷上寻找突破口，力争克服它、解决它。比如，有些大学生英语每次都挂科，便天天愁眉苦脸，觉得压力很大，那当然不好。但是，如果若无其事，心安理得，一点压力也没有，这也不是好的态度。挂科的痛苦我们应当很快丢掉，但挂科这件事却不能忘掉。我们要通过这件事，看到自己的学习还不是很扎实，要继续努力。那种遭受挫折和失败后便放弃进取的做法，是不可取的。

（二）改变不合理的信念

心理学研究表明，引起强烈挫折感的与其说是挫折、冲突，不如说是受挫者对所受挫折的看法以及所采取的态度。常见的不合理信念有：绝对化的要求、过分概括化和糟糕至极。因此，改变不合理信念需要做到以下三个方面：

1. 不要提"绝对化的要求"

所谓绝对化的要求是指人们以自己的意愿为出发点，对事情怀有必定发生或不会发生的信念，这是不合理认知中最常见的特征。例如，"只要我付出了努力，我就应该获得成功"，"我爱他，他也应该用同样的爱来回报我"。这类信念之所以不合理，主要原因是事物的发展并不以人的主观愿望为转移，事物的发生和发展都有其自身的规律，而我们对这些客观规律的认识往往是不全面的。因此，我们不要对自己或他人提这种"绝对化的要求"，考虑问题也不要太绝对，要留有余地。

2. 不要"过分概括化"

过分概括化是一种以偏概全的不合理思维方式的表现，用艾利斯的话来说，这就好像是以一本书的封面来判定它的好坏一样。过分概括化的表现是个体对自己或别人不合理的评价，其典型特征是以某一件或某几件事来评价

自身或他人的整体价值。例如，一些人面对失败的结果，常常认为自己"一无是处"或"毫无价值"；别人对自己不友好，就得出结论说自己人缘不好或缺乏交往能力；一次失恋就认为自己对异性没有吸引力，从而形成自怨自艾、自卑自弃的心理；再如，因一事有错而对他人全盘否定，从而产生对他人甚至对社会的错误认知。世上没有一个人能达到十全十美的境界，每一个人都应认识到自己和他人都是有可能犯错误的人类中的一员。因此，应以评价一个人的具体行为和表现来代替对整个人的评价，换句话说就是："评价一个人的行为而不是去评价一个人。"

3. 改变"糟糕至极"的想法

糟糕至极就是对事物的可能后果产生非常可怕、非常糟糕甚至是灾难性的预期的一种非理性观念。例如，一门功课考试不及格，就认为自己能力不行，学不下去，毕不了业，找不到工作，人生没前途，生命没价值。这实际上是一种自己吓唬自己、自己给自己施加压力的做法。这种想法之所以是非理性的，是因为对任何一件事情来说都有比之更坏的情况发生。因此，没有一件事情可以被定义为百分之百的糟糕透顶。因此，面对这些不好的事情时，我们应该努力接受现实，在可能的情况下去改变这种状态，而在不能改变时则去学习如何在这种状态下生活下去。

（三）认真总结经验教训

1. 目标是否恰当

挫折总是跟目标连在一起的，挫折就是行为受阻，目标没有实现。若目标过高，就要适当降低或改换目标。不要把远期目标当作近期目标，应将远期目标分解成中期、近期和当前等子目标。这样，经过努力不断地实现一个个具体目标，使人接连获得成功的喜悦，从而产生更大的心理动力，同时又因为总有一个巨大的具有吸引力的总目标呈现在前方，所以人能长久地保持旺盛的进取热情。

2. 方法是否稳妥

若目标确属可能达到的，就要检查达成目标的途径、方法是否稳妥。如发现"此路不通"，就要改弦易辙，不要停在十字路口观望、徘徊，坐失良机。

（四）心理上做好经常应对挫折的准备

挫折既然是不可避免的，我们就需要做好随时应对挫折的心理准备。挫折承受力和对挫折的心理准备有很大的关系。首先，要有意识地容忍和接受日常生活中的一些挫折情境。把生活中遭到的种种挫折和逆境，作为磨砺自己的一种激励机制，这样，在面对挫折时，不仅能够泰然自若，而且能够从中获得长进。其次，要有意识地创设一定的挫折情境。不断地让自己经受磨难，对自己进行加强意志、魄力和挫折排解力的训练，最终使自己能经受住任何残酷的打击。特种部队对士兵进行的应对突发事件、复杂情况以及在孤岛、密林、荒漠、高原等特殊条件下的生存和战斗训练，就是为了确保他们一旦遭遇类似情况，能够做到从容自若、锐不可当。

（五）改善挫折情境

应对挫折的一个有效方法是改变引起挫折的情境。挫折情境是产生挫折和挫折感的重要原因，如果挫折情境得以改善和消除，挫折感则自然会随之发生变化，甚至不复存在。首先，预见可能发生的挫折。"凡事预则立，不预则废"，对可能发生的事情要有所预测，从而及时采取有效的防范措施，尽量将可能发生的挫折在发生之前予以消除。其次，改变挫折情境。挫折发生以后，经过认真分析，如果引起挫折的原因和挫折情境是可以改变或消除的，则应通过各种努力，设法将其改变、消除，或降低它的作用程度。也可以暂时离开当时的挫折情境，到一个新的环境里去。比如，恩格斯20岁那年，在德国的不莱梅商行当练习生时，和一个姑娘的恋爱告吹了，他曾一度心灰意冷，为尽快摆脱失恋痛苦，他翻越阿尔卑斯山到意大利旅行。沿途雄伟的山川、广袤的原野，使他心胸格外开阔。世界如此宏大，生活如此多彩，自己的痛苦不过是沧海一粟，于是失恋的痛苦逐渐消除。旅游归来，恩格斯竟判若两人，他以新的热情迎接新的生活。他写道："向美丽的大自然倾诉爱情的痛苦，能使自己融化在温暖的生活步调之中。"

（六）拥有阳光心态，学会宽容

心态决定人生的高度，心态影响着我们的一言一行，心态影响着我们生活的质量和乐趣。无论面对什么挫折和压力，都要让心态阳光起来，要让阳光照进我们的心田。拥有阳光心态，需要我们学会宽容。古希腊一位哲学家说过："学会宽容，世界会变得更为广阔；忘却计较，人生才能永远快乐。"它可以使沉默寡言的男人变得豪爽大度，也可以使多愁善感的女孩变得活泼开朗。

（七）自己救自己

很多时候，当我们遇到挫折和困难时，总想求助于他人，总想借助外力来解决。有时，真正能救自己的只有自己，不要看不到自己的优势，不要不

相信自己的能力，其实我们自己的潜能是巨大的，只是我们习惯于忽视它。

（八）善于发现美

遇到挫折的时候，我们需要从失败中吸取经验，也需要发现自己好的一面、自己的优点和长处，从而振作精神，重新站立起来。当你在失望和沮丧中看到了自己的另一面，你就会突然发觉，天空原来是那么辽阔，阳光原来是那样明媚，自己并不是一无是处，从而有助于鼓起战胜挫折的勇气和信心，提高应对挫折的能力。法国著名雕塑家奥古斯特·罗丹说过："世界上不是没有美，而是缺少善于发现美的眼睛。"还有人说："世上不是没有神话，而是缺少人去创造。"是啊，我们可以试着找出自己美好的一面，去迎接明媚的阳光，而非画地为牢，于阴霾处徘徊不前。我们可以尝试以下几种方法：

1. 发现自己的优点

花一个小时去发掘自己的优点，然后用笔记下来。优点可分数类，如：个人专长所在，已做过什么有益的、有建设性的事，过去什么人如何称赞过自己，家人、朋友对自己的关怀，受过的教育等，你一定会发现自己有许多优点，从而知道自己原来并不差。

2. 肯定自己的能力

每天找出2～3件自己已做成功的事。不要把"成功"看成是登上月球那么难的事，成功可以是写了一次令自己满意的作业，可以是很愉快地和同学一起完成了一项活动，甚至可以是把自己打扮得很漂亮等。一日若至少顺利地做了2～3件事，又怎能说"一事无成""一无是处"呢？

3. 计算已做妥的事

计算自己已做妥的事，而不是检讨自己还有多少件事没有做。人还没做的事永远多过已做妥的事，如果老想着这个没做、那个没做，便会愈想愈沮丧，会真的觉得自己能力低、无效率，因而大为失意。但将已做妥的工作列出来，那可是长长的一张单子啊，"能力还真高呢"，能这样想，自信心便立刻大增。

4. 培养某方面的兴趣

在自己的优点、专长、兴趣中，找一样（刚刚开始时，一样就够了）加以特别发展，使之成为自己的特长，可以是制作简单的蛋糕、剪头发、游泳、记电影的中英文名称……什么都可以，有了特长，就有机会做主角，做主角，自然神采飞扬！

5. 发挥自己的外在美

发挥自己的外在美，即所谓人靠衣装。衣，指衣着，也指打扮。衣着可以不必是名牌，但一定要不邋遢，要整洁、光鲜、亮丽、顺眼，做到这样，必然会出众、大方。尤其在自己情绪低落时，更要穿得鲜艳明丽些，同时还得加上化妆和新剪的头发，这样不但自己的坏心情会因打扮而分散了注意力，表情也会生动活泼些。

总之，"山重水复疑无路，柳暗花明又一村"。有时挫折会茫然而至，让人惊慌而不知所措，这时需要我们遇事不慌，致力于问题的解决。要冷静思考，寻找对策，积极咨询，切忌鲁莽行事，悲观绝望，造成无法挽回的局面。要相信"车到山前必有路，船到桥头自然直"，有条不紊地处理方为良策。"滚滚长江东逝水，浪花淘尽英雄"，能否站在英雄的行列中，关键要看对待困难与挫折能否坦而承之、勇而解之。

案例 5-3   林肯的故事

1832 年，林肯失业了，于是他下定决心要当政治家。可是他竞选失败了。在一年里遭受两次打击，这对他来说无疑是痛苦的。接着，林肯着手自己开办企业，可一年不到，企业又倒闭了。在以后的 17 年间，他不得不为偿还企业倒闭时所欠的债务而到处奔波。可林肯没有放弃，他也没有说"要是失败了会怎样？"1846 年，他又一次参加国会议员竞选，最后终于当选了。

评论   人在面对挫折时会激发出巨大的潜能，因此我们不必因惧怕逆境而去当温室里的花朵。经常接受磨难的人能创造出崭新的天地，这就是所谓的"置之死地而后生"。因此，一个人要想让自己的人生有转机，就必须懂得在关键时刻把自己带到人生的悬崖。正如凯撒大帝所说："最困难之时，就是我们离成功不远之日。"给自己一个悬崖就是给自己一个更好的明天。

小故事大智慧 5-3   求人不如求己

某人在屋檐下躲雨，看见观音正撑伞走过。这人说："观音菩萨，普度一下众生吧，带我一段如何？"观音说："我在雨里，你在檐下，而檐下无雨，你不需要我度。"这人立刻跳出檐下，站在雨中："现在我也在雨中了，该度我了吧？"观音说："你在雨中，我也在雨中，我不被淋，因为有伞；你被雨淋，因为无伞。所以不是我度自己，而是伞度我。你要想度，不必找我，请自找伞去！"说完便走了。第二天，这人遇到了难事，便去寺庙里求观音。走进庙里，才发现观音的像前也有一个人在拜，那个人长得和观音一模一样，

丝毫不差。这人问："你是观音吗？"那人答道："我正是观音。"这人又问："那你为何还拜自己？"观音笑道："我也遇到了难事，但我知道，求人不如求己。"

评论　人是有惰性的，总相信有一种外在的力量可以依赖，而不充分利用自己的努力去获取成功。但事实上，根本就不存在外在的、可靠又强大的力量可以依赖，即使是法力无边的观音，也是通过自己的苦修才能列入"仙班"，成仙之后也不是无所不能，这道出了"求人不如求己"的真谛。

第四节　大学生常见的挫折反应与挫折防御机制

一、大学生常见的挫折反应

人遇到挫折后会作出各种可能的反应，大学生也不例外。总体来讲，大学生面对挫折主要有以下两种反应：

（一）情绪性反应

情绪性反应是指人们在受到挫折、面对压力时，在强烈的紧张、愤怒、焦虑等情绪的伴随下所作出的反应。它可能表现为强烈的内心体验，也可能表现为特定的表情或行为反应。情绪性反应多为消极性反应，主要表现为冷漠、幻想、逃避、固执、攻击、自杀等。

1. 冷漠

冷漠是指一个人遇到挫折时所表现出的一种无动于衷和漠不关心的态度。这是一种复杂的挫折反应。一般情况下，对挫折的冷漠反应是在一个人长期遭受挫折或感到没有任何希望摆脱或消除困境时产生的。如有些大学生的社会活动能力较差，多次失败后，他们渐渐地对大学生活、同学关系、社会活动等持冷漠的反应行为，表现出死气沉沉、缺乏集体感的精神面貌。

2. 幻想

幻想是指一个人在遇到挫折时企图以自己想象的虚幻情境来应对挫折。通过幻想，人可以暂时脱离现实，能够在自己想象的情境中满足一些自己的需要和欲望，使人产生一种愉快和满足的感觉。如有些学生通过幻想自己在学业上获得巨大成功，或自己得到意中人的青睐来满足自己的成就感。应该说，当人们遇到挫折时，暂时的幻想在一定程度上有利于缓冲挫折情绪，偶尔为之，也是正常的。但如果用幻想来应对现实中的挫折，特别是长期处于幻想状态中，不仅不能解决问题，反而还会使人降低对现实生活的适应能力，导致严重脱离现实生活，甚至可能导致精神疾病的产生。

3. 逃避

逃避是指大学生受到挫折后不敢面对自己所预感的挫折情境，反而逃避到比较安全的环境中去的行为。逃避有三个表现：一是逃到另一种现实中，如学习不好就玩游戏，沉溺其中；二是逃向幻想世界；三是逃向疾病。如某一大学生因为英语口语较差，上课从不开口说英语，甚至拒绝上英语课，不参加考试，希望以此来逃避失败。但逃避不仅不能解决问题，反而还会使人害怕困难、不求进取，长期下去将大大降低大学生的自信心，甚至可能会导致适应不良。人们逃避挫折的方式各种各样，幻想也可以看作是一种特殊的逃避方式。

4. 固执

固执是指当个体一而再，再而三地遭受同样的挫折时，就会慢慢失去信心，失去随机应变的能力，从而形成刻板的反应方式，盲目地重复同样无效的行为。在这种行为反应中，个体往往不能客观、正确地分析失败的原因，是一种极不明智的对抗形式。如某一大学生多次违反校规校纪受到批评，但他总固执地认为自己没错，因此屡教不改。固执是非理智性的消极行为，它往往使人企图通过重复无效动作以对抗挫折压力，对大学生的成长极为不利。但是，这种挫折反应方式并不是不可改变的，人们一旦获得了适当的反应方式，就会取代固执行为。

5. 攻击

许多大学生遭受挫折后，在情绪与行动上会产生一种对有关人或物的攻击性行为，希望以此消除来自挫折的痛苦。攻击是一种破坏性行为，这种行为可分为直接攻击和转向攻击。直接攻击是指一个人受到挫折以后，把愤怒的情绪直接发泄到使之受挫的人或物上，如大学里发生的打架斗殴、损害公物等现象。这主要发生在自控力较差、鲁莽的大学生身上。转向攻击是指一个人受到挫折以后，把愤怒的情绪指向其他的人或物。大学生正处于生理、心理发育的旺盛时期，多数学生争强好胜、报复心强，而自我控制能力又普遍较弱。因此，他们受挫后常常出现攻击性行为，且往往会产生较严重的后果，遇到更大的挫折。

6. 自杀

自杀是一个人遭受挫折后的一种极端反应方式，也可以看作是受挫后针

对自身的一种攻击性行为。当一个人突然受到沉重的挫折打击，或者长期受到挫折的困扰和折磨，使受挫者感到万念俱灰不能自拔时，受挫者就可能产生自暴自弃、轻生厌世的想法，此时若得不到外力的帮助，受挫者就可能采取上吊、跳楼、投河、服毒等方式自杀。大学生是同龄人中的佼佼者，成长过程一般都比较顺利，很少遇到大的挫折，同时大学生一般都自视清高、自尊心强，所以，当受到挫折的打击时，有时即使是很小的挫折，有些人也会产生自杀行为。比如2009年6月25日中午，广东海洋大学一名研究生跳楼身亡。据该校学生介绍，跳楼者是一名来自水产学院的研究生，有传言称，这名研究生是由于拿不到毕业证而选择自杀的，而事发当天该校正在举行毕业典礼。

（二）理智性反应

理智性反应是指人们在受到挫折后，采取积极进取的态度，在理智的控制下所作出的反应。通常，人们在遭受挫折后都会出现紧张状态，都会在某种程度上作出某种情绪性反应。其中，有些人始终为情绪所控制，不能摆脱，而有些人则能够及时调整，保持冷静，面对现实，审时度势，采取积极的态度和方式对待挫折。所以，理智性反应是对待挫折的积极反应方式，主要表现在以下两个方面：

1. 坚持目标，勇往直前

"路漫漫其修远兮，吾将上下而求索。"有目标的生活，能使人感觉到生存的意义，能不断鞭策自己去战胜生活中的困难和挫折，直取胜利。当人们遇到挫折后，经过客观冷静的分析，发现自己所追求的目标是现实的和正确的，而当前的挫折只是暂时的，经过努力是可以克服和逾越的，就应设法排除障碍、克服困难，并坚持不懈，朝着既定目标迈进，直至最终实现自己的目标。大学生大多都有强烈的发展需求和对未来生活的美好愿望，但在成长过程中不可避免地要遇到各种各样困难的挑战和考验，这就需要大学生在实践中培养顽强拼搏的毅力和敢于面对、战胜困难的勇气。

2. 调整目标，循序渐进

由于自身条件或社会因素的限制，人们的需要和目标并不是都能得到满足和实现的，或者在目前的条件下是不可能满足和实现的。因此，人们在实现目标的过程中，如果几经努力和尝试都失败了，就要冷静下来，认真、客观地分析导致失败的真正原因，并根据实际情况对自己的奋斗目标进行适当的调整。如果自己定的目标太高，这就需要适当降低目标，循序渐进，逐步获得成功。如果发现原定的目标难以实现时，还可以改换目标，寻找新的能够实现的目标取而代之，同样可以达到满足自身需要的目的。调整目标并不是害怕困难的表现。此外，调整目标还可以降低和避免因目标选择不当而难以实现时带来的挫折感和焦虑情绪等，亦可减轻和避免人们自信心的挫伤。

二、大学生常见的挫折防御机制

个体处在挫折与冲突的情境中时，经常会自觉或不自觉地运用一些方法来减轻内心的不安，以恢复情绪的平定。这些方法统称为挫折防御机制，它是指个体在潜意识里为减弱、回避或克服现实冲突带来的挫折、焦虑、紧张等而采取的一种防预手段，借此保护自己。常见的防御机制有升华、补偿、认同、否认、幽默、文饰（合理化）、压抑、投射、反向、幻想、否定、倒退、转移等。

挫折防御机制在现实生活中是一种相当普遍的心理现象。挫折防御机制的意义有积极和消极之分，其积极的意义在于能够使主体在遭受困难与挫折后减轻或免除精神压力，恢复心理平衡，甚至激发主体的主观能动性，激励主体以顽强的毅力克服困难，战胜挫折；其消极的意义在于使主体可能因压力的缓解而自足，进而出现退缩甚至恐惧心理，导致心理疾病的产生。

常见的挫折防御机制可分为建设性防御、替代性防御、掩饰性防御、逃避性防御、攻击性防御五大类。具体表现为下列十一种方式：

（一）升华

升华是指一个人在遇到挫折后，将自己不为社会所认同的动机或欲望转变为符合社会要求的动机或欲望，或将自己的情感和精力转移到有益的活动中去，使低层次的需要和行为上升为高层次的需要和行为，从而将不良情绪和不为社会所允许的动机引向比较崇高的方面，以保持情绪稳定和心理平衡。弗洛伊德认为，人类很多文艺创作，都是作家把内在不合理的冲动加以升华，并以社会所能接受的正当方式加以表现。如歌德于失恋中得到灵感与激情，写出了脍炙人口的世界文学名著《少年维特之烦恼》。

（二）投射

有时候我们以自己的想法去推测别人的想法，将自己的思想、感受和行动推到别人身上，这在心理学上称作投射。投射通常指将自己不喜欢、不能接受的性格、态度、意念或欲望转移到别人身上，说别人有这种恶习恶念，即所谓"以小人之心，度君子之腹"。好赌的人常感叹"人生就是一场赌

博"；一个对领导有成见的人，可能会到处说领导对自己有成见，有意"整"他。宋代著名学者苏东坡和佛印禅师是好朋友，一天，苏东坡去拜访佛印，与佛印相对而坐，苏东坡对佛印开玩笑说："我看你是一堆狗屎。"而佛印则微笑着说："我看你是一尊金佛。"苏东坡觉得自己占了便宜，很是得意。回家以后，苏东坡得意地向妹妹提起这件事，苏小妹说："哥哥你错了。佛家说'佛心自现'，你看别人是什么，就表示你看自己是什么。"苏东坡的问题在于错误地把自己的想法和意愿投射到了佛印身上。

（三）文饰（合理化）

文饰（合理化）指当人们的行为未达到目标，或不符合社会规范时，为了减少或免除因挫折而产生的焦虑和痛苦，寻找种种理由或值得原谅的借口替自己辩护。换句话说，当事情失败时，以许多与事实无因果关系的理由加以解释，来维持面子。最常用的文饰有两种情形，即酸葡萄心理和甜柠檬心理。酸葡萄的寓言恐怕是妇孺皆知的了，那只嘴馋的狐狸很想饱餐一顿甜葡萄，可是葡萄却被乌鸦霸占着，自己怎么也吃不着，只得怏怏地离开，嘴里却不住地唠叨着："什么甜葡萄，明明是酸的嘛，给我吃还不吃呢！"这种在自己极其盼望得到某种东西却得不到时所采取的一种自我调侃的心理情绪，就是文饰心理。《西游记》里的猪八戒，论本事他斗不过取经路上遇到的各种妖怪，更斗不过孙悟空，但是他从不认输，总是找各种理由给自己台阶下，不是把过失归咎于别人，就是显露出自己不屑于与之较量的样子。这实际上也是文饰心理的典型表现。再如，某学生本来下决心要在考试中名列前茅，结果未能如愿，为了维护自尊，便使用不屑的口吻说："死读书有什么意思，我可不想做书呆子。"吃不着的葡萄是酸的，达不到的目标就是不喜欢的或本来就没想要的，这就是酸葡萄心理。甜柠檬心理是夸大既得东西的好处，缩小不足之处，以减轻达不到目标的失望。例如，某人很想参加舞会，但自己不会跳舞，又不好意思让别人知道自己不会跳舞，便说自己喜欢安静，不愿去闹哄哄的场合。

（四）认同

认同是指一个人受到挫折后，效仿他人获得成功的经验和方法，使自己的思想、目标和言行更适应环境的要求，或者是把别人具有的、使自己感到鲜明的品质加在自己身上，或者是将自己与所崇拜的人视为一体，以提高自己的信心、声望、地位，从而减轻挫折感。例如，有的人很喜欢宣称自己与某名人曾是同学、同乡或很熟悉某名人，似乎凭这层关系，名人成功的光辉便能折射到自己身上。

（五）反向

反向又称"矫枉过正"现象。个体为了防止自认为不好的动机外露，采取与动机方向相反的行为，这种内在动机与外在行为不一致的现象，称为反向作用。它实际上是个体对冲动和欲望进行压抑的一种心理表现。比如，一个女大学生对某男生有好感，但在和他见面时，反而采取冷淡的态度；凡是总爱在别人面前炫耀自己的人，恰恰反映了他内心有怕别人瞧不起的自卑感。

（六）压抑

压抑是指人们受到挫折后，把意识所不能接受的、使人感到困扰或痛苦的思想、欲望或体验压制在潜意识中，不再想起，不去回忆，主动忘记，以保持内心的安宁，使自己免受痛苦。如某学生因一时糊涂，偷拿同学的钱物，事后羞愧难当，又没勇气承认，拼命想把这件事忘掉。但以后每遇到同学丢东西，就怕被怀疑，以至于发展到怕见同学，这种失常行为的根源就是过分压抑。压抑这种防御机制比较常见，但对身心危害较大。心理分析家认为，一切疾病都是由于过度压抑造成的。压抑原来是希望忘记可怕的刺激，结果因潜意识的活动却引起许多相关回忆的刺激。压抑虽然能暂时减轻焦虑和获得安全感，但按捺不住内在的情绪纷扰，久而久之可能使人变得性情暴躁或孤僻、沉默，甚至形成心理疾病。因此，遇到挫折、失败最好一吐为快，想办法把内心的不满、不愉快的情感宣泄出来。

（七）补偿

补偿是指人们在实现目标过程中受到挫折，或由于自身的某种缺陷而达不到既定目标时，以其他可能达到成功的活动或自己的特长来代替，通过新的满足来弥补原来欲望得不到满足和目标达不到要求所带来的痛苦。一个长相平凡或有生理缺陷的女孩，无法与美女争奇斗艳，于是发奋学习，在学术研究上卓有成就，从而获得其容貌不能赢得的声望，这就是补偿。"失之东隅，收之桑榆"，生活的天空那么辽阔，施展本领的天地如此广大，原先的目标受挫时，不妨通过别的途径达到目标，或改变原有目标而用其他目标代替。

（八）否认

否认指拒绝接受不愉快的现实以达到保护自我的目的。例如：一位妈妈得知爱子在车祸中丧生，她无法接受，依然照常做饭，整理爱子房间，等候爱子回来，就当什么事也没发生过。再如一位大学生失恋后，就极力否认自己曾爱过对方。这些便是典型的否认机制。否认是心理防御机制中最原始最直接的一种。否定事实并不能改变事实，所以否认机制并不能解决问题，只

能暂时缓解压力，若长期使用否认机制，问题可能越来越严重。

（九）幽默

幽默是指当一个人受到挫折、处境困难或尴尬时，用幽默的方式来化解困境，维持自己的心理平衡。例如，一位旅行家向诗人海涅讲述他所发现的一个小岛，突然说道："你猜猜看，这小岛上的什么现象最使我惊奇？"海涅摇摇头表示不知道。旅行家神秘一笑说："小岛上没有犹太人和驴子！"作为犹太人的海涅说道："如果真是那样，我和你到小岛上去走一走。"海涅用幽默的方式很好地使自己摆脱了所处的尴尬境地，同时还让对方无地自容，真是智高一筹啊！

（十）倒退

倒退是指当人们受到挫折时所表现出的与自己年龄和身份不相称的幼稚行为，或盲目地轻信他人、跟从他人等。表现出这种行为方式的大学生往往对自己缺乏信心，看不到自己的力量，像孩子一样依赖他人，多指大人做小孩状。如某一女生刚入校，参加学生会干部竞选失败了，感到很"委屈"，无法进行理智分析和面对，不吃饭，也不上课，成天蒙头大睡。再如某位大学生考试不及格，就找老师哭哭啼啼、苦苦哀求。

（十一）转移

转移是指将一种情境下危险的情感或行为，不自觉地转移到另一种较为安全的情境中释放出来。如受了老师的批评或家长的指责后，把怒气发泄到同学身上，对同学发火、扔东西。

前面谈到了十一种心理防御机制，人们在遇到挫折时往往会不自觉地运用。构建成熟、合理的心理防御机制，不仅有助于大学生提高自身的心理健康水平，也有助于大学生自信心的培养与意志力的磨炼。有利于大学生成长的积极心理机制主要表现为升华、补偿等。升华的心理防御机制能够使大学生在遭遇挫折后，把内心的痛苦转化为一种动力，转而投入到有益的生活、学习中，这无疑是人们受挫后的最佳防御。补偿、认同、幽默等心理防御机制也能使大学生获得心理平衡，保持自尊，减轻内心的痛苦和焦虑，因而也不失为受挫后较理想的心理防御方式。文饰、反向等具有掩饰性，压抑具有逃避性，转移、投射等具有攻击性，在某种程度上不利于提高人们对挫折的适应能力，需要注意。但有些人在遇到挫折时容易自责，这时不妨运用一下酸葡萄、甜柠檬（文饰）心理，在内心贬低一下他人，抬高一下自己，挽回一点自尊和面子，以免自信心丧失殆尽。总之，挫折防御机制的使用要有个度，使用过度或不当不仅减轻不了紧张和焦虑的程度，反而可能破坏心理活动的平衡，妨碍个人的社会适应，甚至还可能造成心理异常和行为偏差。

案例 5-4　战胜失恋

居里夫人年轻时，第一次爱上的是她当家庭教师的那家主人的大儿子卡西密尔。由于父母反对，英俊的卡西密尔向她宣布断交。失恋的痛苦像反作用力一样，推着她以发狂般的勇气去奋斗。生活和科学在召唤，她终于跳出失恋的深渊，踏上科学大道并寻觅到了知音。

评论　任何时代都有人饱尝失恋的痛苦，无论是伟人还是凡人。但是，他们中的大多数常常勇敢地承受这巨大的痛苦。他们往往是一些坚强的、有毅力的人，他们有高度的自尊心和稳定的心理状态。甚至，经过失恋的洗礼，他们变得更加坚强、成熟，也更加懂得怎样去追求真正的爱情。

小故事大智慧 5-4　苏格拉底和柏拉图甩手的启示

古希腊大哲学家苏格拉底，思想深邃、思维敏捷、关爱众生又为人谦和。许多青年慕名前来向他学习，听从他的教导，并期望成为像他那样有智慧的人。其中有很多人天赋极高。一次苏格拉底对学生说："今天我们只学一件最简单也是最容易的事，每个人都把胳膊尽量往前甩，然后再尽量往后甩。"苏格拉底示范了一遍，说："从今天起，每天做三百下，大家能做到吗？"学生们都笑了，这么简单的事有什么做不到的？第二天，苏格拉底问学生："谁昨天甩胳膊三百下？做到的人请举手！"几十名学生的手都哗哗地举了起来，一个不落。苏格拉底点头。一周后，苏格拉底如前所问，有一大半的学生举手。过了一个月后，苏格拉底问学生："哪些学生坚持了？"只有少数学生骄傲地举起了手。一年后，苏格拉底再一次问大家："请告诉我，最简单的甩手动作还有哪几位同学坚持了？"这时，整个教室里，只有一个学生举起了手，这个学生就是后来成为古希腊另一位伟大哲学家的柏拉图。他继承了苏格拉底的哲学并创建了自己的哲学体系，培养出了堪称西方孔夫子的大哲学家亚里士多德。

评论　正如有的学者所说：成功就在最后的坚持之中。"每天甩手三百下"需要持之以恒，克服懒惰和"三天打鱼，两天晒网"的心理状态。柏拉图的成功在于坚持既定目标，一如既往地做好简单的事情。

参考文献

［1］张旭东，车文博．挫折应对与大学生心理健康．北京：科学出版社，2005.

［2］贾晓明，陶来恒．大学生心理健康：走向和谐与适应．北京：北京理工大学出版社，2005.

［3］樊富珉．大学生心理素质教程．北京：北京出版社，2002.

［4］车文博．当代西方心理学新词典．长春：吉林人民出版社，2001.

［5］江远，张成山．新编大学生心理健康教育．北京：清华大学出版社，2009.

［6］缘中源．听哲学家讲故事．北京：当代世界出版社，2005.

［7］杨正运．浅析大学生的抗挫折教育．文教资料，2008（9）.

［8］钟建丽．培养学生树立正确的挫折观．青海教育，2009（1）.

［9］李晓林．大学生挫折教育新探．吉林省教育学院学报，2008（1）.

［10］刘雪，刘景存．如何进行有效的挫折教育．北京教育（普教版），2008（3）.

［11］曾丹．大学生主要的心理挫折类型、成因及其教育途径．黑龙江教育学院学报，2008（3）.

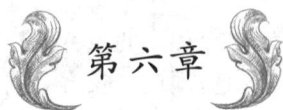

第六章

学习与心理健康

学会求知，学会做事，学会生存，学会发展。
终身学习是打开 21 世纪光明之门的钥匙。
—— 联合国教科文组织《学习：财富蕴涵其中》

学习是人类生活的永恒主题。《三字经》上说："玉不琢，不成器，人不学，不知义"，就从侧面说明了学习的重要性。大学是个体学习的黄金时期之一，学习不仅是大学生未来事业的基础，更是大学生提高和完善自我、促进其成长的关键。因此，学会学习就成了大学生最重要的任务。

第一节　大学生学习的特点

一、学习的概念

学习是一种十分复杂的心理现象，学习的概念有广义和狭义之分。从广义上说，学习是人和动物在生活中获得经验，并引起心理和行为持久变化的过程。广义的学习有以下三个特点：第一，从主体来看，学习是人和动物普遍存在的现象。无论人类还是动物，都具有学习能力。个体的一生都贯穿着学习，学习无时无处不在。第二，从实质来看，学习的实质是后天经验的获得。判断一种现象是不是学习，关键是看个体在此过程中是否获得经验。第

三，从结果来看，学习的结果表现为个体心理和行为的持久变化。这种变化是由于经验的获得而引起的，而且这种变化是持久而不是暂时的。当然学习引起的变化并不一定通过外显行为表现出来，它可以是在个体身上产生的潜在的或内隐的变化，也就是说，学习引起的变化可以是外显的，也可以是内隐的。

狭义的学习是指人类的学习，即人在社会生活实践中，以语言为中介，自觉、积极、主动地掌握社会历史经验和个体经验，并引起心理和行为持久变化的过程。从这一概念可以看出，人的学习与动物的学习有重要区别：第一，从方式上看，动物的学习主要是一个自发的过程，而人的学习是在社会生活实践中，通过社会传递，以语言为中介实现的。第二，从实质和内容上看，人的学习不仅掌握个体经验，更重要的是掌握社会历史经验，而动物的学习只能掌握个体经验。第三，从性质上看，动物的学习是不自觉的，只是消极、被动地适应其生存的环境，而人的学习相对于动物的学习来说，要更加自觉、积极和主动。

学生的学习是人类学习的一种特殊形式，是指在教师的组织指导下，有目的、有计划、系统地掌握科学文化知识和技能、发展能力、形成品德的过程。学生的学习既有人类学习的共同之处，又有其特殊性。第一，学生的学习是在教师组织指导下，有目的、有计划地进行的。第二，学生的学习掌握的主要是间接经验。这些间接经验反映了人类长期以来认识世界的成果，主要是科学知识。第三，学生的学习具有多重目的性。学生不仅要掌握知识，还要掌握技能，更要发展各种能力，同时还要培养良好的品德，形成正确的世界观、人生观和价值观，促进个体全面、健康、和谐地发展。

二、大学生学习的特点

大学学习是人生学习过程的一个重要阶段，它既有人类学习和学生学习的一般特点，又表现出与其他学习阶段明显不同的特点，即大学学习具有学习过程的自主性、学习内容的专业性、学习方式的多样性和学习目的的探索性的特点。

（一）学习过程的自主性

大学虽然也有老师讲课，但是每节课讲授的内容较多，信息量较大，课后的理解、消化、巩固等各个环节主要靠学生自己课后独立去完成，而不像中学生和小学生那样由老师或家长布置、检查和督促。同时，大学生在学习时间的安排上有较大的自主权和支配权。在中学阶段，每天的课程都安排得比较满，学生基本上没有自由支配的时间，每天忙于应付老师布置的作业或者赶新课、复习等。进入大学后，学习环境发生了很大的变化，学生可以自由支配的时间明显增多。大学生基本能够自主地根据自己的兴趣、爱好、需要、特长安排学习，逐渐把对老师和课堂的依赖转向自主学习。主要表现在学生可以根据自己的实际情况，制订学习计划、安排学习时间、选择学习的地点和方法、决定学习进程等。另外，大学里不仅开设了必修课，还开设了大量的选修课和公共课等，大学生可以根据自己的需要和兴趣进行自主选择和学习。

（二）学习内容的专业性

与以掌握各科基础知识为主要目标的中学教育不同，大学教育的目标和任务是为社会培养各类高级专门人才。学生毕业后，大多数人都要在社会各个领域从事与自己专业相关的职业活动。因此，从进大学开始，大学生的学习活动就具有明显的专业性，各种课程就是围绕着专业的方向和需要开设的。当然大学教育也不同于以完成职业培训和掌握职业技能为主要目标的职业教育。大学生学习的专业性只是一种职业定向，是为将来参加职业活动做准备，并不是职业培训。大学生不仅要掌握专业技能，提高自己的实践能力，更要掌握好专业基础知识和基本理论，同时还要了解专业的发展趋势和前沿，包括一些有争议性的学术问题。此外，随着科技、经济和社会的发展，对人才素质的要求也越来越高，要想适应社会的需要，在竞争中立于不败之地，除了完成专业的学习外，还应根据自己的兴趣、爱好和各种社会需求选择学习其他专业的课程。

（三）学习方式的多样性

进入大学后，由于学习环境的改变和学习条件的改善，自学的方式便显得尤为重要。同时，由于大学生独立性和批判性的发展，他们不再轻易相信书本和权威，而是更喜欢讨论问题、争辩问题，喜欢表达自己的观点。还有，课堂教学虽然还是大学生获取知识的重要途径，但已不是唯一途径。大学生可以通过参加教师的科研活动、各种学术报告和专题讲座、各种学术团体活动、社会实践和调查以及研究性学习活动等获取知识。学习方式的多样性，不仅能增强大学生学习的积极性，而且能有效地提高大学生独立学习和独立工作的能力，为他们将来走向社会、取得职业成功打下坚实的基础。

（四）学习目的的探索性

学习的根本目的不在于知识，而在于通过知识学习来发展和提高自己的

各种能力。因此，大学生的学习不仅仅在于掌握知识，更在于探索知识的形成过程，了解学科发展状况、存在的问题以及解决的思路，掌握科学的研究方法，培养自己的科学思维和独立思考、探索创新的精神。而那种以考试为目的的死记硬背、墨守成规、缺乏思考和探索的学习必将不能适应社会的发展与需要。

案例 6-1　学生晚宴

如果有这样一个晚宴，你会参加吗？晚宴要求男生要西装革履，女生要身着晚礼服。每个人要为晚餐自付费用，就餐以后，可以听一场专家学者或者名人的演讲。这是香港某大学为大学生举办的一个活动，在整个就餐活动中，学生们要学习怎样在正式的聚会中穿着打扮、礼仪得体，学习怎样吃西餐，同时还可以和一些学者名人交流，有思想上的收获。

评论　大学的生活围绕学习而展开，学习是大学生活的一个主要内容。然而此"学生晚宴"引出了一个很重要的问题：参加这样的活动是不是也是一种学习呢？

小故事大智慧 6-1　好学不倦

在一个漆黑的晚上，老鼠首领带领着小老鼠们外出觅食。在一家人的厨房内，垃圾桶中有很多剩余的饭菜，对于老鼠们来说，就好像人类发现了宝藏一样。正当一大群老鼠在垃圾桶及附近范围大吃一顿之际，突然传来了一阵令它们肝胆俱裂的声音，那就是一只大花猫的叫声。它们在震惊之余，更是各自四处逃命，但大花猫绝不留情，穷追不舍，终于有两只小老鼠躲避不及，被大花猫捉到。大花猫正要将它们吞噬之际，突然传来一连串凶恶的狗吠声，令大花猫手足无措，狼狈逃命。大花猫走后，老鼠首领施施然从垃圾桶后面走出来说："我早就对你们说，多学一种语言有利无害，这次我就凭此救了你们一命。"

评论　多一门技艺，多一条出路。

第二节　大学生常见的学习心理问题及其调适

一、学习与大学生心理健康

（一）学习对心理健康的影响

1. 合理的学习对心理健康的积极影响

学习是人与环境保持平衡、维持生存和发展所必需的条件。对当代的大学生而言，学习是他们主要的活动和任务，是开发智力和潜能的主要方式，也是接触社会、适应社会并顺利成为社会成员的必要手段。通过学习，大学生掌握了大量的科学知识，掌握了科学系统的学习方法，提高了自己的理论水平；通过学习，大学生的语言表达能力、实践能力和社会交往能力等也得到了提升。学习能促进大学生认知能力和自我概念的发展。同时，通过学习，大学生还可以发现自身的不足和缺点，正确认识自己，并能够根据社会需要进行自我调节。此外，大学生还可以通过学习，获得学习兴趣和学习乐趣，给身心带来愉悦，进而满足自己的好奇心和求知欲。良好的语言表达能力、实践能力和社会交往能力，正确地认识自我，合理地调节情绪和情感等都是健康心理的重要组成部分。由此可见，学习对大学生心理健康起着积极的作用。

2. 不合理的学习对心理健康的消极影响

学习是一项复杂的活动，在给大学生的心理健康带来积极影响的同时，不合理的学习也会在一定程度上给大学生的心理健康带来消极的影响。如果大学生的学习目标不明确，会造成大学生无所适从、浑浑噩噩；如果学习压力过大不能及时调节，会给自己带来沉重的心理负担，造成精神高度紧张、抑郁、沮丧、失望；如果学习方式不当或学习目标超出了自己的能力范围，长期努力成绩却得不到提高，学习积极性会受到打击，从而产生挫折感；如果学习内容不健康，大学生的世界观、人生观、价值观则会受到严重扭曲，从而对其今后的人生发展产生十分不利的影响。

（二）心理健康对学习的影响

一般而言，心理健康的大学生，学习成绩优于心理不健康者。对于具备一定智力基础的大学生而言，智商差异并不显著，非智力因素比智力因素对学习更有影响力。非智力因素是指那些不直接参与认知过程的心理因素，包

括需要、动机、情感、兴趣、意志、性格、价值观等，它对人的认识活动和行为起着驱动、定向、引导、持续、调节和强化等作用。

学习活动是智力和非智力因素共同作用的过程。在学习过程中，非智力因素能够转化为学习动机，成为推动人们进行学习的内在动力。学生选择什么学科作为自己的主攻方向，探索哪一方面的课题，和学生的需要、兴趣、情绪、态度、意志、个性特点等心理因素直接有关。但是学习活动毕竟是艰苦的脑力劳动，长时间的学习也会使学生产生疲劳、松懈等情绪，如果不消除这些不良的心理状态，就不可能推动智力活动的继续深入。

总之，良好的心理健康状况，对大学生的学习有很大的促进作用；反之，如果心理健康状况不佳，甚至有心理疾患，则会不同程度地妨碍大学生的学习，抑制大学生潜能的开发，甚至使某些大学生中断学业。

需要特别指出的是，有些心理有问题的大学生，相比其他同学来说，成绩非常优秀，表现也很出色，似乎心理问题对学习的影响不大，正如一句非常流行的话说的那样，"天才就是疯子"。这是为什么呢？其实，个体的某些性格在很多时候是具有两面性的，比如有完美倾向性格的人，正是这一性格促使他不断追求上进、追求完美，最终取得成功。但是，长期如此也会使他异常疲惫却又放松不下来，最终很可能会导致他出现心理问题，这样不但会影响到他的学习效率，甚至还会导致他不得不放弃学业等。可见，心理健康与学习是相互影响、相互制约的。

二、大学生常见的学习心理问题及调适

（一）学习动机不当

学习动机是引导和推动学习者进行学习的内部动力，是激发学习、维持学习并将学习导向某一目标的内部动力，是学生将学习需要和学习愿望转变为学习行为的心理动因。它是在学习需要的基础上产生的，是学习行动的直接原因，推动着个体的学习。

1. 学习动机不当的表现

学习动机不当主要包括学习动机不足和学习动机过强两个方面，两者都会影响学生的学习效率。学习动机不足的主要表现是：无明确的学习目标、容易分心、无成就感、缺乏适宜的学习方法，为完成作业或考试而学习，一般会厌倦学习并逃避学习。有研究显示，相当一部分大学生学习目的茫然，这导致他们对自己的前途听之任之，缺乏学习的主动性和积极性，表现出无

所事事、对别人的学习热情和成就熟视无睹等非正常的"坦然"心态。学习动机过强的主要表现是：成就动机过强，自我期望过高，给自己预定的学习目标过高，学习过于勤奋，对自己要求过严，有强烈的争强好胜心理，精神紧张。有些学生从小受到"万般皆下品，唯有读书高"的观念影响，以考试为中心，非常看重自己学习的分数和名次，每天除了吃饭睡觉，就是在教室里学习，很少参加其他活动。一旦目标没有达到，便产生巨大的心理落差，并且由于长期超负荷的学习导致身心疲惫，很难在短时间内恢复到良好的精神和身体状态，很多人往往因此一蹶不振，极端的甚至会自杀。重点高校的学生，包括本科生、硕士生和博士生，每年都有人因此结束自己年轻的生命，这不禁令人惋惜不已。

2. 学习动机不当的原因

学习动机不足的原因：内部原因主要是学习动机不明确，社会责任感不强，价值观念不强，学习态度不端正，学习毅力不强，对专业不感兴趣，对自己的学业期望不足，学业自我效能感低。外部原因主要是受到社会不良风气和观念的影响，比如拜金主义、读书无用论、分配不公等。许多家长或老师在指导孩子选专业时急功近利，不考虑孩子的兴趣，只考虑什么专业挣钱多、好找工作就学什么专业，这导致许多人上大学后才发现所选的专业根本不适合自己，因此，必然会导致学习动机下降和不足，一些人便在浑浑噩噩中度过了大学时光。

学习动机过强的原因：内部原因主要是个体学业期望过高，学习目标设置过高，自尊心强，做事追求完美，好强固执，对自己的学习能力缺乏恰当的估计，而且有不恰当的认知模式，把努力看成是取得成功的唯一条件，片面地认为"只要努力，就能成功"；另外，个体渴望学业成功但又担心学业失败，受外部学习动机的驱使，渴望外在的奖励与肯定，特别是由学业优秀带来的心理满足使学生更看重自己的学业成绩，造成学习强度过大，引起心理疲劳。外部原因主要是家庭的期望和责任、社会激烈的竞争和就业困难、他人不恰当的强化等。

3. 学习动机不当的自我调节

学习动机不足的自我调整：一是明确学习的目的与意义，正确认识学习的价值与大学的目标，重新规划学业与人生；二是端正学习态度，调整心态，以积极的心态对待学习特别是学习中遇到的挫折与困难，用坚强的意志战胜惰性；三是改进学习方法，提高学习效率，增强学习的成功感和自我效能感；

四是通过多种方式培养自己的学习兴趣，兴趣是最好的老师，有了兴趣就能改变学习动力不足的状况；五是积极营造良好的学习氛围。

学习动机过强的自我调节：一是正确认识自己，制定恰当的学业目标与学业期望，调整成就动机，与此同时，脚踏实地、循序渐进、不好高骛远；二是转换外部的学习动机为内部的学习动机，淡化外在奖励特别是学业成就的诱因，正确对待荣誉与学业成绩；三是端正学习态度，树立远大理想，保持旺盛的学习热情，坚持不懈；四是营造一个宽松的学习氛围。

（二）学习疲劳

学习疲劳是指由于学习强度过大、学习时间过长，个体在生理和心理上产生劳累感，致使学习效率下降，甚至出现头晕目眩，使之不能继续学习的一种状态。

1. 学习疲劳的表现

学习疲劳可以分为生理疲劳和心理疲劳两种。生理疲劳主要是肌肉受力过久或持续重复伸缩造成的肌肉痉挛、麻木、眼球发疼发胀、腰酸背痛、动作不准确、打瞌睡等。心理疲劳的产生是由于长时间从事心智活动，大脑皮层兴奋区域的代谢逐步提高，消耗过程超过恢复过程，脑细胞处于抑制状态而使得大脑得不到休息。疲劳的症状是感觉器官机能降低、注意力涣散、思维迟钝、情绪躁动、抑郁、易怒、学习效率下降等。

疲劳现象既可以是被主体感知的，即学习者自己感受到一定的疲劳感，也可以是未被主体感知而由他人感知的——他人通过对学习者学习的外在行为的观察，得出"学习者已疲劳"的结论。学习疲劳是一种保护性抑制，经过适当的休息可以得到恢复。但是如果长期处于疲劳状态而得不到休息和放松，大脑有关部位长期持续保持兴奋，就会导致大脑兴奋和抑制过程的失调，严重的还会引起神经衰弱。

2. 学习疲劳的原因

造成学习疲劳的主要原因有：学习压力过大、时间过长，过分紧张，注意力高度集中，持久地思考和记忆；不注意劳逸结合，睡眠时间不足，营养不良；学习内容单调乏味，学习方法不科学；缺乏学习动机和兴趣；在异常的气温、湿度、噪音和光线不足的环境下学习等。

3. 学习疲劳的心理调适

学习疲劳是一种身心障碍，不仅影响学习效率，而且对身心健康危害也很大，一旦有该症状，应尽快调适。

（1）学会松弛有道。学习是一种非常复杂、辛苦的智力劳动。学习一开始，大脑皮层就开始耗损能量。学习时间过长、内容过多，就会出现疲劳症状。刚开始疲劳时，其表现为作业速度快，但错误增多，注意力分散，情绪烦躁，小动作增多等；当疲劳加深时，作业速度和准确性都下降，动作不协调，记忆、思维、注意力等都下降，情绪极度烦躁，难以继续学习或进入瞌睡状态。过度脑疲劳会出现大脑半球慢性充血现象，表现为面色苍白，四肢无力，甚至出现手脚抽筋、精神萎靡、头晕失眠、食欲减退、消化不良等一系列神经衰弱症状，此时对疾病的抵抗力也降低。所以，无论学习多么重要、多么紧张，都要注意做到科学用脑、劳逸结合、松弛有道。下面介绍两种方法消除疲劳：

其一，睡眠休息法。睡眠能使疲劳的大脑重新恢复机能，因为大脑处于休息状态时，对氧气和营养的消耗减少，废物和二氧化碳的生成自然也减少了，通过血液循环，源源不断地供应物质和氧气，又不断地把废物和二氧化碳运走，从而恢复正常的功能。另外，只有睡眠达到一定深度和持续一定时间，才能有效促进物质代谢。充足的睡眠是使大脑保持良好学习状态的必要条件。剥夺睡眠时间用来学习虽有一时之效，却会使大脑过度疲劳，从而对学习产生厌倦感。

其二，交替活动休息法。要使大脑皮层的各神经中枢功能区经常交替工作，有效的办法是变换活动内容和学习内容，不要长时间单调地从事一项学习活动，这样就可保证大脑皮层的细胞轮流休息和工作。具体做法是：交替安排不同性质的学习内容，如学完数学看英语等；学习活动与体育活动交替进行，如进行课间活动、课外活动等。列宁说过："读书和工作要时常变换，由翻译转阅读，由写信转体操，由认真读转浏览小说，这会对人有很大帮助。"列宁之所以具有渊博的知识、惊人的记忆力和超人的精力，与他长期坚持科学用脑是分不开的。符合用脑规律的有节奏的生活，将给学习生活带来充沛的精力。

（2）创造良好的学习环境。良好的学习环境可使大学生在学习过程中身心舒畅，不容易疲劳；而在嘈杂、烦乱的学习环境中，则容易心烦意乱、烦躁不安，产生疲劳。

（3）培养学习兴趣。对学习本身感兴趣，可以使大学生在学习时心情愉悦，长时间学习而不知疲倦；反之，对学习不感兴趣，很快就会进入疲劳状态。

（三）考试焦虑

1. 考试焦虑及其表现

考试是学生学习过程的组成部分，它既是对学习效果的一种检验，同时也是对学生心理素质的一种考验。可以说，几乎所有学生面临考试都会紧张，只是程度不同而已。考试前或考试时的适度焦虑有助于考生积极状态的激发和水平的发挥，而过度的考试焦虑则会分散和阻断注意力，使注意力不能集中于考试，并会干扰信息提取和思维过程等，使学生考试时无法发挥正常水平。

过度考试焦虑是指对考试过于紧张，担心自己考试失败有损自尊而高度忧虑的一种负面情绪反应，表现为紧张恐惧、心烦意乱、喜怒无常、无精打采；肠胃不适、莫名的腹泻、多汗、尿频、心悸、头痛、失眠；记忆力减退、忘性大、注意力不易集中、思维迟钝、学习效率下降、考试进行中的强迫性分心等。

2. 考试焦虑的原因

造成考试焦虑的原因很多，也很复杂，概括起来主要有如下两种：

（1）客观因素。一是考试本身。如考试的重要性、难易程度、竞争程度等。越是重要的考试，越容易产生考试焦虑；题目越难，越容易产生考试焦虑；竞争程度越激烈，越容易引发考试焦虑。二是家庭和社会的压力。许多学生肩负着家庭的期望，而现在社会上就业又非常困难，因此，许多学生希望通过更加努力的学习，以更加出色的成绩在激烈的竞争中赢得胜利，在这种情况下，焦虑就在所难免了。三是考试压力的传递。学生间的相互影响也会造成考试焦虑。如一些学生将考研作为唯一的出路，考前以发誓言、写战书等方式激励自己的斗志，这样人为地制造紧张气氛，使其他学生也感到紧张和恐惧。

（2）主观因素。一是学生的个性特点。那些敏感、易焦虑、过于内向、缺乏安全感和自信心、做事追求完美的学生在考试中容易出现考试焦虑。二是学生的学业期望。一般而言，学业期望越高的学生，对学习投入的精力越多，也越看重学业成绩，因而对考试失败的恐惧也越高，越容易产生考试焦虑。三是考试成败经验。大学生个个都身经百战，以往许多考试的成败经验不仅影响他们对待考试的态度，也会影响他们对考试的归因和努力程度，更会影响他们的焦虑程度。四是知识掌握程度与备考情况。许多学生平时上课不认真，课后不复习，考前临阵磨枪，匆忙上阵，对考试没把握，自然会产生考试焦虑。五是对考试外在价值的过分重视。考试成绩与大学生学业荣誉如奖学金，政治前途如入党，学业前途如研究生保送等密切相关。因而，大学生会对考试成绩很看重，特别是学业成绩优异的大学生，恐惧考试失败的心理压力越大，就越容易出现考试焦虑的症状。六是无限夸大考试的意义。许多学生把考试看作决定自己命运的战场，"成败在此一举"，急于成功，结果容易导致过度焦虑，这不仅危害自己的认知过程，影响考试发挥，还会损害自己的身心健康。

3. 考试焦虑的调节

（1）充分的复习准备。大多数人考试焦虑是由于复习准备不充分引起的，因此牢固掌握知识是克服考试焦虑的根本途径。

（2）正确评价自我，确立恰当的学业期望，树立自信心。正确对待考试结果，不以一次成败论英雄；过于担心、焦虑不仅于事无补，而且还会影响水平的正常发挥。

（3）学会放松。以舒服的姿势坐好，保持身体两边的平衡；做深呼吸；想象身体各部位放松，放松的顺序：脚、双腿、背部、颈、手心；想象自己在轻柔的海滩上，暖暖的阳光照在身上，赤脚走在海滩上，海风轻轻吹拂，听海浪拍打海岸，达到放松的目的；听音乐等。

（4）开展考前心理辅导。对一些敏感、焦虑、抗挫折能力差、有心理障碍的学生在考试前进行有针对性的心理辅导以缓解其心理压力；对考试高度焦虑的学生进行集体辅导，使学生客观地认识自己，提高心理素质，增强自我心理调整能力，提高考试技巧，有效化解外来压力，发挥出应有的水平。

（5）考后的心理调节。若感觉考得不好，要勇敢面对，寻找原因，及时弥补，争取下次取得好成绩。不能因为一次失败就全盘否定自己，相信经过吸取经验教训，下次一定能取得比这次理想的成绩，最终实现目标。此外，还可以适当宣泄，如找朋友聊天、出去玩等。

（四）考试作弊

学生考试作弊是一种特定和普遍的现象，被称为"大学流行病"。考试作弊不仅会影响大学生学业成绩和学习积极性，还会引发学业不公平等问题。

1. 大学生作弊的原因

造成学生考试作弊的原因是多方面的，既有学生自身的原因，也有考试纪律松懈以及社会不良风气影响等客观原因。从学生方面看：一是学位的压力。在作弊问题上，学位是一把双刃剑，既是学生不作弊的主要原因，因为

"担心被抓，丢掉学位"，也是作弊的主要原因。成绩较差的学生在面临丢掉学位的现实压力时，特别有可能铤而走险；而更多的无个人明确作弊动机的学生易受小团体氛围的影响，如果在一个所有人都寻求考试捷径的环境中学习，学生会认为，如果自己不作弊而别人作弊对他自身不公平，所以也就随大流了。二是追求高分的愿望。成绩较好的学生希望在考试中获得成功，保持学业上的优势，因而在时间紧迫的情况下可能会找"捷径"。很多学生认为，分数仍然是学生的命根，凡与学生切身利益有关的都与成绩息息相关，这在一定程度上也助长了学生的投机心理与侥幸心理。三是课程的重要程度。学生对那些自认为不重要或"学过以后没有什么大用处或学了就忘"的课程易产生心理上的轻视，因此就更倾向于作弊，如体育课替考就是明显的例证。四是学生心理因素。许多大学生存在侥幸心理和投机心理，个体心理不成熟与自信心不足的学生容易作弊。从道德教育的角度看，主要是内心道德观念的弱化，总在寻找作弊的"合理化解释"，如监考不严、课程太难、作弊现象的普遍存在等，很少有学生从自身找原因。

从社会环境看，大学生作弊存在于一个更广阔的社会与教育环境中，社会上许多不良风气，特别是诚信危机、急功近利思想等必然会对大学生产生不良影响。大学生的许多欺骗行为并不仅仅发生在考试中，像抄袭作业、就业中隐瞒不良成绩、评优中造假等都不是个别现象。许多学生对不诚实的行为丧失了羞耻感，在利益的驱动下可能就会铤而走险。

2. 大学生作弊的防治

（1）提高大学生内在学习动机。内在学习动机的不足与匮乏是大学生考试作弊的深层原因。提高大学生学习的积极性、主动性，激发其内在的学习动机是防治作弊的根本手段。

（2）转变教育观念，改革教育体制。真正实现从知识为中心到能力为中心的转变，改进教学方法和教学手段，特别是要改革现行的考试制度。由单一的考试向多样化、综合的考核方式转变，将学生从沉重的考试压力中解放出来。

（3）加强教风、学风建设。良好的教风、学风对学生成才起着潜移默化的作用，学风好的班级学生作弊的现象往往较少。因此要营造积极向上的良好氛围，帮助学生树立正确的学习观，正确对待考试与荣誉，增强学生的自信心。

案例 6-2　　我该怎么办?

例一:我是一位来自山区、家庭经济困难的大学生,学业成绩一直非常优异。上大学后,忽然感到心中茫然,学习没有动力,生活没有目标,有时候想到辍学在家的妹妹和年迈的父母我也恨自己不争气,可我的确找不到奋斗的目标与学习的动力,于是学习上得过且过,生活上马马虎虎,漫无目的,上课打不起精神。我不是因为喜欢上网而荒废了学业,而是因为实在没劲才去上网聊天打游戏,我如何才能摆脱这种状态?

例二:我今年已经大三了,一直优秀的我对自己一向要求很高,当然这也与家庭的期望有关,父母都是具有高级职称的知识分子,在他们的言传身教下,我从小就知道要努力与奋斗。在大学,我做了认真、细致的职业生涯设计,一步一个脚印向前走,成绩拔尖。二年级时英语就通过了国家大学英语六级和托福考试,为将来出国留学做好了准备。三年级时入党,与此同时锻炼了自己各方面的能力。于是,在大学我像一只陀螺飞速运转着,珍惜大学的分分秒秒,因为我相信:付出总有回报。如今,我却发现自己离目标越来越远,我忽然怀疑起自己的学习能力,感到自己在学习上的优势在失落,甚至多年积累起来的自信也受到挑战,对未来,我忽然担心起来,我该怎么办?

评论　从上面学生的两封来信可以看出,他们二人都因为学习动机不当而产生了心理上的困惑,不同的是,前者是因为学习动机不足,后者则是由于成就动机过强。

小故事大智慧 6-2　成功并不像你想象的那么难

1965年,一位韩国学生到剑桥大学主修心理学。在喝下午茶的时候,他常到学校的咖啡厅或茶座听一些成功人士聊天。这些成功人士包括诺贝尔奖获得者、某一些领域的学术权威和一些创造了经济神话的人,这些人幽默风趣、举重若轻,把自己的成功都看得非常自然和顺理成章。时间长了,他发现,在国内,他被一些成功人士欺骗了。那些人为了让正在创业的人知难而退,普遍把自己的创业艰辛夸大了,也就是说,他们在用自己的成功经历吓唬那些还没有取得成功的人。作为心理系的学生,他认为很有必要对韩国成功人士的心态加以研究。

　　1970年，他把《成功并不像你想象的那么难》作为毕业论文，提交给现代经济心理学的创始人威尔·布雷登教授。布雷登教授读后，大为惊喜，他认为这是个新发现，这种现象虽然在东方甚至在世界各地普遍存在，但此前还没有一个人大胆地提出来并加以研究。惊喜之余，布雷登教授写信给他的剑桥校友——当时正坐在韩国政坛第一把交椅上的人——朴正熙。布雷登教授在信中说："我不敢说这部著作对你有多大的帮助，但我敢肯定它比你的任何一个政令都能产生震动。"

　　后来这本书果然伴随着韩国的经济起飞了。这本书鼓舞了许多人，因为它从一个全新的角度告诉人们，成功与"劳其筋骨，饿其体肤""三更灯火五更鸡""头悬梁，锥刺股"没有必然的联系。只要你对某一事业感兴趣，长久地坚持下去就会成功，因为上帝赋予你的时间和智慧够你圆满做完一件事情。后来，这位青年也获得了成功，他成了韩国泛业汽车公司的总裁。

　　评论　学习也是这样。学习并没有你想象的那么难。很多时候，我们往往是被外界夸张的困难先打败了，认为自己不可能。人世中的许多事，只要想做，都能做到，该克服的困难，也都能克服。只要你对自己有信心并脚踏实地地去做，成功就是水到渠成的事情。

第三节　掌握学习方法　提高学习效率

　　古人云："授人以鱼，不如授人以渔。"在大学里学习知识固然重要，但掌握有效的学习方法更为重要。越早掌握学习的规律和科学的方法，也就越能轻松、高效地学习，更好地适应大学生活和将来的工作岗位。

　　学习方法是指学习者在学习过程中，积极操纵信息加工过程，以提高学习效率的手段、方式或途径，它是学习者顺利完成学习任务的重要保证。对于刚刚走出应试教育，走入大学校门的大学生来说，面对全新的学习环境、复杂的专业课程和大量的自学时间，他们常常无所适从，如走迷宫一般，常常因不得法而浪费了大量时间。因此，作为当代大学生，需要探索出一套既适应大学学习环境和条件，又适合自己特点的学习方法。

一、确立科学合理的学习目标和计划

科学合理的学习目标和计划是大学生学习获得成功的基础。

（一）学习目标的制定

（1）学习目标要符合自身条件和发展方向。在制定学习目标时，应对自己各方面的情况有个全面、正确的评估，了解自己的特点、特长、兴趣和将来的发展方向等。

（2）学习目标要难易适度。一般来说，过高或过低的目标都不可取，应该确立一个对自己来说是中等难度的目标，即经过自己的努力可以实现的目标。

（3）学习目标要相对集中。一个人的精力是有限的，如果学习目标太多，过于分散，就很难实现。只有目标集中，才能集中精力，确保成功。

（4）学习目标要长短结合。制定目标时，既要有近期目标，也要有远期目标。近期目标可以是远期目标的子目标。通过一个个近期目标的实现，可以体验到实现目标的喜悦，进而逐渐接近远期目标。

（5）学习目标要符合社会发展的需要。学习的最终目的是为了将来服务社会，实现自身价值。因此，在制定学习目标时，不仅要考虑自身条件，还要考虑社会的发展与需要。只有把个人需要和社会需要结合起来，才能更容易获得成功。

（二）学习计划的制订

学习计划既是实现学习目标的重要保证，也是合理安排时间的需要。一个好的学习计划，不仅可以提高学习效率，还可以增强学习信心，养成珍惜时间的习惯。制订学习计划时应注意：

（1）根据自己的实际情况来制订学习计划。每个人的生理和心理特点、学习情况、生活习惯、所处的环境和条件等都不同，因此，在制订计划时不能盲目照搬别人的计划。此外，随着自身情况和外部条件的改变，计划也应相应地作出调整。

（2）根据课程特点来制订学习计划。不同的课程有不同的特点，而且自己对不同课程的学习情况也不同，因此在制订计划时也应该有所区别。

（3）学习计划要定时定量。定时学习就是规定学习的时间，到了时间就要马上学习，这样可以保证必要的学习时间。定量就是要根据自己的实际情况，规定学习的时间量。不能把时间排得太满，要留出一部分时间参加体育

锻炼等其他活动。同时，也要留有余地，以便应急之用。

（4）利用好"黄金时间"。"黄金时间"是指人的精力最充沛、注意力最集中、学习效率最高的那段时间。每个人的"黄金时间"不同，有的人在早上，有的人在晚上或其他时间。大学生在安排学习计划和学习时间时，应考虑到自己的"黄金时间"，并充分利用它。

二、掌握学习的具体环节

大学生的学习大致可以分为预习、听课、复习、作业四个环节。掌握好这四个环节的学习方法，对提高学习效率，顺利完成大学学业十分重要。

（一）预习

预习是指在学生为了更好地听课，在老师讲课之前，初步了解新课内容，并做好学习新知识的准备工作的一个自学过程。

课前预习的作用主要表现在：第一，预习有助于扫除听课中的知识障碍。在课堂教学中，学生学习新知识要用到原来的知识。原有的知识一旦遗忘，就会对学习新知识造成障碍。通过预习，不仅可以扫除这类障碍，而且由于明确了新知识和原有知识之间的联系，就有利于知识的系统化和加深对新知识的理解。第二，预习有助于提高听课效率。通过预习可以初步了解新课的内容，找出新课的重点、难点和疑点。这样，听课时必然有明确的目标、积极的态度、浓厚的兴趣，从而注意力更加集中，并能把主要精力放在重点、难点和做好笔记上，从而提高听课水平和学习效率。

怎样进行课前预习呢？一般来说，我们可以按以下五个步骤进行：

（1）阅读。就是先粗读新教材，了解教材的大意和思路。然后再细读，边读边思考，对不懂和看不透的地方，要提出质疑，并做好标记。

（2）划分。就是划分层次，找出重点，提出疑难问题。

（3）批注。就是将自己的看法、体会写在书旁。在课堂讨论中发表或在听课的过程中验证。

（4）思考。预习时要思考如下问题：下节课老师要讲什么内容？这些内容有哪些地方是自己不懂的？与上课内容有关的知识是什么？

（5）尝试。就是对课文后面的复习思考题或练习题进行尝试性的回答，以检验预习的效果。

课前预习还应注意以下两个问题：一是思想重视、持之以恒。要提高认识，明确课前预习的意义和作用，提高预习的自觉性。把预习列为学习计划的内容，并坚持下去，逐步养成习惯，不断提高预习的能力。二是从实际出发，突出重点。由于大学学习的专业不同、年级不同、各自的情况也不相同，因此，课前预习要从实际出发，要突出重点，加强薄弱环节，不必平均用力。

（二）听课

听课是课堂学习过程中的中心环节，是教师传授知识技能、学生掌握知识技能的主要组织形式。大学生怎样才能上好课呢？一般应做到以下四点：

1. 充分做好课前准备

课前准备包括四个方面的内容：①物质上的准备。凡是上课所需的课本、笔记本和笔、尺等学习用具，在课前都要准备好，以便随时取用。②生理上的准备。上课需要大脑进行感知、记忆、思维、想象，因此使大脑保持最佳的兴奋状态是很重要的。为此，要求大学生要养成良好的用脑习惯，保证睡眠时间和运动时间，做到劳逸结合，使大脑保持最佳的兴奋状态。③心理上的准备。由于在学习过程中，学习的动机、兴趣、情绪、意志等非智力因素对学习效果起到很大的作用，因此，为了提高听课的效率，学生必须保持强烈的求知欲、饱满的学习热情、浓厚的学习兴趣、坚强的学习意志等，这就是学习的心理准备。④知识上的准备。前面讲的预习实际上就是课前的知识准备。

2. 集中注意力，专心听课

俄国教育家乌申斯基曾经用比喻形象地说道："注意是学习的窗户，没有它，知识的阳光就照射不进来。"的确，一个注意力涣散的学生，尽管他天天在上课，也必然一无所获。因此，集中注意力、专心听课，是提高听课质量的关键。为了集中注意力专心听课，首先要作出主观努力，明确听课的目的和任务；同时要调节和控制自己的情绪，以顽强的意志来克服外界刺激的干扰，根据注意力的规律来掌握注意力的分配和转移，养成良好的注意习惯。

3. 勤于动脑，积极思考

知识的掌握包括知识的领会、巩固和应用三个阶段。要在课堂上掌握所学的知识，必须把重点放在认识事物的思考过程上，而不能跨越这一过程死记硬背。因此，在听课的过程中要使自己处于自觉、能动的状态，勤于动脑，积极思考，注意领会。同时要敢于存疑、质疑，对于老师所讲的观点是否正确、材料是否真实可靠、论证是否合乎逻辑等，都要有自己的思考，都可以质疑，这样听课，才是真正理解和掌握知识。

4. 做好听课笔记

在听课过程中认真做好听课笔记，是提高听课质量的有效方法。

记笔记有助于指引并稳定学生的注意力。要想在听课的同时记好笔记，必须要跟上老师的讲课思路，把注意力集中到学习的内容上。光听不记则有可能使注意力分散到学习以外的其他方面。

记笔记有助于理解学习内容。记笔记的过程也是一个积极思考的过程，可调动眼、耳、脑、手一起活动，这样就促进了对课堂讲授内容的理解。

记笔记有助于对所学知识进行复习和记忆。如果不记笔记，复习时只好从头到尾去读教材，这样既花时间，又难得要领，效果不佳。但如果在听课的同时记下讲课的纲要、重点和疑难点，并用自己的语言记下对所学知识的理解和体会，这样对照笔记进行复习时，既有系统、有条理，又觉得亲切、熟悉，因而复习起来，往往能事半功倍。

记笔记有助于积累资料和扩充新知。笔记可以记下书本上没有的知识，也可以记下老师在课堂讲授的一些新知识、新观点，这样不断积累，便能获得许多新知识。

做笔记时应注意以下问题：

（1）做好记笔记的准备工作。笔记本是必不可少的，最好给每一门课程准备一个单独的笔记本，不要在一个本子里同时记几门课的笔记，这样会很混乱。准备两种不同颜色的笔，以便通过颜色突出重点，区分不同的内容。

（2）在每页笔记的右侧画一竖线，留出 1/3 或 1/4 的空白，用于课后整理笔记时拾遗补阙，或写上自己的心得体会，或加上注释、评语等。左侧的大半页纸用于做课堂笔记，记下听课内容。

（3）笔记方式多种多样。学生在课堂上常用的笔记方式有要点笔记、提纲笔记及图表笔记等。

要点笔记：不是将教师讲的每句话都记录下来，而是抓住知识要点，如重要的概念、论点、论据、结论、公式、定理、定律等，对教师所讲的内容用关键词语加以概括。

提纲笔记：这种笔记以教师的课堂板书为基础。首先记下主讲章节的大、小标题，并用大、小写数字按授课内容的顺序分出不同的层次，在每一层次中记下要点和有关细节，这样条理清晰，使人一目了然。

图表笔记：利用一些简单的图形和箭头连线，把教学的主要内容绘成关系图，或者列表加以说明。图表比单纯的文字更加形象和概括。

（4）提高书写速度。书写速度太慢，势必跟不上讲课进度，影响笔记质量。要学会一些提高记笔记速度的方法：不必将每个字写得工工整整，可以快速书写；可以简化某些字和词，建立一套适合自己的书写符号，比如用"∵"代表"因为"，用"∴"代表"所以"。但要注意不要过于潦草和简化，以免自己也看不懂所记的内容是什么。速写的目的是提高记笔记的效率。

（5）在笔记遗漏时，要保持平静。上课时，如果有些东西没有记下来，不要担心，不要总是惦记着漏了的笔记，而影响听记下面的内容。可以在课后求助于同学或老师，尽快补上遗漏的笔记。

（6）课后要及时检查笔记。下课后，从头至尾阅读一遍自己写的笔记，这既可以起到复习的作用，又可以检查笔记中的遗漏和错误。将遗漏之处补全，将错别字纠正，将过于潦草的字写清楚，同时将自己对讲课内容的理解、收获和感想用自己的话写在笔记右侧的空白处，这样可使笔记变得更加完整、充实、完善。

（7）详略得当，层次分明。对讲课内容越不熟悉，笔记越要记得详细。讲课内容如果很难找到参考资料，就必须做详细的笔记。记录内容要有条理、有层次，分段分条记录，不要将几个问题掺杂在一起记录。

（三）复习

复习是防止遗忘、巩固学习效果的最基本方法。通过复习，可以加深对课堂知识的理解，加强记忆，克服遗忘；可以"温故知新"，有新的收获和体会；可以加强新、旧知识的联系，使知识系统化；可以使基本技能进一步熟练，为独立作业和运用知识打好基础。

复习分为课后复习和系统复习两类。课后复习是指当天上课后的复习；系统复习是指对一学期或一学年所学知识进行系统的回顾和整理。

课后复习的任务主要是理解、巩固当天所学的知识。不少学生往往不重视课后及时复习，上完一天的课，就把所学的知识丢在脑后，一直拖到临近学期末，为了应付考试，才打开课本，此时发现学过的知识几乎全部遗忘。其实，这时的复习几乎是重新学习了。可想而知，这样学习的效果肯定会受到影响。课后复习必须注意以下三个问题：

1. 复习时间

学习离不开记忆，一切学习活动都是从记忆开始的。所谓记忆，就是对输入大脑的信息进行编码、贮存和提取的过程。19 世纪末，德国心理学家艾滨浩斯开创了对记忆的实验研究，发现了遗忘的一般规律，即遗忘的进程是不均衡的，有"先快后慢"的特点。在识记的最初时间遗忘很快，后来逐渐缓慢，而一段时间过后，几乎不再遗忘了。根据遗忘规律，要想防止和减少

遗忘，就必须及时复习。同时，为了巩固学习效果，还要根据实际情况，做到经常复习、系统复习。

2. 复习方式

复习方式不应该是单调的，单调的复习方式容易使学生产生疲劳、枯燥、乏味的消极情绪，从而影响复习的效果。有关研究表明，多种记忆类型的协同记忆以及多种感官的协同作用，比单一类型或单一感官的识记效果好。因此，复习的方式要注意多样化。

（1）集中复习与分散复习相结合。复习在一定时间内连续进行叫集中复习。复习在一定时间内分次进行，即在各次复习之间间隔一定的时间，叫作分散复习。实践证明，在一般情况下，分散复习的效果优于集中复习。当然，具体的复习次数、时间间隔的安排，还应根据学习材料的数量、性质等因素而定。

（2）反复阅读和尝试回忆相结合。在复习过程中，采用反复阅读和尝试回忆交替进行的方式可以提高复习效率。反复阅读容易使学生大脑产生抑制，读而不知所以然。而通过尝试回忆，学生能够看到自己的成绩，并清楚地了解回忆过程中存在的问题和错误，及时纠正，因而可以抓住复习过程中的难点和重点，使复习更具有目的性。

（3）注意变换复习内容和方式。单调、重复的刺激容易引起大脑皮层的疲劳而产生抑制，只有不断地增加一些新的刺激，才能使大脑处于最佳的兴奋状态。针对这一神经生理特点，我们必须考虑复习方式的变化。在内容上，可将不同内容和性质的学科交替进行复习，把复习课堂内容和看教材、参考书结合起来；此外，同一内容也可从不同角度进行复习。在形式上，可以采用提问、做练习、见习、实习、调查、讨论、实验操作或课外活动等相结合的方式。总之，在复习时尽可能把视觉、听觉和运动觉调动起来，使大脑处于最佳的兴奋状态，提高复习效率。

3. 复习次数

学习某一新内容后，需要复习多少次记忆效果才能达到最好？这就涉及过度学习的问题。所谓过度学习，也称为超额学习，指在学习达到刚好掌握的程度以后的附加学习。适当的过度学习可以加深记忆痕迹以增强记忆效果。研究表明，学习程度达150%时，即附加或超额50%时效果才达到最好。比如，当你背诵一首诗时，读了10遍刚好能背诵，还要再朗诵5遍，记忆效果最好。但要注意的是，这并不意味着重复次数越多越好，超过150%的过度学习，效果不但不会随之增加，反而会引起疲劳、注意力分散甚至厌烦情绪等不良后果。

（四）作业

作业是学生运用所学知识分析和解决问题的过程，通过做作业，既可了解、检查学习效果，加深对知识的理解和记忆，也可以形成解决问题的技能、技巧。

做作业应遵循以下步骤：第一，做好准备。做作业前，先复习，以便为做作业做好知识的准备。第二，仔细审题。明确问题的目的、要求和所给条件，经过独立思考，形成解决问题的思路和方案。做作业既不能生搬硬套公式定理，更不能抄袭别人的作业，一定要依靠自己的独立思考，形成自己的思路。第三，认真解题。一要注意思路、表达、运算正确无误；二要规范，严格按照规定的格式做，条理清晰、书写工整、整洁悦目；三要快速，尽可能提高效率。第四，耐心检查。这既是保证作业质量的必要步骤，也是培养发现问题能力的重要途径。第五，及时改错。对作业中的错误应及时纠正，同时分析出现错误的原因，以利于今后改进。另外，做作业的数量要适当，太少了不行，太多了也没有必要。教师布置的作业是经过选择的、有代表性的，首先要认真地完成，有余力的话再自选一部分题目练习。

除了上述介绍的学习方法外，还有许许多多的学习方法和策略，比如阅读方法、组织策略、元认知策略等。当然，学习是一种非常复杂的认知活动过程，它需要多种因素共同参与、协同作用。要取得好的成绩，除了受到个体学习方法和策略的影响外，还受到个体的健康状况、智力水平、个性特点、动机水平、原有基础和教师及其教学方法等因素的制约。

案例 6-3　　姆佩姆巴效应

一杯冷水和一杯热水同时放入冰箱的冷冻室里，哪一杯水先结冰？很多人都会毫不犹豫地回答："当然是冷水先结冰了！"非常遗憾，答错了。发现这一错误的是一个非洲中学生姆佩姆巴。

1963 年的一天，坦桑尼亚马干巴中学的初三学生姆佩姆巴发现，自己放在电冰箱冷冻室里的热牛奶比其他同学的冷牛奶先结冰。这令他大惑不解，便立刻跑去请教老师。老师则认为，肯定是姆佩姆巴搞错了。姆佩姆巴只好再做一次试验，结果与上一次完全相同。不久，达累斯萨拉姆大学的物理系主任奥斯玻恩博士来到马干巴中学。姆佩姆巴向奥斯玻恩博士提出了自己的

疑问。后来奥斯玻恩博士把姆佩姆巴的发现列为大学二年级物理课外研究课题。随后，许多新闻媒体把这个非洲中学生发现的物理现象称为"姆佩姆巴效应"。

评论 很多人认为是正确的并不一定就真的正确。像姆佩姆巴碰到的这个似乎是常识性的问题，我们稍不小心，便会像那位老师一样，给出自以为是的错误答案。

小故事大智慧6-3 渔夫的三个儿子

从前，在印度的海边住着一位渔夫，他的一生非常贫苦。渔夫死后，留下三个儿子，他们不愿意再走父亲的老路，决定向大海索取更珍贵的礼物——珍珠。他们既会游泳又会潜水，于是立即开始寻找这种财富。

可是，三个兄弟的成就却很悬殊。老大最懒，走在海边，生怕水把鞋沾湿。他只在海边逛来逛去，等海浪给他卷来珍珠。由于如此懒惰，只能勉强糊口，度日艰难。老二很勤快，善于选择力所能及的近海处，果然采到了许多珍珠，日子过得非常富足。老三利欲熏心，志大才疏，他想：虽然近海处也能找到珍珠，但怎能比得上海底最深处？如果我能潜水到那里，可能那里的珊瑚、珍珠等宝物堆积如山，我可以信手拈来。于是，他开始实施这个疯狂的想法，纵身入海，直接扑向旋涡深处。但他还没有到达海底，就被海浪吞噬，一命呜呼。

评论 学习，既要克服畏难情绪，又要注意循序渐进，把握适度的原则。因为浅尝辄止很难有所建树，欲速则不达；而贪多必失，过度学习同样不能取得好的效果。

参考文献

[1] 大卫·勃恩斯. 好心情. 李安龙，译. 海口：海南出版社，2003.

[2] 罗伯特·斯莱文. 教育心理学：理论与实践. 姚梅林，等译. 北京：人民邮电出版社，2004.

[3] 彭剑飞. 考试心理指导艺术：第二版. 长沙：湖南人民出版社，2005.

[4] 蔡国边. 每天读个好故事. 北京：新世界出版社，2010.

［5］王言根．学会学习：大学生学习引论．北京：教育科学出版社，2003.

［6］李伯黍，燕国材．教育心理学：第二版．上海：华东师范大学出版社，2001.

［7］金洪源．学科学习困难的诊断与辅导．上海：上海教育出版社，2004.

［8］樊富珉．大学生心理健康与发展．北京：清华大学出版社，1997.

［9］韩延明．大学生心理健康教育．上海：华东师范大学出版社，2007.

［10］李菊顺．大学生心理健康教育．北京：现代教育出版社，2008.

［11］李百珍．青少年心理卫生与心理咨询．北京：北京师范大学出版社，1997.

［12］珍妮·特沃斯，戈登·德莱顿．学习的革命．顾瑞荣，陈标，许静，译；刘海明，校译．上海：上海三联书店，1998.

［13］于洪波，袁敬伟，张旭东．试论大学生的学习疲劳及其防治．内蒙古民族大学学报（社会科学版），1998（4）.

［14］李文管，郭文红，武连安．大学生的学习疲劳及其身心恢复．山西高等学校社会科学学报，2000（5）.

［15］放松训练（二）——肌肉放松训练．（2007 - 09 - 09）．http：//blog. sina. com. cn/s/blog_4b57294a01000aet. html.

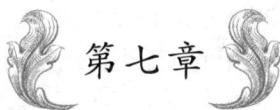

第七章

人际交往与心理健康

有了朋友，生命才显示出它全部的价值。智慧、友爱，这是照亮我们黑夜的唯一光亮。

——罗曼·罗兰

人际交往是人们在生活实践中通过互相交往和相互作用形成的人与人之间的直接心理联系，是人类社会实践活动开展的根本要求，是个体社会需要的重要组成部分。人是群居动物，无论社会怎样变化发展，人总是处于一定的社会关系中。人际关系不仅是一个人心理健康水平与社会适应能力的综合体现，而且在很大程度上影响一个人的生活质量和事业发展。美国卡耐基工业大学曾对1万名受测试者做过追踪分析，发现在一个人事业成功的因素中，人际关系、交往能力竟占到85%，而人们普遍认为至关重要的智能和技术因素仅占15%。

对于正在学习、成长中的大学生来说，培养良好的人际交往能力不仅是大学生活的需要，更是一生发展的重要课题。良好的人际交往能力是大学生认识自我、完善自我、健全人格、实现个性全面发展的基本途径，是大学生社会化进程的推进器。一位阿拉伯哲人曾这样说过，一个没有交际能力的人犹如陆地上的船，是永远不会航行到壮阔的大海中去的。

第一节　大学生人际交往的特点与问题

一、大学生人际交往的含义与构成

大学生人际交往是大学生个体之间以及大学生与其他社会群体之间沟通信息、交流思想、表达情感、协调行为的互动过程。

大学生人际交往由认知、情感和行为三种心理成分构成。首先，认知成分反映了大学生个体对人际关系状况的认识，是人际关系形成、发展和改变的基础。大学生人际交往是一种以交往双方作为信息对象的相互作用，它引起相互间的感知、理解、判断和评价，形成一定的认知结果，情感因素则在这种认知结果的基础上发生作用。在人际关系中，认知起到了唤起、控制和改变情感的作用，对人际交往起着调节作用。其次，情感成分是指交往双方在情感上的满意程度和亲疏关系，它是与人的交往需要相联系的一种体验，反映了对交往现状的满意程度。大学生人际交往极富感情色彩，双方交往注重情投意合，尤其是女同学，特别重感情。最后，行为成分是指大学生交往双方外显的行为表现，如语言、手势、举止、风度、表情等表现个性和传达信息的行为要素，它是人际交往的手段与形式。任何人际交往的发生、发展和改变，都是这三种成分相互作用的结果。在不同的社会群体里，这三种因素所起的作用有所不同。在正式群体中（如班集体），行为因素起到主导作用，调节着人际关系；而在非正式群体中，情感因素则起主导作用，制约着人际关系的亲疏、稳定以及持久的程度。

二、大学生人际交往的基本特点

大学生处于从青少年向成人过渡的青年期，在人际交往上有追求平等、注重精神、突出情感等表现。其人际交往的特点可以概括如下：

（一）主动开放性

大学生进入大学后，面临着陌生的环境，迫切需要结交新朋友，获得更多的情感和信息。这时他们的交际具有主动性、开放性的特点，具体表现为：第一，交往范围扩大。交往对象不再局限于本班、本系和本校的同学，出现了跨地域、跨年龄的交往活动。相关调查表明，71%的大学生喜欢组织有校外同学和其他职业人员参加的联谊活动，呈现出打破区域性生活的趋势。第

二，交往内容更丰富。逐渐超出专业学习的范围，社会活动及其他相关活动日益增多，如勤工俭学、家教、兼职打工等，涉及范围扩大到商界、政界，甚至更广。第三，交往形式灵活。交往不再局限于互访、聊天、写信等方式，微信、BBS、QQ 等网络工具和集体郊游、学术研讨、文化沙龙等方式更是逐渐深入到大学生的生活中。

（二）平等独立性

随着生理和心理日臻成熟，大学生的自我意识日益增强，产生了强烈的"成人感"，在各个方面努力体现其独立的人格，追求平等，喜欢和同龄人结交朋友。大学生对友谊的平等性要求也越来越高，既对朋友平等相待，又希望朋友对自己也能一视同仁。交往双方都希望能够在心理上互相平等，任何一方都不希望他人的意志强加于自己。因此，那些傲慢无理、不尊重他人、控制欲、妒忌、报复心理较强的人常常是不受欢迎的。

（三）富于理想化

由于大学生没有工作、家庭和生活等方面的太大压力，可以暂时避开社会上人际交往中的某些世俗因素，因而对人际交往抱有较高的期望，希望其交往对象在各个方面都能做到以诚相待，双方步调保持高度一致。实际上因为性格、习惯、价值观等方面的差异，大学生之间难免会产生误解、摩擦和冲突，这使得不少大学生对现实的人际交往感到不满意。

（四）注重精神

大学生认知能力有了较大的提高，内心世界十分丰富，对社会、人生等问题更加关注，因而在人际交往中更注重精神层面的交流。在选择交友对象时，大学生通常是先定出自己的交友条件，经过认真分析、判断之后，再作出慎重的选择。因此，大学生之间能够成为好友的大多是那些性格相近、兴趣相合、感情融洽的同窗。

（五）突出情感

因为大学生处在较高层次的文化环境当中，受到丰富多彩的校园文化熏陶，所以人际关系极富情感色彩。大学生交友动机单纯，情感色彩浓重，功利意识少，多数以满足精神需求、互相促进学习、共同参与活动作为择友的主要目的。同时，大学生的心理发展还没有完全成熟，意志力不强，致使同学间的情感不太稳定，也更加体现了大学生人际交往中情感色彩浓重的特点。

三、大学生人际交往的心理功能

心理学家的大量研究和人们的亲身实践都已证明，对于任何一个人来说，正常的人际交往和良好的人际关系是其心理获得发展、保持身心健康和生活具有幸福感的重要前提。对大学生来说，人际交往的意义更为突出。

第一，协调功能。个体通过相互交往和联系，能形成一定的社会关系。在某些方面为了协调社会成员的共同活动，使之有序生活，避免各种矛盾和冲突发生，一系列团体规范和社会行为准则被制定。这些规范和准则，必须通过人际交往才能发挥作用，才能把信息传达给社会中的每个成员，促使他们保持行为一致。

第二，心理保健功能。交往是人类最基本的社会需求之一，同时也是与外界保持联系的重要途径。人际交往对个体的心理健康有着极为重要的作用。我国著名医学心理学家丁瓒教授说："人类的心理适应，最主要的就是对于人际关系的适应，所以人类的心理病态，主要由人际关系失调而来。"大学生通过交往活动，彼此诉说心中的喜怒哀乐，表达自己的思想感情和生活态度，寻求友谊、理解和帮助，激发多种兴趣和爱好，培养人的自尊心和责任感，从而得到思想的升华和心理的满足。

第三，形成和发展个体的社会意识。人与人之间的不断交往为个体提供了大量的社会性刺激，从而保证了个体社会意识的形成和发展。婴儿一出生就通过与父母的交往获得了生理上和心理上的满足。随着年龄的增长，个人交往的范围日益扩大，逐渐接受了各种社会思想，形成了一定的道德体系，逐渐完成了各个年龄阶段的人生发展课题。个体的社会意识也随之由低级迈向高级，人格逐渐成熟以适应复杂的社会生活。

四、大学生人际交往常见的心理问题

大学生的人际交往总的来说是健康、积极的，但也存在着不少问题。在许多大学生中不同程度地存在着各种各样的人际交往失调，甚至出现了严重的人际交往障碍，这给他们的学习、生活、情绪、健康等带来了不良影响。

大学生的人际交往问题归纳起来主要有以下表现（参见下表）：

大学生人际交往常见问题类型及表现

大学生人际交往问题类型	具体表现
不敢交往	与人交往时显得特别紧张，心跳加快、气喘、面红耳赤、两眼不敢正视对方，与人交谈时显得语无伦次、词不达意，尤其恐惧人多的场合。
不愿交往	认为自己不如别人，怕别人瞧不起自己，遇事总是回避退让，整日郁郁寡欢，缺乏交往的愿望和兴趣，自我封闭、孤芳自赏或乖僻。但又特别敏感，心理承受力差，经不起任何刺激，独来独往。
不善交往	不善于了解交往的一些知识、技巧，在交往中显得过于生硬、书生气十足，不注意交往中的"第一印象"，在劝说、批评、拒绝他人时不讲究艺术等，影响了进一步的交往。
不易交往	不轻易相信别人，不轻易流露自己的真实思想，很难与人推心置腹，对人怀有很强的戒备心理。
不利交往	不注意交往的原则，开玩笑不注意场合，不懂得给人面子；或出言粗鲁伤了对方的自尊心；或不懂得尊重对方的风俗习惯；或不懂装懂、夸夸其谈。
不懂交往	不懂得交往的关键在于平时的交往积累，而是自己有事求人时才"临时抱佛脚"。

人际交往是一种非常复杂的动态过程。良好的人际交往可以减少孤独、寂寞、空虚、恐惧和痛苦，可以宣泄愤怒和压抑，和谐的人际关系就像春雨甘露一样滋润着大学生的心灵，使之健康、快乐成长。然而，为何有人在交往时如鱼得水、游刃有余，而有的人却 举步维艰、困难重重呢？这主要是由于以下一些内因所致：

（一）认知偏差

人际交往过程中的不良认知常常是影响大学生人际交往、造成交往障碍的关键原因。个体在人际交往中过高或过低地评价自己，表现为自恋、自卑和自我这三种形式。自恋者常常过分关心自己，欣赏自己。自卑者因为过低评价自己，在交往过程中畏首畏尾，一旦遭受一点挫折便怨天尤人；如果被别人耻笑与侮辱，更是独吞苦果、忍气吞声；此外还缺乏足够的耐挫力，经常把失败归因于个人能力、性格或者命运，因而灰心丧气、意志消沉。而自我者处处以自己的需要和兴趣为中心，只关心自己的利益得失，不考虑别人，常在人群中自讨没趣。

（二）不良个性

（1）孤僻心理。有两种情况，一是孤芳自赏、自命清高，不愿与人为伍；二是有某种特殊的怪癖，使别人无法接纳，从而影响了人际交往。

（2）多疑心理。多疑是一种由主观臆断所产生的不信任他人的情绪情感，不仅损害人际关系，还会造成交往冲突和人际伤害。多疑的人往往无中生有、搬弄是非，总以为别人在议论自己、看不起自己，把别人的善意当作恶意，持"以邻为壑"的态度。

（3）嫉妒心理。嫉妒是一种消极的心理品质，表现为对他人的长处、成绩心怀不满，甚至冷嘲热讽或采取不道德行为。嫉妒使人心胸狭隘、目光短浅，容易使人产生怨恨、气愤、恐惧、孤独的情绪。

（4）害羞心理。害羞是大学生人际交往中一种较常见的心理状态，新生、女生和从偏远农村来的同学害羞者居多。有害羞心理的人在交往中常常表现出腼腆、动作忸怩、不自然、脸色绯红、说话音量低等特征，并且过多地约束自己的言行，以致无法充分地表达自己的思想情感，阻碍了人际关系的正常发展。

（三）能力缺陷

交往能力和技巧的欠缺也是影响人际交往的原因之一。由于成长环境和个性方面的因素，每个大学生的交往能力是不同的。与性格外向的大学生相比，性格内向的大学生不愿意主动结识新朋友，缺乏锻炼人际交往的机会，交往能力也得不到更多的训练和提高，这将进一步打击其交往的主动性，从而越来越封闭自己。

案例 7-1　　向同学的烦恼

向同学，大一女生，自诉特别苦恼的是与寝室同学关系不好。自己很想拥有一个好的人际关系圈，所以努力迎合室友，甚至将寝室的开水承包下来，每天由自己打。但不知怎么，还是得不到同学的喜欢，尽管自己在表面上尽量顺从、忍让她们，但好像仍得不到她们的尊重，经常被她们呼来喝去。向同学感到很不开心，认为自己努力为她们付出，却得不到回报，于是便表现出不满，而室友却认为她很虚伪。现在，她独来独往，尽量不待在寝室，即

使下了晚自修也不愿意回去，宁愿在别的寝室坐到熄灯。

评论　在人际交往中，向同学为了追求一团和气而一味顺从、忍让，力争讨好他人。这样既压抑自我，使自己不快乐，也让别人感觉到不真诚，甚至会让别人误解为缺乏自尊心。在人际交往中，既要尊重别人，同时也要维护自己应有的尊严和权益。

小故事大智慧 7-1　知易行难

楚庄王欲伐越，杜子谏曰："智如目也，能见百步之外而不能自见其睫。王之弱乱非越之下也，而欲伐越，此智之如目也。"王乃止。

——韩非子《喻老篇》

评论　人的眼睛，能见山峰之远，能视秋毫之细，却独独看不见眼前的睫毛。与人相处，总是注意到别人的缺点，却往往看不到自己的毛病，从而作出错误的判断。这种对自我的认知偏差既伤人又伤己。

第二节　大学生人际交往的影响因素和心理效应

一、大学生人际交往的影响因素

在大学生群体中，人与人之间关系的密切程度是不同的，人际关系的建立与维护受到许多因素的影响。影响大学生人际关系的因素概括起来主要有以下六个方面。

（一）时空距离

"远亲不如近邻"，这说明时空距离是形成密切人际关系的一个重要条件。美国心理学家费斯汀格研究友谊和空间距离远近的关系时发现，从不相识到一段时间后结为朋友，这个过程几乎只发生在这几类空间距离接近的人身上：①邻居；②同楼层的人；③信箱靠近的人；④走同一个楼道的人。人们在时空上越接近，双方交往和接触的机会就越多，彼此间就越容易形成密切的人际关系。大学生由于同时入学，或年龄相当，或住在同一个寝室，或经常在同一个教室学习，或是同乡等原因，经常接触，交往的次数多了，容易具有共同的经验、话题和体会，从而容易建立起比较亲密的人际关系。

（二）态度和性格相似程度

俗话说："物以类聚，人以群分。"人与人若具有共同的态度与价值观，不但容易获得对方的支持与共鸣，同时也容易预测对方的感情与反应倾向，这样在交往过程中彼此容易适应，从而容易建立起良好的人际关系。心理学家纽科姆曾在 1961 年采用现场实验研究的方法，探讨了态度、性格相似程度与人际交往之间的关系。他选择了一些互不认识的大学生，根据他们对政治、经济、人生观、审美观等的态度和性格特征，在宿舍里安排态度和性格相似和相反的学生各一半。通过定期询问发现，开始时空间位置（床位）临近的同学之间的吸引力明显，一段时间后，发现态度和性格相似的同学之间的吸引力越来越大。大学生在评价友谊时说："我们性格、志趣相投，谈得拢"，"我们有共同的语言，在情感和信仰上没有隔阂和矛盾"。

（三）心理需求互补

除了态度与性格相似能使人与人之间容易亲近外，互补也是建立密切人际关系的重要因素之一。社会心理学研究表明，在人际交往中，当双方的需要和满足途径正好成为互补关系时，双方之间的喜爱程度就会增加。因为人们都有追求自我完善的倾向，当这种追求个人无法实现时，便会设法从别人身上获得补偿，以达到个人需求的满足。现实生活中一部分人的婚姻就是基于互补关系而缔结的。例如，一个支配型的男人娶一个依赖型的妻子，一个喜欢控制人的泼辣女人与一个被动型不愿做决定的沉默男人结为夫妇，由于双方的个性倾向和行为特征正好都满足了双方需要，并构成了双向的互补关系，因此就容易维持正常的婚姻关系。而支配型的男人和支配型的女人是很难和平共处的。这种互补关系除了个性特征互补以外，还有能力特长互补、思想观点互补等。大学生在开展活动过程中，就必须考虑成员之间在各方面的互补关系，这样彼此之间不仅能友好相处，而且能提高效率。

大学生因为心理需求互补而成为朋友的比较常见，在评价友谊时常这样说："他成绩好，可以帮助我，带动我"，"他人缘好，我们常在一起，能够教我一些为人处世的方法"，这就说明心理需要补偿是建立密切人际关系的重要条件。

（四）个性特征

心理学家奥尔波特经过研究发现，人际吸引力首要成分是人的内在属性，如涵养、幽默、礼貌等；其次是形体的特点，如体魄、服装、仪表等；再次是个人表现出来的特殊行为，比如新奇和令人喜欢的动作等；最后是个人的

角色地位引起他人的爱慕与尊敬。另外，帕里等人曾以友谊为题访问了 4 万余人，发现吸引朋友的良好品质有信任、忠诚、热情、支持、帮助、幽默感、宽容等 11 种，其中忠诚是友谊的灵魂和核心。"近朱者赤，近墨者黑"这句谚语也充分说明了在人际交往中，大家都愿意与性格良好的人交往，没有人愿意与自私、虚伪、狡猾、性情粗暴、心胸狭隘的人打交道。因此，良好的个性特征是建立良好的人际关系的重要因素。

（五）外表容貌

爱美之心，人皆有之。一个人的长相、穿着、仪表、体态、举止往往是构成第一印象的重要因素。从交往的过程中可以看出，交往的第一阶段是引起注意。要引起别人的注意，首先要给人留下良好的第一印象。由于首因效应，外表特征在人际交往中占有重要地位。尽管大家都懂得"人不可貌相"的道理，但是，在人际交往活动中，外表容貌特征无意之中影响着人与人之间关系的建立与发展。大学生在择友时，尤其对于异性朋友，通常是将外表美与心灵美同时加以考虑的。刚开始时，外表美占据首要因素，但随着交往的深入，双方互相了解的增多，注意力将逐渐转移到内在的心灵美上。

（六）才能与专长

大学生比较崇拜和尊敬有真才实学的人。一般说来，一个人的才能出众或有某方面的专长对别人就是一种吸引力。当然，这种才能与专长是指一个人在某方面出类拔萃，而不是指十全十美。"金无足赤，人无完人"，十全十美的人是不存在的，并且这种人（尽管不存在）会使他人感到高不可攀，人们往往不敢与其交往。

除了以上六个主要因素的影响外，大学生人际关系的变化和发展还要受交往双方的世界观、人生观和价值观的影响。不同的世界观、人生观和价值观决定大学生日后走不同的人生道路。此外，大学生个人的理想和奋斗目标也会影响人际关系。

二、大学生人际交往中的心理效应

人际交往中，影响双方彼此了解的因素相当复杂，对交往对象的认知、态度、情感等会直接影响到人际交往。

（一）晕轮效应

在人际知觉过程中，人们往往会将知觉对象的某种印象不加分析地扩展到其他方面去，这就是晕轮效应，也叫光环效应。如果一个人在能力、个性、外貌等方面突出或者社会知名度比较高的话，那么就容易产生光环效应，使人觉得他的一切品质都好。

晕轮效应是在生活中比较常见的一种社会心理效应，人们经常抱着"肯定一切"或"否定一切"的偏见与别人交往，说他好时，就好得不得了，一切都到了顶峰，可以用"爱屋及乌"来形容；说他不好时，就坏得十恶不赦，一些他所没有的东西，硬要加到他的头上，俗语"厌恶和尚，恨及袈裟"就是很好的说明。

晕轮效应最大的问题在于以偏概全，以个别特征代替整体特征。比如，当看到某人身上的个别缺点时，很容易把他看成一无是处，这是消极的晕轮效应。在这种心理作用下，很难分辨出好坏与真伪，容易被人利用。显然，这很不利于客观地认识他人。受晕轮效应的影响，甚至会主观地歪曲一个人的形象，对交往对象作出不正确的评价，进而危及正常的人际交往活动。因此，大学生应该实事求是地根据观察到的信息，给对方作出一个客观的评价。

（二）首因效应

在人际交往中，最先获得的信息对印象形成具有强烈的影响，称为首因效应。

首因效应在人际交往中对人的印象形成影响较大。人与人第一次交往的印象在对方的头脑中形成并占据着重要地位。如果在初次见面的短短几分钟内能够建立起良好的第一印象，那么就会增强人际吸引力，为进一步交往打下良好的基础。

因此，大学生在交友、招聘、求职等社交活动中，可以利用这种效应，以好形象示人，为以后的交往打下良好的基础。特别是那些初涉爱河的大学生，当你第一次出现在对方面前时，你的一个举动、一句话都有可能产生一个美丽的故事，这就是为什么大多数学生特别注重第一次与人交往时的形象的原因。

（三）近因效应

在人际交往中，最近获得的信息对印象形成具有强烈的影响，称为近因效应。

尽管在生活中，人们总是谴责喜新厌旧的人。但在交往中，人们似乎总是比较喜"新"，更注重"新"信息，而不太重视"旧"信息，即"喜新厌旧"。对多年不见的同学或朋友，脑海里最深的印象是临别时的情景；一个朋友总是让你生气，可是谈起生气的原因，一般只能说上最近的两三条，这也

是一种近因效应。

首因效应与近因效应看起来似乎有些矛盾，其实是一个问题的两个方面，两者都发挥着各自的作用。一般来说，人际交往中第一印象和最近印象对人的影响都是比较重要的，所以要有好的开头也要有好的结尾，否则常会令人失望。相比较而言，在对陌生人的认知中，首因效应较明显，而对熟人或分别很久的人的认知中，近因效应更明显。

大学生要充分利用和发挥近因效应，为自己的形象塑造服务。在交往中，精心设计和训练在各种场合下的交往"结尾"，即使不能使人"回味再三"，也要让人增进对自己的好感。谦虚为怀、以诚相待，这是消除不利的近因效应的最好方法。如果被对方误会，应当做到虚怀若谷，在对方心平气和时与其坦诚交谈，消除其中的误会。在这种真诚、谦虚的态度的感染下，双方关系就会得到改善，不利的近因效应亦会随之消失。

（四）从众效应

从众效应是指在群体压力下，个人自我调整与改变，以求与他人保持一致。从众心理非常普遍，在一个群体中，个人很容易受大多数人意见的影响，如果多数人认为某人是个好人，就会比较放心地与之交往。由此可见，从众心理的实质是群体效应，是个体以群体评价代替自己的评价，并以此改变自己的观念。从众效应有积极的一面，比如把一个后进学生放入一个先进群体中，后进生就可能在大家的影响下向先进生行列迈进。但是，从众效应也有消极作用，因为群体对个体的评价有时并非以一种客观、公正的标准和手段进行。社会学家的研究发现，个体把自己放入群体中进行比较时，最常见的一种心理就是"我不愿意与团体中其他人迥然不同"，这样就会产生一种群体性的偏差，交往中的问题也就随之而来。

（五）刻板效应

人际认知时，人们并不是把认知对象作为一个个体去认识的，而总是把他当作某一类人中的一员去认识，认为他也具备这类人的共同特点。人们对社会上某一类事物或人产生比较固定、概括、笼统的看法称为刻板印象。最早研究这一效应的心理学家是吉尔巴特。他发现，当时的大学生对英国人的普遍看法是：绅士风度、聪明、因循守旧、爱传统和保守；对黑人的看法是：爱好音乐、无忧无虑、迷信无知、懒惰；对日本人的看法是：聪明、勤劳、有进取心、机灵、狡猾。对不同的籍贯也会产生刻板印象，很多大学生认为江浙人聪明伶俐、灵活多变，山东人豪爽正直、身材高大。这是一些很早沿袭下来的看法，未必有事实根据，但是很多人都会坚持这些看法，这就是刻板印象。

大学生要做到认真对待他人的所有信息，不要臆断。俗话说："眼见为实，耳听为虚。"在与别人交往时，应当掌握全面的感性材料，具体问题具体分析。另外，多参加社交活动，增加与不同群体的接触，这样可以通过一个人的亲眼所见来产生对某个群体及其成员的印象。另外，大学生也可以别出心裁、标新立异，表现出与群体截然不同的特点，别人可能会被这种特色所吸引，从而改变已产生的刻板印象。

（六）定式效应

定式是指先前的准备活动造成了人的一种心理准备状态，这种准备状态使人们以一种固定的方式去认识事物或对事物作出反应。

苏联社会心理学家包达列夫曾经做过一个实验，他向两组大学生出示了同一个人的一张照片。在出示之前，他向第一组人说，将出示的照片上的人是个十恶不赦的罪犯，而对另一组人说，他是一位大科学家。然后让两组大学生看完后用文字描绘照片上的人的相貌。第一组评价为深邃的双眼证明内心仇恨，突出的下巴证明沿犯罪的道路走到底的决心等。第二组评价为深邃的双眼表明思想的深度，突出的下巴表明在认识道路上克服困难的意志力等。同样的一张照片，却因为看之前一句话的暗示而产生了不同的评价，这就是定式效应的结果。又如有人评价别人说："就你那模样，一看就是个民工。"然后说自己："看看这派头，就是个大老板。"这就是长相产生的定式效应。

心理定式可以使人们在从事某些活动时能够做到相当熟练，甚至达到自动化的程度，可以节省很多时间和精力。但是，心理定式也会束缚思维，使人们局限于用常规方法去解决问题，不求用其他"捷径"突破，因而也会给解决问题带来一些消极影响。在人际交往中也是如此，不能一味地依据已有的心理准备状态而不去分析面前出现的实实在在的人，这种"以不变应万变"的心理状态，极有可能导致对一个人认识的偏差，影响今后与他的交往。

案例 7-2　让心的距离更近

芳是从内地来沿海地区念书的大学生。进入大学后，她感到非常失望。"在这里我所见的同学，关心的是通俗文学、流行歌曲、服饰美容、挣钱打

工，没有人与你共同品味古典诗词，没有人吟诗作画。我觉得自己进入了一个大染缸。"这时，芳只有一个念头：这里没有值得交往的人，她们太俗！于是，她一心想考回北方的学校，从大一开始，就把宿舍当成旅馆，并尽可能地读许许多多的书。因为长时间不与人交流，她开始感到孤独。同时也看到以前她认为没有文化品位的人居然成绩很优秀，开班会时发表的见解也颇有见地，社会活动也非常多。芳说："我不希望自己为了名利这些俗气的东西而努力，但时间久了，我也不知道自己应该是什么样子。有时晚上回去，宿舍的女孩子一见我进去就会停止谈论，大家各干各的。这种现象让我很不舒服，觉得她们不欢迎我。其实我不屑和她们说那些无聊的东西，但我还是受不了这种冷遇。"

评论 芳对于人生和人际交往都有一个非常理想化的观念，认为周围的同学与自己所期望的相差非常远，这些都使她感觉到无法接纳他人，不愿与他们交往。人际交往是相互的，芳不愿与别人交往的同时，别人同样也回避与他的交往。正确认识现实，学会欣赏他人，主动与他人交往，才会拉近彼此距离，才能够营造一种良好的人际交往的氛围。

小故事大智慧7-2 乔·吉拉德找工作

乔·吉拉德是世界上最伟大的销售员，连续12年荣登吉尼斯世界纪录大全销售第一的宝座，他所保持的世界汽车销售纪录——连续12年平均每天销售6辆车，至今无人能破。

然而，却很少有人知道关于乔·吉拉德还有这样一个有趣的小故事。

当时，乔·吉拉德正在找工作。有一天，他来到一家公司，对人事部经理说："你需要一个助手吗？"

"哦，对不起，先生，我现在不需要助手！"人事部经理说道。

"那么，你们需要普通职员吗？"乔·吉拉德仍旧不甘心地问道。

"我们的员工已经很多了，还打算裁员呢！所以，员工我们也不需要，你还是到其他地方看看吧！"人事部经理拒绝道。

"即便是苦力活也行！比如那些搬运、跑腿、清洁之类的职位！"乔·吉拉德说道。

"对不起，先生，我们真的不需要人！"人事部经理说道。

"哦！真是遗憾。"乔·吉拉德说，"那么，既然这样的话，你们一定需要这个东西。"他一边说着，一边从自己的公文包里拿出一块精致的小牌子，上面写着："额满，公司暂不雇用职员。"

这位人事部经理拿着牌子，看了又看，然后，微笑着点了点头，说："先生，你真的非常优秀，如果你愿意的话，我可以邀请你到我们的广告部或业务部工作。"

评论 乔·吉拉德通过自己制作的牌子表现了自己的机智和乐观，给这位人事部经理留下了美好的"第一印象"，引起其极大的兴趣，从而为自己赢得了一份工作。因此在日常交往过程中，尤其与别人初次交往时，一定要尽量让自己给别人留下美好的印象。

第三节　大学生人际交往的技巧

一、把握人际交往的基本原则

人际交往是一门艺术，交往能力是现代人才所要求的主要素质之一，也是衡量一个人能否适应社会的重要标志。若要取得良好的交往效果，交往双方必须遵循一定的交往原则。

（一）平等原则

只有平等才能深交，平等是建立良好人际关系的前提和基础。每个人都希望交往双方在心理上互相平等，彼此坦诚相见。任何一方都不能把自己的意志强加给对方，也不能有半点虚伪和自私。要做到平等地与人交往，必须正确地认识自己和看待自己。既不能因为某些地方比别人强，就自以为高人一等、胜人一筹，从而我行我素；也不能因为自己某些方面不足而自卑自怜，与人交往时缩手缩脚、敏感多疑。交往中应既悦纳自己，也悦纳他人；既表现出对对方应有的尊重，又不卑躬屈膝，更不能"看人下菜碟"。

（二）真诚原则

这是人际交往正常发展和深化的保证，是人际关系中最有价值、最重要的一种特征。该原则要求在处理人际关系时以"真正的自我"出现，没有防御式的伪装，表里如一、以诚待人。孟子说："诚者，天之道也；思诚者，人之道也。"由此说明古人把诚看得多么重要，只有以诚待人才能在交往中获得友情，那种"逢人只说三分话，未可全抛一片心"的人是难以得到信赖的。真诚是自己情感的自然流露和行为的自觉选择，这不是靠技巧所能获得的。

（三）宽容原则

宽容是指在人际交往中以容忍和谦让的态度来对待人与人之间的差异、误会与分歧，处理和应付他人对自己感情的伤害、利益的侵犯和某种无理行为。它是在一定原则某种限度内的宽容，一般不采用针锋相对的反击态度。这就要求在交往中既要勇于承担自己的行为责任，也要谦让大度、克制忍让，做到"宰相肚里能撑船"。宽容、克制并不是软弱、怯懦的表现。相反，它是有肚量的表现，是建立良好人际关系的润滑剂，能"化干戈为玉帛"，赢得更多的朋友。

（四）理解与互利原则

理解原则是指交往双方互相设身处地、互相同情和谅解。孟子曰："人之相识，贵在相知；人之相知，贵在知心。"因为只有相互理解，才能心意相通，才会互相同情、关心和友爱。在交往中，每个人对事物都有自己独特的见解，这就需要设身处地以宽容、公平、冷静的心态站在他人的立场上思考，理解、尊重他人的意见，才能友好相处。

互利原则是指在人际交往中，双方都相互满足各自的需要，同时获得一定的利益和好处，达到双赢。一个人想要得到他人的关心、尊重和爱护，就必须考虑到对方也有同样的需要，自己首先必须懂得付出，只有这样才能获得一定的回报；如果交往的一方只索取不给予，交往关系就必然会中断。

（五）尊重原则

尊重包括自尊与尊重他人两方面。自尊就是在各种场合都要自重、自爱，不做有损人格尊严的事。尊重他人就是重视他人的人格和价值，承认他人在人际交往中的平等地位。在人际交往中，只有先尊重自己的人格，才可能尊重他人，并受到他人的尊重。一个连自己都不尊重的人，往往也不懂得尊重别人，别人也不会尊重他。正如古语所云："敬人者，人恒敬之。"

（六）信用原则

交往讲信用才会受到欢迎和赞赏。信用指一个人诚实不欺、信守诺言的品质。古代有"一言既出，驷马难追"的格言，现代有"以诚实为本"的原则。不要轻易许诺，一旦许诺就一定要设法兑现，以免失信于人。朋友之间，言必信，行必果。

二、大学生人际交往的技巧

大学生在人际交往过程中，有的人得心应手，有的人却屡屡受挫，这里有一个交往技巧和艺术的问题。

（一）掌握人际交往的艺术

1. 语言艺术

语言是人类交流思想、表达情感、进行思维的最重要的工具。"良言一句三冬暖，恶语伤人六月寒。"这两句话表明在交往时要注意语言的艺术运用。语言艺术的运用奥妙无穷，运用得好就能优化人际交往，反之则易在无意中就出口伤人或产生矛盾。

如何讲究语言艺术呢？首先，要做到称呼得体。在交往过程中，要根据对方的年龄、身份、职业等具体情况及交往的场合、双方关系的亲疏远近来决定对方的称呼。对长辈的称呼要尊敬，对同辈的称呼要亲切、友好，对关系密切的人可直呼其名，对不熟悉的人要用全称。

其次，语言表达要准确。在交谈中讲究停顿，使用短句，选择优美的语调，语言要通俗易懂，言辞要得体，说话要热忱、风趣、礼貌、谦虚，避免无益的争辩，口语表达要流利自如，吐字要清晰等。总之，语言表达要服从交往的需要，其内容及形式都要适应对方的心理需要、知识经验、双方关系及交往场合，从而使交往关系密切起来。

2. 非语言艺术

非语言是指身体语言，一般包括眼神、手势、面部表情、体态、位置、距离等。当语言在沟通中传达的信息不超过30%～35%时，非语言交流是获得沟通信息的重要途径。所以，不要以为开口才算是"说话"。其实，从你进入别人的视线起，你就已经开始"说话"了。不过，那是用你的眼睛、动作、表情来"说"而已。

非语言信息的分类大致如下：

（1）身体定位。身体定位是指个体的身体，包括头、手、脚等部位接近或远离一个人的程度，也包括所朝的方向。

（2）姿势。姿势经常泄露个体的感觉与情绪状态，例如，不停地搓手表明紧张，站姿松散表明心不在焉等。

（3）脸。脸是较容易被注意的部位。脸部表情非常复杂且变化多端，基本表情有惊讶、害怕、生气、厌恶、快乐和伤心。

（4）眼睛。俗话说"眼睛是心灵的窗户"，眼神是真实的、表达情感信息的重要方式。在人际沟通中，眼睛的作用是巨大而强烈的，目光接触往往能够帮助说话的人进行更好的沟通。彼此相爱的人和仇人的目光是完全不同的，

前者含情脉脉，后者则怒目而视。眼睛的功能主要有注意、劝说、调节和表达情绪。

（5）触摸。触摸可以表达喜爱、喜欢、支持、友好、好感、赞同等意思。

（6）服饰。服饰的质地、款式、新旧等可以看出一个人的身份、地位、经济条件、职业线索、审美品位、个性等。这说明服饰也可以为沟通者传达信息，起到交流思想和情感的作用。

（7）距离。在与人相处的过程中，还应该选择适当的交往距离，包括时空距离和心理距离。根据美国人类学家霍尔的观察，人际关系距离可分为八个等级：

密切距离——接近型（0.15米）。这是为了爱抚、格斗、安慰、保护而保持的距离，是双方关系最接近时所具有的距离。这时语言的作用很小。

密切距离——较近型（0.15～0.45米）。这是伸手能够触及对方的距离，是关系比较密切的同伴之间的距离，也是在拥挤的公车中人与人之间不即不离的距离。

个体距离——接近型（0.45～0.75米）。这是能够拥抱或抓住对方的距离，对对方的表情一目了然。恋人或夫妻处于这种位置是自然的，而普通异性之间处在这个距离内则易产生误解。

个体距离——稍近型（0.75～1.2米）。这是双方同时伸手才能触及的距离，是对人有所要求时应有的一种距离。

社会距离——接近型（1.2～2.1米）。这是超越身体接触的界限，是办事时同事之间所处的一种距离，保持这种距离使人具有一种高雅、庄严的气质。

社会距离——远离型（2.1～3.6米）。这是为便于工作而保持的距离，工作时既可以不受他人影响，又不给别人添麻烦。同学在寝室时保持这种距离可以互不干扰。

公众距离——接近型（3.6～7.5米）。如果保持4米左右的距离，则说明说话人与听话人之间有许多问题或思想有待解决与交流。

公众距离——远离型（7.5米以上）。这是讲演时采用的一种距离，彼此互不相扰。

由此可见，如果正确运用非语言艺术巧妙地表达自己，那么在交往中定能起到"无声胜有声"的效果。

（二）提高人际交往的技能

1. 正确认识自己和他人

正确认识自我和客观、公正地评价自我是人际交往的前提与良好的开端。如果过高地评价自己就容易轻视别人，内心总是得不到满足感和愉悦感；反之，如果过低估计自己，则会时时感到自卑，常常冷漠地拒绝交往，内心也总受到自我压抑的煎熬。除了正确认识自己，还要客观地评价他人。任何群体中的成员都会有自己的优点，所谓"天生我材必有用"。大学生在交往中应看到别人身上的闪光点，虚心学习他人的长处以弥补自己的不足。正确地认识自己，既要避免"夜郎自大"，又要摆脱妄自菲薄。能够进入高等学府深造的大学生，中学时代常常是佼佼者，易高估自己的能力而自大自满，跨进大学以后才发现人才济济，相比之下又会因低估自己的能力而自卑。

此外，大学生还应经常反省自己、检查自己，正确与他人进行比较。古训有："以铜为镜，可以正衣冠；以古为镜，可以知兴衰；以人为镜，可以明得失。"正确地认识自我、客观地评价别人为成功交往奠定基础。

2. 塑造个人气质，努力增强自己的人际魅力

广博的知识、多方面的才能、良好的个性可以提高人际吸引力。除此之外，追求美、欣赏美、塑造美是人的天性，美的仪表、风度能使人感到轻松愉快，并且使人在心理上构成一种精神愉悦。所以，大学生可适当地修饰自己的容貌、衣着，形成自己独特的气质和风度，与内在美协调一致，即秀外慧中，这样能增添不少人际吸引力。

人际魅力是指在人际交往过程中个体形成的对他人的积极和正面评价的倾向。卡耐基在《怎样赢得朋友，怎样影响别人》一书中总结出给人留下良好的第一印象的六种途径：真诚地对别人感兴趣；微笑；多提别人的名字；做一个耐心的听者，鼓励别人多谈自己；谈符合别人兴趣的话题；以真诚的方式让别人感到他很重要。

3. 将心比心，换位思考

人们在观察和思考外界事物的时候都是把自己摆在世界的中心，带着自己独特的生活经历、社会背景、主观体验和价值观去观察、理解和判断他人与整个世界。虽然大家都生活在同一个世界里，但是对世界的理解和感触却是不完全相同的。如果每个人都站在自己的"围城"内和他人交流、看待问题，往往会错过沟通的契机。所谓"换位"，也就是常说的"将心比心""感同身受"，即走出自我中心，设身处地地站在别人的立场上看问题。只有当你

理解他人为什么这样做而不是像自己所想的那样做，才不会万事只从自己的喜好出发，才能避免人际交往中的摩擦与冲突。

4. 厚德载物，雅量容人

如果在生活中过高要求别人，那就等于孤立自己。"水至清则无鱼，人至察则无徒。"如果一个人要求与他交往的人都如天使一样纯洁，他就只能和上帝在一起了。古人说："君子当存含垢纳污之量，不可持好洁独行之操。"也就是说，如同污垢的地方生物多这一道理，君子应有容忍庸俗的气度和宽恕他人的雅量，绝不可因自命清高而不跟任何人来往以至于陷于孤独的境地。

世界上并没有绝对的真理，没有任何东西是绝对和孤立的。院子里只开一种花，再美都会显得单调。生活中每个人必然要和各种各样的人打交道，不能事事按照自己的意愿来做，这就必须学会适应社会和人生。因此，立身处世的基本态度应有清浊并包、善恶兼容的雅量。

5. 律己宜严，待人宜宽

待人要宽，律己要严。这是一种传统和规范的待人待己之道。在现实中，大学生都容易"以圣人望人，以常人自待"，假如大学生能以责人之心责己，就会减少许多误会。不过凡事都有限度，宽容和忍让不是无原则地无限退让，严于律己也不是凡事过分苛责自己，任何事情一旦过度，就容易走向反面。

6. 在交往中掌握好"礼仪"

中华民族是"礼仪之邦"，礼仪在交往中尤为重要。大学生要学会适应各种场合和各种生活中必需的礼仪，如迎送、拜访、介绍、馈赠、拒绝、道歉、外交、会务等，即熟练掌握待人接物的一般规则。

案例 7-3　这是真的我

三位女大学生同住一个宿舍。星期天，其中两个结伴去超市购物，没邀请小云。小云洗完衣服回宿舍一看两个同伴不见了，只剩下她一个人孤孤单单的，她既伤心又气愤。待那两个同学回来时，她本能的第一反应是假装不在乎，想把不满憋在心里以免显得自己软弱而被人轻视。最终小云实在忍不住，就把自己的不满、难受和气恼脱口而出。结果那两个同学不但没有轻视、讽刺她，反倒突然明白了舍友之间的友情对于小云是那么的重要，便忙不迭声地向小云道歉。

评论　著名心理学家西德尼·朱拉德说："只有向别人表露自己，才能逐渐了解自己。"表现真实的自我是为了更好地培养和增强积极的交际意识。如果案例中的小云假装满不在乎，始终把不满憋在心里，那又会怎样呢？表面看一时相安无事，但实际上她们之间的心理距离必然会疏远，其结果是各自烦恼。由此可见，不要怕表露真实的自我，只有让别人了解你的真实情感，别人才会觉得跟你的心理距离更接近了。

小故事大智慧7-3 楚王夜宴

楚王夜宴，忽然灯灭，有将军酒醉后失态调戏妃子。妃子手快，揪下了将军头盔上的红缨。楚王闻之，就让所有人都去掉头盔上的红缨，点上灯后再饮。后来，楚王战败落难，冒死相救的，正是当初调戏妃子的那位将军。

评论 虽然有时退让和宽容是建立在自己苦闷的基础上，但是乐的结果可能转化为苦，苦的结果又可能转化为乐，这是自然法则。任何事情都在发展变化着，苦悲可以转化，得失不是永恒。宽待别人就是宽待自己，只不过彼在此时，我在将来。

第四节 学会冲突管理 加强人际沟通

人际冲突是人际关系发展中不可回避的困境，一切人际冲突都是人际交往过程中的必然产物。怎样避免人际冲突的发生和人际关系的破裂是大学生非常关注的问题。

一、人际冲突的含义及其产生的原因

人际冲突是指人与人之间互不接纳、互不相容的现象，包括背离、排斥、侵犯等内容，表现为不满、拒绝、对抗、破坏等形式。引发大学生人际冲突的因素主要包括以下五个方面。

（一）个性心理因素

引发人际冲突的不良个性心理特征有：

（1）自我封闭。这种心理特征表现为不愿与他人交往，喜欢独来独往，不合群。由于不善于和不主动与他人交往，所以感到孤立，自我心理压力较大，生活态度不乐观。

162

（2）自我否定。这种心理特征表现为较自卑。由于在学习、社交、经济、家庭、相貌等方面不如别人而有强烈的失落感。遇事从坏处着眼，对自己没有信心，对同学和老师的话过于敏感。

（3）自我欣赏。这种心理特征表现为自我感觉良好，在各种场合都希望自己是中心。过多关注自己，自我定位偏高，忽略他人的感受，不尊重他人，易引起他人反感。

（4）盛气凌人。具备这种心理特征的一些学生大多是家庭、学校和社会的宠儿，走进大学后仍然被关注，心理上产生优越感，肯定自己，否定他人。在交往方式、态度上的尺度把握不好，造成对他人的伤害。

（二）利益冲突

这是由利益本位原因引起的，在争取自身最大利益的过程中同他人产生冲突。例如，评选优秀班干部，有两位同学条件都差不多，可是名额只有一个。此时，就容易产生人际冲突。

（三）信息差异

由于个人的经历、知识、经验态度特别是价值观的不同，人们对同一事物往往会有不同的认识、理解和评价，这样容易造成人际冲突，如大学生宿舍中常因争论某一个问题而引起人际冲突。

（四）情绪对立

当人们处于情绪上的对立状态时极易产生人际冲突。如大学生因违反校纪校规，受到批评而产生对立情绪。

（五）报复冲突

报复是人际冲突产生的主要根源之一。俗话说"以眼还眼，以牙还牙"，就是指人们对于别人的侵害行为往往采取同样的形式进行回报，"给对方一个教训"，如大学生甲让大学生乙在女生面前丢了面子，乙就会想办法让甲也丢一回面子。

对于人际关系来说，冲突可以带来挑战，也可以带来机遇。冲突的负面影响主要表现在由于心存芥蒂，双方沟通不畅，情感有隔膜，甚至相互诋毁、相互拆台或者由于互不相让、恶意攻击，从而导致双方关系破裂。但是，冲突也可能有正面影响，这类似于俗话说的"不打不相识"。正面影响主要有：一方面，双方把隐藏的不满、误解公开表达出来，可以通过辩论而得以澄清、化解，从而消除隔阂、增进理解、加深关系；另一方面，双方把各自的看法及其理由摆出来，通过建设性的争论可以形成"头脑风暴"，彼此激发新思想，最后找到解决问题的方案。

二、人际冲突的类型和发生过程

（一）人际冲突的三个层次

人际冲突有不同的层次和类型，布瑞克和凯利区分了三个层次的冲突。

（1）特定行为上的冲突，即双方对于某个具体问题存在不同意见。例如，两个人一起外出度假时，对搭乘什么交通工具意见不一，一个想坐飞机，一个想坐火车。

（2）关系原则或角色上的冲突，即双方对于如何处理两个人的关系及对在关系中各自的权利、义务有不同的理解。例如，同宿舍的同学可能在宿舍公共劳动怎样分工上存在分歧。在人际关系中，有些角色规范比较明确，也有一些角色规范比较模糊，如果两个人对于规则的看法不同，就难免会产生冲突。

（3）个人性格与态度上的冲突。这往往牵涉双方人格与价值观的差异，因此是较深层次的冲突。例如，同宿舍的同学之间可能因为性格不合而闹矛盾，在周末，一方很喜欢找一大堆朋友来宿舍玩，另一方则喜欢单独待在宿舍。

在人际交往中，这三个层次的冲突有时可能会交织在一起。行为的分歧可能引起关系原则上的矛盾，并进一步导致个性上的冲突。一般来说，冲突层次越深，涉及因素就越多，情感卷入程度就越高，矛盾就越复杂，解决起来也越困难。

（二）人际冲突的五种类型

冲突可能产生于客观存在的分歧，也可能根源于主观想象的矛盾。根据冲突的基础不同，研究冲突的著名学者多伊奇区分了五种类型的冲突。

（1）平行的冲突。在平行的冲突中，存在客观的分歧，而且双方都准确地感知到了这种分歧。例如，你和朋友在一起看电视，你很想看一个电视连续剧，你的朋友却想看足球比赛的转播，你俩都清楚地知道双方的愿望，却不愿意相让。

（2）错位的冲突。在错位的冲突中，一方可能有一个客观的理由，而且感知到冲突的存在，却不直接针对问题本身。例如，你觉得老师在期中考试时给你打的分数太低，心里不满，但是又不好直接去说，于是你就在课堂上提一些刁难他的问题。

（3）错误归因的冲突。在错误归因的冲突中，存在客观的分歧，但是双方对这种分歧并没有准确的知觉。例如，一位同学发现宿舍里面有异味，她很讨厌这种气味，以为是宿舍的同学没有及时洗衣服。所以见面时就警告那位同学不要在宿舍存放脏衣服，事实上，异味来自于另一位同学喝剩的茶水。

（4）潜在的冲突。在潜在的冲突中，存在客观的分歧，但是双方对这种分歧并没有什么感觉。

（5）虚假的冲突。在虚假的冲突中，双方有分歧，但是这种分歧并没有客观的基础。例如，你的同学举行生日聚会，你没有得到邀请，而他也正因为你没有去参加聚会而不满。事实上，他本来是打电话邀请你的，因为你不在，就拜托你的同学转告，但是你的同学却忘记了这回事。这时，双方的冲突纯粹是因为误会而引起的。

（三）人际冲突的五个阶段

冲突不是一种静止的状态，而是一个动态的过程，在这个过程中，冲突双方的认知、情绪都有可能发生变化。一般来说，冲突要经过潜伏、知觉、感受、外显和结果这五个阶段。

冲突的潜伏阶段是指导致双方冲突的客观条件已经基本具备，也就是说，双方在某些方面存在差异，难以兼容，但是双方都还没有明确意识到这种差异。当双方明确认识到这种差异，而且认为不能相容时，就进入了知觉阶段。当双方开始分析冲突性质，思考应对策略，还出现一些情绪化的反应（如紧张不安、不舒服、愤怒等）时，就进入了冲突感受阶段。在这个阶段，双方都需要作出选择，是回避冲突还是公开面对冲突？只要一方将冲突公开，就会进入冲突外显阶段，这时双方可能会发生言语上的争执、情绪上的对立，甚至行为上的对抗。在这个阶段，很容易出现冲突升级，将矛盾扩大化、情绪化。冲突意味着人际平衡关系被破坏，经过一段时间的互动，双方关系一般会达到平衡，即进入冲突的结果阶段。冲突的结果可能是两败俱伤，也可能是一胜一负，如果处理得当，就可能双赢。如果双方不能很好地解决彼此之间所面临的人际冲突问题，则有可能导致人际关系的破裂。

三、人际冲突的处理方法

冲突在人际交往中常常是一个令人感到棘手的问题。不论是同学之间还是师生之间、邻里之间，所发生的争执、吵闹甚至厮打等都是冲突的表现。冲突常常让人心烦意乱，造成人与人之间的不和乃至仇恨。心理学家发现，认清人际冲突或分歧的本质并学会建设性地处理分歧或冲突，可以有效地减少人际关系恶化和破裂的发生。

（一）处理冲突的消极方法

据统计，大学生在处理人际冲突时，常用的方法主要有以下几种，但也不是万全之策。

1. 回避

当冲突快发生的时候，如果一方回避现在的矛盾而离开现场，或换一个话题，或佯装被其他事所吸引，冲突可能就不会发生。如运用"好了好了，我还有很多事要做……""我们先不说这个……""我还有点事情，先走了……""你们看，今天的天气有点反常……"等类似的语言。需要注意的是，回避虽然可以暂时避开人际矛盾，但冲突不会因回避而消失，还有可能使问题沉积，延续其爆发时间。

2. 求和

求和是一种让步的做法。一般来说，遇到人际冲突就主动求和的人大多是缺乏安全感、担心自己的做法会使自己受到他人排挤的人，因此处处采取"投降"的政策，牺牲自己的某些利益作为求和的筹码。如"这次你还不去做值日？前几次都是我一个人做的。算了算了，还是我一个人做吧"。从表面看，求和化解了人际冲突，但是求和者常常会把不满情绪压在心底。这种不满的情绪迟早会爆发出来，从而引起新的人际冲突。

3. 决战

不少人在发生冲突时，绝不示弱，因此总采取决一胜负的态度；有些人为了压倒对方而取得胜利，常常不择手段，如破口大骂、诬陷、揭老底，乃至人身攻击、以势压人等。这种处理冲突的方法绝非明智之举，虽一时逞雄，却给对方造成了深深的伤害，使双方关系更加紧张、敌视，而且很难再修复。

（二）解决冲突的积极方法

在实际生活中，很多人际冲突都是可以避免的。学会用换位思考去体会别人的言行可以有效地帮助自己正确理解别人，避免判断的错误，也可以避免产生不恰当的体验和行为。对于已经发生了的冲突，如果处理得当，就事论事，通常不会给人际关系带来太大危害。心理学家经过研究，提出了五种解决冲突的有效方法。

1. 尽量避免争论

人与人之间发生争论是很正常的事，但是争论往往都会导致不愉快的结

果。事实证明，无论谁输谁赢都会令人很不舒服。赢者当时可能会获得一种心理满足，但很快就会被人际关系恶化的阴影所笼罩，一时的满足会烟消云散。输者的心理挫折感更加强烈，往往会演化为对他人的人身攻击。这些对人际关系是非常有害的，争论的结果往往是两败俱伤。

2. 不要直接批评、责怪和抱怨别人

直接批评、责怪和抱怨别人会使他人的自尊心和自我价值感受损，尤其会使别人面子上感到难堪。有时候只要稍稍改变一些方法，变直接批评、责怪和抱怨为间接的暗示和提醒，效果就会好得多，这就是所谓"坏话好说"的艺术。

3. 勇于承认自己的错误

勇于承认错误是人际关系的润滑剂。当人际关系产生障碍的时候，承认自己的错误是明智之举。虽然承认自己的错误是一种自我否定，但是承认错误会使自己产生道德感上的满足；另外，承认自己的错误是有责任感的表现，对他人也具有心理感召力，在此情境中的人际僵局会因此被打破。

4. 真诚地从别人的角度看事情，理解别人

当别人的观点或做法在你看来是愚蠢的时候，先不要直接表达你的看法，应先了解别人为什么这么想、这么做。当你站在别人的角度，用别人的眼睛看世界、用别人的心体验世界时，你会获得许多从来没有的理解，对看起来荒唐的念头和做法也能够理解和释然了。

5. 学会批评

不到万不得已时，绝不要自作聪明地批评别人。但是，有时批评是不可避免的。卡耐基总结的批评艺术很值得借鉴：批评从称赞和诚挚感谢入手，批评前先提到自己的错误，用暗示的方式提醒他人注意自己的错误，领导者应以启发而不是命令的方式来提醒别人的错误，给别人保留面子。

每一个人都有进一步发展人际关系的内在需求，也都拥有这样的潜能，重要的是要走出封闭、狭隘的自我。只要人人献出一片爱心，世界将会变得更美好。一个友善、文明的人际环境是健全个体的保证，也是健全社会的基础。大学生在交往中需要不断摒弃和克服各种心理障碍和不良交往习惯，以健康的心态去努力实践一切有关交往的学问与艺术，使自己的生活更有朝气。

案例 7-4　　臭棋引发的战争

大学生甲在午休时与人下棋，输了几盘心里不痛快。此时，边上观棋的大学生乙说了一声"臭棋"，这使他感到面子上过不去，就与观棋的大学生乙发生争吵，说："我下棋，你插什么嘴，你再说，我就打你。"观棋的大学生乙也不买账，说："你的棋艺是不行嘛，就是臭棋！"于是，大学生甲冲上去就给了大学生乙一个耳光，两人扭打在一起，后被同学劝阻。随后在食堂用餐时，大学生乙又突然从背后袭击大学生甲，导致大学生甲头部、身上多处受伤。

评论　大学生甲输棋后心里不痛快，产生了一些不良情绪，而大学生乙说话不讲策略，挫伤了大学生甲的自尊心，最终导致了斗殴事件的发生。不少人在发生冲突时，绝不示弱，抱着一决胜负的态度；有些人为了压倒对方，常常不择手段，如破口大骂、诬陷、揭老底，乃至人身攻击、以势压人等，往往造成人际冲突，这使得双方关系变得紧张、敌对，而且很难再修复。

小故事大智慧 7-4　机智的外交官

在联合国安理会的一次辩论中，苏联代表马利克贬低我国说："中国那么好，为什么林彪还要往苏联跑呢？"中国代表镇定地回答："尊敬的先生，你连这一点常识都不懂，鲜花虽香，苍蝇不照样往厕所飞吗？"

评论　以讥讽还击讥讽，是中性地应对人际冲突。人身攻击之类的不愉快事件是难免的，此时，讽刺也可作为防身的盾牌。

参考文献

[1] 张大均，邓卓明. 大学生心理健康教育：诊断·训练·适应·发展：四年级. 重庆：西南师范大学出版社，2004.

[2] 马建青. 大学生心理卫生. 杭州：浙江大学出版社，1992.

[3] 黄希庭. 大学生心理健康教育. 上海：华东师范大学出版社，2004.

[4] 刘明. 大学生心理危机及干预策略. 天中学刊，2002（4）.

[5] 郑全全，俞国良. 人际关系心理学. 北京：人民教育出版社，1999.

［6］江远，张成山．新编大学生心理健康教育．北京：清华大学出版社，2009.

［7］肖沛雄，陈国海，许国彬．大学生心理与训练．广州：中山大学出版社，1999.

［8］谭谦章．大学生心理健康教育．广州：华南理工大学出版社，2007.

［9］游永恒．大学生心理咨询案例集．成都：四川大学出版社，2005.

［10］汪向东．心理学的 100 个故事．北京：新华出版社，2008.

［11］王涛，席波，王翠丽，等．大学生人际关系困扰的心理社会影响因素研究分析．中国公共卫生，2007（5）．

［12］胡旋．卡耐基成功之道全书．沈阳：沈阳出版社，1996.

［13］肖少北，郑万发．大学生心理健康教育．兰州：甘肃文化出版社，2005.

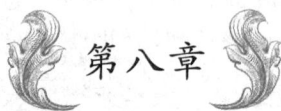

第八章

恋爱与心理健康

人不是因为美丽才可爱，而是因为可爱才美丽。

—— 托尔斯泰

爱情是个古老但又常谈常新的话题。古今中外，人们都对它津津乐道。正值青春期的大学生伴随着生理成熟和性意识觉醒，爱情悄悄地潜入他们的心扉，拨动着他们的心弦。但是，爱情既可以是美酒佳酿，给人以莫大的幸福和欢乐，让人陶醉；也可以是涩水苦果给人带来无穷的痛苦和烦恼，使人坠入深渊。对大学生而言，恋爱是他们成长过程中第一件依靠自己力量解决的人生大事。什么是真正的爱情、如何对待恋爱、怎样正确地恋爱等，都将成为每个大学生要面临的问题。恋爱问题处理得好，对他们的成长是很好的动力；处理得不好，对他们将可能是重大的打击。恋爱心理健康无疑是大学生心理健康一个极为重要的方面。本章将帮助大学生了解恋爱的内涵以及恋爱的心理特点，让他们学会正确处理恋爱中常出现的各种问题。

第一节　爱情的心理学研究

一、爱情的内涵

什么是爱呢？有人说爱是首诗，爱是支歌；有人说爱是付出，爱是全心全意；也有人说爱是浪漫，爱是激情……每个人心里都有一本爱情词典，答案各不相同。古希腊的哲学家柏拉图在以爱为主题的《会饮篇》和《斐德罗篇》的对话录中，明确地表达了他所崇尚的爱情："当追求美的享受的欲望控制了对正确行为的判断力之后，当这种欲望提供了一个名称——这种最强烈的欲望，叫作爱情。"简而言之，柏拉图认为爱情就是将善的、美的东西归于自身的一种欲望。弗洛姆在其名著《爱的艺术》一书中把人类的爱分为五种，即兄弟之爱、父母之爱、异性之爱、自我之爱以及神明之爱。本章要讨论的当属异性之爱，指的是异性之间特殊的感情，它是个体成熟和社会成熟达到一定程度后产生的特定男女之间相亲相爱、互倾互慕的一种美好的情感。

尽管人们对爱的定义各不相同，但其基本内容却是一致的，主要涉及生物因素、精神因素和社会因素三个方面。生物因素是指爱情产生于男女两性之间，异性相吸的生物本能使人产生性欲，从而具有与之相结合的强烈愿望。精神因素主要是指一种高尚的情操。爱情首先是一种强烈的内心体验，正因为两性间灵魂统一，因此产生了兴奋、喜悦、眷恋以及和谐的内心体验，最终达到精神上的情感交融。社会因素指爱情是社会现象，它一方面受社会道德、法律规范的制约，另一方面还将涉及养儿育女、传宗接代的社会功能。

一般而言，美好的爱情要经历一个萌芽、开花和结果的过程。男女双方培育爱情的过程称为恋爱，按进程一般又可分为初恋期、热恋期、恋爱质变期（失恋或结合）。处于恋爱状态的男女双方会产生特别强烈的相互倾慕之情，通常呈现出一些明显的特征：恋人之间常有眉目传情和语言的沟通；恋人之间有美化对方、只见对方优点而不顾及其他的倾向；恋人有力图完善自己而与对方协调起来的倾向；恋人会在日常生活的一举一动里表达对对方的关心，有"一日不见，如隔三秋"的感觉；恋人常会戒备对方被别人抢走，有独占对方的欲望。

二、爱情的类型

(一) 爱情关系的形式

根据心理学家李（Lee，1974）的研究发现，现代青年男女的爱情关系有以下六种形式。

（1）浪漫式爱情。将爱情理想化，强调外貌形体，陶醉于现实的快乐和情感上的互相吸引，追求罗曼蒂克的激情和令人眩晕的感觉。

（2）游戏式爱情。视爱情如游戏，只求个人需要的满足，只重视过程而非结果，对所爱者不肯负道义责任。在大学校园里，很多大学生看到身边的同学都出双入对时，生怕自己被别人看不起，于是迫不及待地找一个对象，他们只是试图用这种方式证明自己的"魅力"和"价值"。也有人用恋爱的方式来摆脱寂寞和烦恼，对恋爱对象的更换视为轻易之事，这些都并非真爱。

（3）占有式爱情。对所爱对象给予极其强烈的感情，并希望对方以同样的方式回应；对其所爱极具占有欲，对方稍有怠慢或忽视，就心存猜疑妒忌。好像偌大的世界只有他们两个人，除了对方，其他一切都显得黯淡无光。

（4）伴侣式爱情。由友情逐渐演变成爱情，温存多于热情，信任多于嫉妒，是一种细水长流、平淡而深厚的爱情。激情过后的婚姻，多半都是如此。

（5）奉献式爱情。信奉爱情是付出而非索取的原则，甘愿为所爱牺牲一切，不求回报。

（6）现实式爱情。将爱情视为对彼此现实需求的满足，不追求理想的爱情，因而会更多地考虑对方的现实条件。男子娶妻，煮饭洗衣；女子嫁汉，穿衣吃饭，正是这种爱情的典型。

(二) 健康和不健康的爱情

有的心理学家根据恋爱中男女双方对爱情的追求，进一步把爱情分为健康的和不健康的两大类。

（1）健康的爱情，表现在：①不过分痴情，不咄咄逼人，不显示自己的爱情占有欲，能够充分尊重对方；②将爱情给予对方比向对方索取爱情更能使自己感到欢欣，并以对方的幸福为自己的满足；③是彼此独立的个性的结合。

（2）不健康的爱情，表现在：①过高地评价对方，将对方的人格理想化；②过于痴情，一味地要求对方表露爱的情怀，这种爱情常有病态的夸张；③缺乏体贴、怜爱之心，只表现自己强烈的占有欲；④偏重于外表的追求。

三、爱情的成分

斯腾伯格提出爱情三元论，认为人类的爱情虽然复杂多变，但基本上不外乎以下三种成分。

（1）动机成分。爱情行为背后的动机对人类而言未必全是由于生理上的需求，但绝不能否认，性动机或性驱力以及相应的诱因如异性之间身体、容貌等特征是其原因之一。

（2）情绪成分。属于爱情的情绪，除了爱与欲之外，还可能夹杂着其他的成分，即所谓酸甜苦辣的爱情滋味。

（3）认知成分。爱情中的认知作用对情绪与动机两种成分而言是一种控制因素。如果将动机与情绪分别视为电流与火花，认知就是开关或调节器，它可斟酌爱情之火的热度并予以适度调节。

按照斯腾伯格爱情三元论的见解，虽然两性间的爱情形式因人而异，但其实演绎的都是这三种成分彼此不等量的混合形式。他还进一步将动机、情绪和认知各自在两性间发生的爱情关系分为热情、亲密与承诺，即以动机为主的两性关系是热情的，以情绪为主的两性关系是亲密的，以认知为主的两性关系是承诺的、守约的。理想的爱情应三者具备，且合而为一。斯腾伯格将这种境界称为"完美之爱"。

案例 8-1　这样的爱情是否幸福？

我和我的男朋友是同班同学。我们恋爱一年多，爱情几乎完全占据了我的生活。我平时活动不算多，爱好也不多，所以每天都盼望能和男朋友见面，可以说有点依赖他。我的男朋友是那种有大志向，为了工作而忙忙碌碌、每天恨不得有25个小时的那种人。他经常说，我们要有自己的生活、自己的志向，希望爱情只占20%～30%。他是单亲家庭的孩子，害怕婚姻关系，希望一辈子不结婚。

我看着他每天为了工作而忙碌，非常羡慕，心里想，如果能和他一起工作就好了。这里面既有我想锻炼自己的目的，也有想和他在一起的目的。于是，我就会忍不住问起他工作上的事情，有时候还会因为他总忙于工作忽略了我而生气。

我觉得自己是个很失败的人，因为我不能让对方感觉很舒服。我以前以为如果什么都让他同意我再做是不是就好了呢？结果这样做反而更糟糕。他说："我要的是平等的恋爱，而不是低姿态的乞求；要的是珍惜和理解，而不是怕失去的心惊胆战。"

他以前跟我说，他问过很多人，希望能帮我走出依赖他的境地，可是还是改变不了，所以有点绝望，希望我自己能努力变得独立。

现在他说，恋爱关系持续下去有点耽误我，因为他不想结婚，而且他也希望我能给他个人空间，保持距离，不要总掺和他的工作，这样下去才能长久，否则不知道哪天我们就要分开了。

现在我心烦意乱，讨厌自己的懦弱。

评论 爱情需要平等、包容、理解，更需要空间。

小故事大智慧8-1 什么是爱情

这是歌曲《爱的代价》中的一段旁白。

一个男孩对一个女孩说，如果我只有一碗粥，我会把一半给母亲，另一半给你。于是女孩喜欢上了这个男孩。

有一次村里发大水，男孩忙着去救别人，而没有去救女孩，别人问他为什么，男孩说，如果她死了我也不会独自活在这个世上。这一年女孩20岁，男孩22岁，女孩嫁给了男孩。

闹饥荒的年月，两人只有一碗粥，他们互相谦让，都想让对方吃下去，结果一碗粥三天后发了霉。那时他们分别是40岁和42岁。

当他52岁那年，因家庭成分不好被挂上牌子批斗，已50岁的她心甘情愿地陪伴着他。她告诉他："无论有多大的困难，你是我生命唯一的支流，我永远是你爱的源头。"

许多年过去了，他们成了70多岁的老人。在一次坐公共汽车时，有一位年轻人给他们让座，他们都不愿意自己坐下而让对方站着，于是两个人紧紧靠在一起抓着扶手。

这时车上所有的人都被这美丽的场景感染了，齐刷刷地站了起来，充满无限敬意的眼睛，仿佛看到他们心中的玫瑰花正在盛开，醉人的温馨里浸润着浓浓的爱意。

评论 什么是爱情？在至爱至亲的道路上，不管遇到什么情形，相互勉励与祝福，共同承受生活中的痛苦与磨难、幸福与快乐，一生一世。这就是爱情，不朽的爱情。

【知识链接】关于"毕婚族"的一点看法

"毕婚族"是指一毕业就结婚的大学生群体,"先婚姻,后事业"的早婚观似乎越来越为 80 后一代所接受。而"毕婚族"选择毕婚的原因总绕不开以下关键字:爱情、就业、压力、"剩女"、婚姻观、价值观……

怎样的婚姻规划才是好的?

婚姻规划没有好坏对错之分,只有适合不适合之分。如果婚姻和人生规划有一个标准答案,那么人生也就没有意思了,千姿百态才是幸福之源。因此,贤达之士不必总妄想着规范这一代大学生的婚姻生活,每一代人都会搞搞新花样,让上一代人莫名紧张一下,这一代人也不会例外。

"毕婚族"现象蕴含着怎样的优点和弊端?

职业心理学的研究表明,婚姻与事业的关系存在两性差异,婚姻对于男性事业发展影响不大,而对于女性事业的发展存在很显著的影响。一般而言,女性在婚姻之后(尤其是有了孩子之后)必然会经历一段事业的低谷期。对于"毕婚族"的女性而言,她们选择将社会就业不景气时期与自己的事业发展低谷相融合,以待未来形势好转之时再追求事业,这与有些毕业生选择考研究生争取再留学校三年有异曲同工之妙。

至于弊端,与一般的婚姻无异。

听说过柏拉图吗?他问他的老师什么是爱情?老师要他到麦田里找一粒最饱满的麦子回来。他到了麦田里边走边找,看到很多很好的,但想到只能选择一粒,所以他想或许前面还有更好的,就这样快到了尽头,发现再看到的还不如前面看到的,于是他空手而归。这就是爱情!婚姻呢,老师要他去玉米田里掰一个最大、最好的玉米回来,他吸取了上次的教训,挑了一个很普通的玉米回来,但是回来时发现其实还有比手里这个更好的,但是也只能选一个。这就是婚姻!

评论 所谓的"毕婚族"就是那些早早拿到"玉米"的人,"毕婚"无所谓对错,但我们必须要清楚的是,每个人都要为自己的人生选择负责。

第二节　大学生的性心理发展

　　人类性心理的发育和成熟要经历一个逐步发生和发展的过程。青春期性心理发展的历程主要包括性意识由朦胧到觉醒的健康发展阶段，性情感由波动到稳定的逐渐发展，以及性适应由不适应到渐渐适应良好的发展三个方面。

一、性心理发展

（一）性意识的健康发展

　　性意识是人对性的认识和态度。大学生性意识的健康发展包括意识到性别内涵、两性差异、两性关系以及对待两性的态度和行为规范。此过程可大体划分为以下几个阶段。

　　1. 性意识潜藏期或幼稚期（约 10 岁以前）

　　这一时期，个体知道男女生殖器官不同、小便方式不同，也知道结婚、生孩子等现象。尽管孩子们可能在游戏中扮演"爸爸""妈妈"，可能手挽手打闹嬉戏甚至相互拥抱、亲吻，也可能相互观看或抚弄生殖器官，但他们仅仅是对性感到好奇，并不理解性的本质特征和内在含义，并未形成对异性的特别情感。这就是所谓"青梅竹马，两小无猜"的时期。

　　2. 同性集团期或对异性逐渐疏远期（10～12 岁）

　　这一时期，在生理方面尤其是第二性征上的差异日益明显，彼此间产生了一种不安、害羞的心理。在大多数情况下，男孩和女孩各自进行自己喜爱的活动，同性交往趋向加强，心理学家称之为"同性集团期"。此时，从表面看，男孩和女孩之间界限分明，彼此很少来往，即便有活动也尽量避免接触，更忌讳个别交往，担心他人非议。但事实上，他们的内心并不存在任何拒绝与异性交往的动机和理由，有的早熟者还可能热恋着某一特定的对象。

　　3. 性意识朦胧期或渴望了解异性期（12～15 岁）

　　这一阶段，随着生殖器官的变化，第二性征发育和性冲动的产生，个体对性问题有了一知半解，加之社会生活中种种性现象的刺激影响，少男少女产生了一种渴望了解自己身体变化和异性的秘密意向。孩子们十分注意收集和交流有关性的知识，女孩中讨论的常常是月经初潮和男女性爱；男孩中最吸引人的话题常常是有关女性的秘闻，如乳房的隆起和颤动、初潮用品等，

而不是他们自己。此时，同性集团趋于瓦解，女孩开始对男孩产生好感，乐意跟他们一道玩；男孩也喜欢在女孩面前展现才华，以博取女孩的欢心。男女同学在一起时，彼此都觉得特别愉快，这是性意识萌动的表现，是一种正常的性心理现象，心理学家称之为"异性效应"，而不是成人强加给他们的"谈恋爱"行为。

4. 性意识的初步形成期（15～17岁）

亦即"情窦初开"的时期。此时，男孩和女孩的生理发育正在冲刺，但心智尚未成熟。女孩努力用身心去塑造一个窈窕淑女的完美形象，对男孩存有某种思念和期待，迷恋男性的影星、歌星和球星，向往爱情小说的情节，把自己当成女主角，常常陷于一种悲欢离合的情绪中；而大部分男孩已经体验过射精的性快感，他们周身充满了强烈的性欲，希望与女孩交往，渴求接吻、拥抱甚至性交。由于在这一时期初次与异性亲密接触，他们往往不能控制自己，只要稍微受到一点性刺激，反应就十分强烈，有时可能陷于难以自拔的境地。

5. 性意识成熟期（18岁以后）

在性意识的成熟期，男女之间的交往变得习以为常，男女双方既能从容对话，也能非常自然地共同学习和活动。由于男女双方相互增进了了解，对异性的认识基本成熟，所以可以明确决定自己钟爱的对象并与之友好相处，直至发展成为真正的恋人关系。异性之间不再有什么羞涩感和紧张感，无论是一般的正常来往还是恋爱，都可以直截了当地交谈，不需要煞费苦心地猜测对方的真实意图，这就大大减少了单相思带来的痛苦。

性意识成熟的主要指标有：

（1）能正确理解男女两性的意义，正确对待和处理与异性朋友的关系，其基本要求是能够区别异性之间的一般来往、友谊和爱情的不同，把握好交往的尺度。

（2）具有正常的性冲动和性需要，表现为能以社会认可的方式追求异性对象，与之恋爱、发展并确定爱情关系。

（3）形成正常的性情感和性意志，能自觉按照社会道德规范和法律的要求主动控制自己的性冲动和性行为，这是一个人性心理成熟的主要标志。

（4）能有效建立一个以爱情为基础的和睦家庭，完成养育子女的社会责任。

（二）性情感的稳定

大学生在与异性接触时会产生愉悦的感受，这种情绪体验就称为性情感。

大学生的性情感就像天上的云，来得快去得也快，说变就变，而且往往产生不少错觉，一厢情愿地把对方的无意表现解释为爱情来临。当大学生不断成熟时，他们的性情感才能趋于稳定、成熟，避免无节制的投入或盲目追求异性。

（三）性适应良好

包括对身体性征等生理变化和性心理变化的适应、同异性相处的适应、对社会道德约束与行为规范的适应。刚进入青春期时，许多青少年会适应不良，但随着年龄的增长和人生阅历的增加，自然会有所进步、不断成熟，最后达到性适应的良好状态。

二、性心理健康的标准

根据性心理健康的内涵，个体的性心理健康应该符合以下标准。

（1）能够正确认识自我，愉快地接纳自己的性别。一个性心理健康的人能够正视自己性生理的发育和性心理的变化，会自觉地把自己放在社会这个大背景下来认识自我，能客观地评价自己和他人，并乐于承担相应的性别角色。

（2）具有正常的性欲望。性欲望是能够获得性爱和性生活的前提条件。因此，要有正常的性心理首先就得具有性欲望。一个人如果没有性欲望，就不会有和谐的性生活，性心理健康就无从谈起。

（3）个体性心理特点和性行为符合相应的性心理发展年龄特征。在生命发展的不同年龄阶段，人的心理发展表现出不同质的特征，性心理的发展也同样呈现出阶段性的特点。如果一个人的性心理与大多数同龄人格格不入，就极可能是不健康的性心理。

（4）性心理健康的人具有较强的性适应能力。性适应是指个体在生长和发育过程中，性活动（包括性欲望、性意识、性观念及相应的情感、品质和性行为）所处的社会环境和文化形态之间形成的一种和谐关系，也就是性生理、性心理、性社会三要素在性生活过程中交互作用而显示出的一种协调状态，即性适应就是个体的性活动与外界形成的一种和谐关系。性适应能力的获得是一个漫长、复杂的过程，它是伴随着个体的性生理从不成熟到成熟的过程而逐渐建立起来的。它表现为个体的自我同一性的建立；能够正确对待性生理成熟所带来的一系列生理和心理变化；在出现性冲动后，能够正确地释放、控制、调节性冲动，使之符合社会规范的要求等。

（5）性心理健康的人能和异性保持和谐的人际关系。随着性生理和性心理的发展与成熟，希望与异性交往，并能保持良好的关系是个体自然而正常的性要求。性心理健康的个体能够在日常的学习生活中与异性进行自然的、符合社会规范要求的交往，且在彼此的交往过程中，能保持独立而完整的人格，有自知之明，不卑不亢，能做到相互尊重、相互信任。

（6）性心理健康的人其性行为能弘扬社会文明风尚。性心理健康的人具有一定的性知识和性道德修养，能自觉去分辨性文化的精华与糟粕、淫秽与纯洁、庸俗与高雅、谬误与真理，能自觉抵制腐朽没落的性文化的侵蚀，并以自己文明的性行为、性形象去为整个社会的性文明构筑一道亮丽的风景线。

案例 8-2　　性的迷惑

小樊与小路是高校"夫妻部落"中的一员，两人在校园附近租下一套房子，过起了同居生活。两人在接受记者采访时坦言双方对未来都没有太明确的想法，目前生活在一起只是为了"相互取暖"。

最近一个对高校大学生的调查表明，在受调查的同学中，有13%的人坦言大学期间有过性行为。

评论　要健康、科学地对待性问题、了解性问题，更要理智思考并约束自己的行为，这是大学生精神健康很重要的一部分。

第三节　大学生恋爱心理的基本特点

一、大学生恋爱的特点

（一）恋爱现象大众化、公开化

伴随着高校对大学生恋爱问题从明文禁止到不提倡也不反对的"二不"态度，直至现在社会各界对这一问题的普遍默许，大学校园里出双入对的学生情侣越来越多，大学生的恋爱现象也从以往的"地下活动"转变成如今的公开行动。在校园食堂、教室、马路上、宿舍楼前等一些场所，男生女生携手并肩早已司空见惯，甚至有些在教室里搂搂抱抱或者做出一些更为大胆的亲密举动也已经不再让众人争睹。

（二）带有梦幻色彩

对于生活在校园里的大学生来说，这里远离了世俗的纷扰，他们对未来充满了期待和憧憬。他们大多受言情小说或电视剧中帅哥美女之间完美爱情的影响，并依此勾画自己理想的伴侣，强调理想、志趣、品质、性格等精神层面和容貌等外在条件，而对承担实际生活困难的能力、责任等条件则重视不足。因此，当代大学生的恋爱具有更多的梦幻色彩。

（三）恋爱关系不稳定，容易变动

大学生社会阅历较浅，加上正处于青春萌动期，因此，他们的恋爱大多是冲动型的，往往通过短暂交往就确定恋爱关系。而在恋爱过程中，他们大多数人不善于处理恋爱中的纠葛，把矛盾、摩擦都与感情联系起来，不顾及许多客观条件的制约，从而情感波动较大，分分合合，变化无常。还有许多大学生只想在大学期间体验恋爱的滋味，以至于对恋爱中可能遇到的问题和结果并没有足够的思想准备，因此很容易因为一些小事而中断恋爱。现在流行的一些不健康的恋爱观念，如"不在乎天长地久，只在乎曾经拥有"，也对此起了一定的推波助澜的作用。

（四）恋爱对象的多元化

这是指男女双方在恋爱过程中，双方或一方同时与恋爱对象以外的异性进行交往，并且对这些异性都具有超越一般友谊的心理倾向，即潜在地把他们作为自己的恋爱对象加以考虑，只是暂时未公开。这是因为当代大学生的交往范围比较广泛，在没有对爱情作出最终选择之前，他们希望通过更多的交往找到更适合自己的爱情。这是对爱情的慎重态度，无可厚非，它与事实上的多角恋爱不同。但是，这种多元性特征存在的广泛性和长期性恰恰反映了当代大学生心理不成熟和恋爱目的不明确的特点。而且，其中也不乏由这种心理倾向的多元化走向多角恋爱的事例，这一点需要我们的关注与引导。

（五）恋爱突击进行

这种突击的特点在刚进大学和即将毕业时表现得最为明显。大学新生独立生活的能力还不强，一时难以融入集体生活，面对陌生的学习和生活环境表现出较大的空虚感，为了寻求心理安慰或者迫于环境的压力，而选择盲目从众的突击恋爱。临近毕业时，是大学生突击恋爱的又一个高峰期。特别是在最后一个学期，考研的都知道了结果，找工作的也已经签了合同，紧张的学生生涯告一段落了。很多大学生都觉得不在大学期间谈一次恋爱太遗憾了，因此他们都试图抓住大学的最后时光，让自己"恋"上一回。这种匆匆确定

下来的恋爱关系，随着两人毕业后的各奔东西，也将面临更多的考验。

（六）恋爱自主性强

大学生在恋爱问题上，个性突出，重感情，易冲动，不受传统习俗的约束，在确定恋爱关系前，甚至在确定恋爱关系后，一般都不征求双方父母的意见。

（七）恋爱投入时间过多，对学习、生活、同学交往影响较重

大学生恋爱投入的时间和精力都比较多。很多同学一旦恋爱，便陷入两个人的小天地，一同上学、一同吃饭、一同自习，在恋爱方面花费很多的时间。一方面，学习成绩容易受影响；另一方面，和同学的交往大大减少，失去了很多朋友。很多恋爱的同学都认为在得到感情的同时也失去了很多。

二、大学生恋爱的类型

（一）理智型

所谓理智型是指能用理智引导爱情，把感情融洽、志趣相投、事业成功作为爱情的基础，正确处理恋爱与学习、爱情与友情的关系，把幸福的爱恋转化为学习和奋斗的动力。这类学生不仅学习努力，参加社会活动也很积极，双方表现都很好。

（二）感情型

表现为感情胜于理智，易于冲动，容易陶醉于爱情之中而忘却一切，感情用事，严重地影响了正常的学习和生活。

（三）慰藉型

处在"狂风骤雨"时期的大学生，他们敏感冲动，容易与周围发生冲突，但他们又渴求被人们理解和关心，因此心中常有一种莫名的惆怅和孤独。当周围的氛围不能满足这种心理需求时，有的学生往往以恋爱的方式向异性伸出求援之手。在外人看来，他们是在谈情说爱，其实他们不过是在寻求心理慰藉，以排遣内心的孤寂。

（四）效仿型

在大学校园里，恋爱已经成为风气。一些大学生看到身边的同学都有了恋爱对象，为了不使自己显得无能，为了自尊心和虚荣心，也学着别人的样子，匆匆地谈起"恋爱"。这是一种不正常的心理。

（五）"开放"型

少数学生受社会和西方一些不良风气影响，对恋爱极不严肃，毫无道德和责任感，追求的是"杯水主义"和性解放，自认为是开放、新潮和前卫，这不仅害了别人，也害了自己，败坏了校园风气，产生了恶劣的影响。

案例 8-3　　原来天使也会累

她和他是青梅竹马。只不过，一直都是他小心地呵护着她。他大她三岁。在学校时，不同年级、不同系，但他的体贴却无处不在，他并不是每天都来找她，但每晚临睡前电话总会响起，说一些天冷了记得加衣服、晚上别在被窝里看书的话。所有的人都知道她有一个为她甘愿付出的男友。她嘴里不说，心里却是得意的。他在校园里并非默默无闻之辈，长相俊朗、才气逼人，是许多女孩子暗恋的对象，这样的一个人却独独对她用情至深。

她知道他的好，但她是父母宠坏的孩子，他就像是她父母的接力棒，父母不在身边时接着宠她，所以她撒娇、任性，有时候蛮不讲理。

每次他们吵架，他生气走开，但最后回头的总是他。他说："丫头，我们和好吧。"

她的心里涌出泪来，其实她是那么害怕失去他。

相继走出校园，他们选择生活在一起。她是娇生惯养的女孩，生活的琐碎让她不胜其烦，他主动承担了大部分的家务，照顾她，一如既往地宠着她。

但她却觉得，他开始干涉她的生活了。一次她下班和男同事喝酒，深夜才回去，他大为震怒，夜里睡到了另一个房间。

几天后的夜里，他主动拥抱了她，跟她说对不起。

他们的争吵不断，但每次都是他转身说对不起，虽然她觉得等待他转身的时间越来越长。

后来有一次，他们为一件小事争吵后，他走出了她的房间。

一天、两天、三天，她等待着他转身。

一个星期后，她耐不住这种等待的痛苦，决定去外地几天，她想，当她回来的时候，一切都会烟消云散了。但当她回来时，惊恐地发现，房间里已经没有了他的痕迹。他已辞职，去了外地。她没有想到他会采取这种决绝的方式。她知道自己是深爱着他的，那么多的争吵都是因为自己任性，不懂得珍惜。而他，不是一直包容着她，扮演着感情的天使吗？很久以后，她把这件痛心的往事讲给朋友听，仍然不明白为什么他会突然离去。朋友听了，突然说："为什么你不转身呢？"那一刹那，她泪流满面，多么简单的一句话，

可是当初为什么她没有转身呢？

评论 美好的爱情总会有无数次的转身，那个最先转身的人是他们爱情的天使。但如果每一次转身的都是同一个人，天使也会疲倦。

小故事大智慧 8-3　洒满幸福的二百二十级石梯

以前，有一个天真、傻气的女孩和一个粗犷、豪放的大男孩，他们进入医科大学不久，在班里与几个有点儿个性、有点儿张扬的意气相投者结成了死党。周末结伴游玩，彼此间无话不谈，青涩懵懂的心里没有一丝芥蒂。他们的校园依傍长沱二江、坐落在城市的风景区，樟林苍翠，景色宜人。山脚下是附属医院，也是他们上临床课、实习的地方。

连接大学和附属医院之间有一条壮观的"天梯"。因有220级石梯而誉名"二百二"，也是校园有名的景点。他们逛街、购物、看电影、游玩都喜欢从那儿经过。一为远离马路上的尘嚣，二为走走捷径，三为细数石梯的精确数字。只不过次次都被一个个鲜活的话题所岔开，抑或是被嬉哈笑闹所扰乱……

渐渐地，男孩那懵懂的心开始飞扬，悄悄喜欢上了她。而骄傲、率真的女孩仍旧是那少不更事的青涩果子。一个月牙儿高挂的夜晚，男孩把教室里的她约了出来。在昏暗的路灯下，他腼腆地对着她说了些八竿子打不着边际的话，直到最后，主题还未浮出水面，末了，撂下一句："晚自习后再来找你。"这件事以后，男孩再没有主动相约过，也没向她直陈心事。他们的情感却由此进入了动感地带。校园里偶然相遇，彼此的眼睛里似乎多了一份关注。明里依旧是好朋友，暗里她却种下了一个心思，留意起他的一些细节来。这些细节，女孩都记在脑海里，放在心尖儿上，如同被冬日里的阳光温暖着……

大三了，上课的地点从山上移到了山脚下的阶梯教室。男女同学总是三三两两邀约成伴，晚上也喜欢下山来温书复习。周而复始，每天往返一两次，男孩和女孩只是习惯走那220级石梯。掐算着走在石梯上，一步一步，她（他）只是想偶遇他（她）的影子，或前或后。

又是一个月牙儿高挂的夜晚，女孩和另一个班里的女友相伴去山脚下的阶梯教室。她们分别在自己的教室温书复习，只是相约同归。

阶梯教室里面静静的，偶有闲适的人像贼似的悄悄吃瓜子，弄出了清脆的响声，惹得众眼球四处扫动。女孩看见了男孩在教室里，和他的死党在一起。男孩也看见了女孩在教室里，唯独不见和她平日里在一起的女伴。终于，女伴来了，她们收拾书本走出了教室。在她踏出教室的那一瞬，她的余光看见男孩和他的死党也起身离开了教室，尾随在她的身后。

走上了印下无数次足迹的220级石梯，女孩和她的女伴在前，男孩和他的死党在后，保持着温馨的距离。女孩知道男孩的心事，心中洋溢着被爱的感觉，那种感觉只有一个词可以形容，就是幸福。男孩愉悦地跟在后面，和同伴说着话，眼睛却飘忽到了女孩的身上。那双含笑的眼睛在月色的辉映下竟然也是很幸福的样子。

一样的月色、一样的石梯，只有心有灵犀的她和他才明白，那一级级石梯早已把他们细碎的心情一点一点灵动在了一起，小小的心满溢着幸福、快乐……

评论　幸福的爱情是一坛美酒，它需要恋人齐心协力，共同酿造，时间越长，酿得越醇。

第四节　大学生恋爱中的心理困惑

在校园里，谈恋爱的大学生越来越多，而出现的问题也越来越多。由恋爱问题引发的心理困惑主要有以下几种。

一、大学生恋爱的心理困惑之一：我可以恋爱吗

这个问题需要从生理和心理基础方面考虑。

（一）我长大了吗（生理基础）

大学生的年龄大多在18~24岁之间，在这一年龄段，他们生理各方面的变化虽然不像青春期那样明显，但仍处在迅速发展阶段。处在这一年龄段的大学生在体格、体重、力量、内脏器官、大脑、神经系统以及性器官等方面都基本发育成熟或趋于成熟。这种生理上的成熟，特别是性器官的成熟和第二性征的发育必然导致性意识的萌发和觉醒，导致对异性向往和爱慕的情感产生，这是人类的自然属性。

（二）我够成熟了吗（心理特点）

真正的爱情具有成熟性，是在个体身心都发展到相对成熟的阶段时产生

的情感体验，幼儿是没有爱情体验的。很多大学生具有相对成熟的生理，但在心理上却依然是个小孩子。首先，缺乏自主性。在诸如工作、学业甚至在很多生活小事上缺乏自主性和自我控制，表现出对父母和老师的高度依赖。其次，没有自我认同感。进入大学后突然要自己应付生活中的重要问题了，这种改变造成的混乱使很多大学生感到烦恼甚至痛苦。有的人开始问自己"我是谁"这个问题，然而却不能作出很好的回答，不理解自己是怎样的人，不能接受并欣赏自己，出现角色混乱的现象。最后，以自我为中心和缺少责任感。爱情是具有利他性的，而21世纪的大学生大部分都是独生子女，从小在蜜罐中泡大，一家人都围着自己转。到了大学以后，仍然不能摆脱以自我为中心的思维模式，凡事都先考虑自己的得失，关注自己的欢乐与痛苦，不能发自内心地帮助所爱的人做其所期待的事情。面对困难和挫折，也更多地选择逃避和推脱。你能想象和一个缺乏自主性、缺少自我认同感、比较自我和缺少责任感的大学生恋爱会是怎样一番景象吗？

（三）我用什么来恋爱（客观条件）

爱有多醉人就有多伤人。爱是要付出代价的。大学校园里的爱情是最单纯、最浪漫、最轰轰烈烈的，但也是一件最麻烦的事。大学生在经济上还没有完全独立，仍需要父母的支持，在恋爱的过程中，尤其是男生在追求恋爱对象的时候可能会盲目地与同学攀比，认为在物欲横流的今天，爱情都是建立在物质基础之上的。因此，请客、送礼、过节、旅游成了恋爱的常规节目，从而增加了不少的经济支出和心理压力。

恋爱中的双方时刻都想沉浸在二人世界的幸福中，哪怕只是待在一起，什么事都不做也愿意。恋人的一举手、一投足都会深刻地影响自己的心情。恋爱开心的时候，觉得如沐春风，浑身都是力量；恋爱中吵架或闹别扭的时候，觉得天都要塌下来，什么事情也做不下去，满脑子都是乱糟糟的事情，几天都打不起精神来；在感到孤独的时候，需要对方的陪伴和宽慰。如此反反复复，日子也就一天天过去，恋爱费神又劳心。大学生正处在增长知识和掌握本领的最关键时期，学习、锻炼、社会实践等都需要时间，那恋爱的时间又从哪里来呢？

二、恋爱心理困惑之二：我为什么恋爱

爱情是世界上最复杂、最神秘和最吸引人的情感。在如今的大学校园里，大学生恋爱已成了普遍现象。那么准备恋爱、正在恋爱和已经经历了恋爱的

大学生，你们有没有问过自己"我为什么要恋爱"这个问题呢？你的答案是什么呢？

（一）我碰到了自己的梦中情人

许多大学生在大学校园里，碰到自己的梦中情人时都会情不自禁地坠入情网。一看到他（她）就心跳加速、面色发红，甚至手脚都不知道该往哪里放，每天都会忍不住思念他（她）。于是，一个美丽的爱情故事就开始了。

（二）我孤独寂寞，需要别人的陪伴

许多大学生远离家乡、父母、朋友，孤身一人来到异地他乡，又不能很快地适应大学生活，因而常常有被冷落、被抛弃的感觉，在节假日里这种感觉尤为明显，孤寂之感随时袭来。加上大学生活如果不会合理安排和规划的话，很多时间就会无事可做，生活无聊单调。处于青年时期的大学生的敏感、冲动、孤傲等特点使他们跟别的同学关系复杂，难以亲近相处，但他们又渴望被关注，渴望情感的交流。当无法从周围获得这种心理需求的满足时，就借助爱情来填补心中的空虚寂寞，或摆脱人际孤独，或用之来代替父母的关爱。

（三）别人都谈恋爱，我也谈

这与从众心理有关。如果一个群体中，特别是同宿舍中大部分的同学都在谈恋爱，这会给那些没有恋爱的同学带来压力。处于青年期的大学生，往往缺乏充分的自我肯定，看到别人成双入对时心中往往会产生一种不平衡感，觉得不自在或很没面子。有的同学会认为没有男（女）朋友是因为自己没有魅力。为了证明自己，很多人就随意找人谈恋爱。

（四）渴望体验爱情，满足好奇心

大学生正处于喜欢探寻自我世界的阶段，加上受电视剧、言情小说中爱情故事的影响，对于没有经历恋爱的他们来说，爱情具有很强的吸引力。不少大学生对爱情充满了向往和好奇，渴望亲身体验，所以当机会来到时，即使可能不爱对方也会尝试，以满足自己的需要和好奇心。

（五）为了获得经验，不想因为没有恋爱过而留下遗憾

不少大学生把恋爱当成大学里的必修课之一，认为在大学里谈恋爱可以为以后的恋爱积累经验，觉得如果大学阶段不谈恋爱太亏待自己。也有很多过来人说，只有大学里的爱情是最纯洁、最神圣的。那时的恋爱双方都只讲感情，没有双方家庭的介入，也没有沉重的责任压力，比较单纯，不像毕业工作后的爱情那么现实和功利，所以应该经历一下大学里的纯真爱情，否则

将来会后悔。所以很多人都会在离开学校之前找机会体验一下恋爱的感觉。这种因为不想在大学毕业后有遗憾而开始的爱情一般都是以遗憾而结束，尤其是那些大四的"黄昏恋"。刚刚开始或进入热恋阶段，却因为工作而不能在一起，或因家里的反对而分开，不仅要忍受难熬的相思之苦，还要花更长的一段时间从这段恋情中走出来。

（六）出于对毕业后的考虑，为自己找出路

近年来，一向被认为是"象牙塔"的大学校园也受到社会上一些功利思想的影响，不少大学生的恋爱动机难免被这种思想影响。他们把恋爱作为达到自己某种目的的途径，精于为自己的利益打算，刻意与那些家庭经济状况好、社会地位高、有海外关系等条件的人谈恋爱。谁能为自己找个好的单位就跟谁谈恋爱，谁能为自己的吃、喝、玩、穿提供方便就主动找谁谈恋爱，这种现象在如今的大学生中也不少见。

三、恋爱心理困惑之三：爱与性的困惑

（一）我可以将亲密关系进行到什么程度

当代大学生对婚前性行为的态度越来越宽容，贞操观的重要性也有所下降。有的同学认为发生婚前性行为是很自然的事，在他们眼中，结婚只是一种形式，婚前性行为对以后的婚姻是有益的，因为可以增进感情、积累经验；也有的同学纯粹是为了满足自己对异性的好奇和生理需要而发生婚前性行为；也有的人是为了金钱而发生婚前性行为，甚至觉得这是一种权利，别人无权干涉，是你情我愿的事情。大学生应尽量控制自己的欲望和好奇心，专心将精力放在提高学业水平和综合素质上。

（二）手淫有罪吗

据玛斯特斯和约翰逊对人体性行为的实验研究，手淫与性交引起的生理反应基本相同，对身体没有特殊的不良影响。大量的调查数据也证明，大学生时期，适度的性自慰对日后智力、成就、社会适应以及生理和心理都没有任何不利影响。

（1）它是青春期自我发现、逐渐了解自己身体和情感的一种方式，对个体顺利成长、性成熟时建立正常的性反射神经通道以及性反应来说都是必需的，故国外已经有人开始把手淫的年龄看作性心理发育的一项指标。倘若采取恫吓、责骂、鄙视的态度来对待大学生的手淫，极有可能造成其心理创伤。

（2）把性冲动集中到生殖器上，使性冲动得以宣泄而不必利用别人，是

青春期到结婚前不通过性交行为释放性能量的一种正常形式。有人幽默地指出其优点在于：你是和一个喜欢的人（自己）发生性行为，不用去闯"性乱"的红灯，不与传染源接触，不会有怀孕的风险，容易达到性高潮，能维持健康的性生活，故而是一种对自己、家庭和社会都无害的性能量宣泄方式。

（3）对因各种原因（如自己身体条件有局限、长期在野外工作无法接触异性等）而不能拥有正常性生活的人群有积极作用。

（4）手淫也是性医学用来诊治某些与性功能障碍有关疾病的有效手段。

但是，毫无节制的自慰会使人经常处于兴奋状态，让身体得不到充分的休息，使人感到疲劳，导致食欲下降，严重者还会出现神经衰弱现象。同时，过度的自慰会造成泌尿生殖系统的持续充血和其他病变，如男性可引起前列腺炎、精囊炎、尿道炎、精索静脉曲张等。女性则可引起慢性盆腔充血、白带增多等，所以，医生建议自慰次数每月 2～4 次为宜。

（三）性心理有正常或异常之分

性心理异常是指与生殖活动没有直接关系，而是寻求性兴奋满足的对象和方式与常人不同，且违反社会习俗。

1. 性角色混乱

它是指性身份异常的心理现象。往往是由于童年角色错位体验引起性角色自我定向偏差从而产生性心理障碍。例如，一位长相清秀的男生曾多次要求医生给自己"改造性别"，因为他喜欢异性身份，为自己的男性身份而烦恼，这是由性别角色认知错位所致。

2. 同性恋倾向

它是一种性对象异常的心理表现。它把性欲和性动机指向同性，在同性对象出现时能引发冲动，获得性满足。由于同性恋往往对同性产生好感，而对异性不感兴趣或排斥，所以它是一种性对象偏离的性心理障碍。例如，某女孩在高一时非常喜欢自己的同桌，她们整天形影不离、无话不谈。其中一位经常以男士角色出现，身着男装，处处"保护"她的同桌。她们在一起经常伴有兴奋和快感的体验。目前从世界范围来看，人们对同性恋的态度越来越宽容。

3. 恋物倾向

它是指性指向偏差，除对异性产生兴奋外，还对异性的物品（如异性的内衣裤、用品）以及异性躯体的某一部分产生性兴奋并引起性想象，从而获得性满足，这种现象也称为"恋物癖"。

4. 窥阴倾向

它指自身没有正常的性要求，不图谋接触异性，而是通过窥视别人的性生活或偷看异性裸体来激发性欲产生快感，如窥视女厕、女浴室等。

5. 性暴露倾向

它是指通过裸体或显露自己的生殖器而求得性快感的心理异常表现，也可称为"露阴癖"。

案例 8-4　爱情的需求

我一直都很惧怕恋爱，因为不知道这个世界上爱情还可不可以天长地久。

在我 9 岁的时候，父母离异了。法院把我判给了父亲。两年后，父亲结婚了。一年后，他们有了自己的孩子，我多了一个同父异母的弟弟。我的母亲离婚后去了广州，直到我上大学才再婚。

可能就是这样的家庭环境塑造了我相对独立的性格。父亲并不是一个细腻的人，继母对我虽然还算不错，但照顾也只限于生活上的需要。有了弟弟后，她更是把精力集中到弟弟身上。从小到大，他们从来没有关心过我物质以外的需要。

高中时我就开始住校，平时也很少回家。一来是课程紧，二来也是觉得回去没什么意思，总感觉他们三人才是一家人。快高考时我的压力非常大，感觉自己真的快支持不住了。有一天，爸爸来学校看我，我那天的心情非常不好，心里脆弱极了，抱着父亲哭了。看起来父亲很心疼我，但并不知道该怎么安慰我。其实我只想这么抱着他，可父亲却把我推开了。那一次，我非常伤心，在我最需要支持的时候，父亲却没有给我一个温暖而坚实的怀抱。我当时就暗下决心，以后在他面前要坚强起来，不能被他小看。

终于，我考上了大学。

在大学里，好多男孩子开始追求我。但我心里却只喜欢阿辉，他是我的初中同学，也考上了这所大学。但我从来没有对他表白过。在一次老乡会上，我和阿辉不期而遇。当时大家都异常兴奋，我心底埋藏许久的秘密也再次萌动起来。接下来的日子，我们似乎总是能遇到对方，一起吃饭、上自习、去图书馆、打球。终于有一天，阿辉说："做我的女朋友吧。"

阿辉的个性挺大男子主义的，总说我不够小鸟依人。也许是从小就很独立的缘故，我总告诉自己要坚强。即使是在自己男友面前，我也很要强。这是阿辉不喜欢的，他认为女孩子不能太要强。我们的矛盾大多出现在这里。

那时，有个叫风的男孩子也在追求我。我对他的感觉只是不讨厌。他总是用一种默默的方式关心我，这比那些给我送花、写情书的人要让我舒服得多。不管怎样，在我心里，我是爱着阿辉的，仅把风当成普通朋友而已。

有一天，阿辉来了几个外校的朋友，而我身体不舒服，就没和他一起去，一个人躺在宿舍里休息。正好风打电话来，听说我不舒服就买好饭菜和水果送到我的宿舍。这事很快被阿辉知道了。他喝了好多酒，和我大吵了一架。吵完架后，我心里既生气又委屈，赌气不给他打电话。更可气的是，一个星期过去了，阿辉也没来找我，接着我就听说他和一直追求他的那个小师妹堂而皇之地在校园里形影不离了。

这件事情让我心里特别受伤。不管怎么说我们还没正式分手，况且我心里也确实放不下他。可他居然重新恋爱了！风仍旧对我很关心也很好。我有些怪他，细想想却也没有什么道理。毕业在即，今后的去向是个问题，我和风似乎也谈不上有未来。回头想想，面对那么多追求者，我选择了阿辉，可他又那么快就见异思迁。我爱得后悔又无奈！

现在我对自己很怀疑，不知道自己的软弱与真情该展示给谁看，更不知道自己会不会拥有真正的爱情。我常常想起母亲，担心未来的婚姻生活会不会像她那样一路坎坷……

评论　爱之聚散不言错。两只蝴蝶翩翩飞，并不是因为谁飞得对，只因为愿意一起飞；两只蝴蝶分开飞，并不是因为谁不对，只因愿意分开飞。

小故事大智慧8-4　为爱保护一件干燥的衬衫

有段时间她想，他们的感情是否出现了问题？他的浪漫和激情仿佛正在消失，他似乎渐渐失去了那种对她呵护有加的体贴。她感到生活很没劲，自己很可怜。

那天他们有了一天的闲暇。他说："我们去爬山吧，总待在家里，太闷。"她说好。他们是大学同学，四年同窗没什么感觉。却在临近毕业一次爬山的时候，产生了感情。记得那天突然下起大雨，他们躲到一棵树下避雨，她浑身淋透，瑟瑟发抖，他适时靠过来揽紧她的肩。那一刻她就把心交给了他。那天她还扭了脚，他背她下山，走了很远的路，她被他感动得热泪盈眶。可是现在，她想，为什么生活中总是缺少这样的感动呢？

还是爬那座山。他走在前面，速度很快。他仍然保持着矫健的身姿，手

里那个装矿泉水的塑料袋一甩一甩的。每走一段距离，他会停下来等她，当她靠近了他才转过身继续往前走。那个上午他只说了一句话，他说，小心蛇。她惊叫一声，头皮发麻。他回过头笑笑，他的眼神告诉她，蛇已经爬远了。

又一次下起雨。他拉起她的手，飞奔到一棵树下。雨下了很久，没有停的意思，那棵树渐渐失去了一把伞的功能。那时他们靠得不太远，也不太近。她多么希望他能伸出手，揽紧她的肩，给她一丝温暖。可是他没有。他自顾脱掉自己质料考究的衬衫，倒出塑料袋里的矿泉水瓶，然后把衬衫塞进去，扎紧袋子，然后抬头，莫名其妙地看着天空。他说很奇怪，太阳还在，竟下了雨。她皱皱眉，打了一个寒战。他看着她说："你没事吧？"她扭了头，不理他。她伤心到极点。她想，他不再疼她了吗？难道淋湿一件衬衫比淋湿自己的爱人还重要吗？

雨终于停了，山却不能再爬了，衣服也已经被淋透，好在山脚下有很多辆出租车，她想，等走到那儿，搭个车，还不至于太狼狈。刚迈出一步，他就从后面拍拍她的肩。他说穿上吧，是干的。他打开塑料袋，把那件衬衫递给她，然后，打了一个响亮的喷嚏。

她愣了愣，感动霎时涌上来。他说："快换上吧，别着凉，我给你看着人。"然后他走到不远处，拾起一段枯枝，拿刀子削成一根简易的手杖，递给她，他说雨天路滑，别扭了脚。

他以前可不是这样的。他不会想到为她保护一件干燥的衣服，他宁愿拥着她一起"壮烈"地淋雨；他不会想到为她削一根手杖，他宁愿她扭了脚后背起她下山。当然这都是爱。可是前者有了些小男生的做作和青涩，而后者，才是成年男人的成熟和稳重吧？

不管如何，她知道，生命中那一场太阳雨，已经过去了。

评论　一句话或者是一个小动作都足以让淋湿的爱情披上一件干燥的衬衫，足以让对方感觉到你的细心，感觉到幸福。

第五节　正视恋爱　健康成长

每个人都有爱和被爱的权利、有接受爱和拒绝爱的权利。尊重每一份真挚的感情不仅是对他人的尊重，也是对自己的尊重。同时，大学生也要学会给予爱、表达爱、培养承受恋爱挫折的能力，只有爱的能力培养起来了，才能很好地把握自己的爱情。

一、我的心思你来猜——表达爱的能力

恋爱阶段，除了"恋"和"爱"这两个阶段外，在它们前面还有一个"谈"的阶段。"谈"的水平和质量直接影响着是否还有后面两个阶段。"爱你在心口难开"正是对这个阶段所遇到问题的一个形象说明。当你有了心仪或喜欢的对象，你怎样向对方表达才能提高成功率，或者你采用哪种方式才能避免遭到拒绝后的尴尬，这都是需要艺术和能力的。

21世纪的大学生在表达自己的爱慕之情时，从形式到内容都和他们的上一代有很大的不同。有的轰轰烈烈地买999朵玫瑰到女生宿舍楼下等待，到电台点歌，再到同学聚会时突然单膝跪下表白；也有的含蓄地邀请一起看电影，一起野餐、露营；也有的寻找合适的时机发短信、写情书或当面表达；还有的同学因为怕遭到拒绝后自己没办法承受或觉得没面子，就会选择先用开玩笑的形式试探试探再决定下一步怎么做；也有的会选择在愚人节的时候去表白，如果遭到拒绝就会以愚人节为借口，给自己台阶下。

在过去，恋爱双方中一般都是男性主动追求，而女性是比较被动的，她们即使有喜欢的人，也不敢轻易表达。但随着社会的进步，现在的女性也越来越主动，有了爱就勇敢表达，即使遭到拒绝，她们也认为这样好过带着困惑不敢表达，等到以后偶然说起，才知道对方也钟情自己，但也是因为不敢表达而深藏心中，从而错过一段美丽的姻缘。

二、谢谢你的爱——接受爱的能力

被人爱是一种幸福，被一个合适的人爱是一笔财富。当幸福来临的时候，有的人不善于捕捉和把握，等幸福溜走的时候才暗自叹息。其实，当面对追求者的表白时，该不该接受，该怎样接受也是一种能力。

首先，在准备接受一段感情之前，要先考虑清楚自己是否真的也喜欢对方，是否有足够的心理准备开始一段恋情，开始一种新的生活方式。这样做的前提是要识别对方对自己的感情是发自内心还是逢场作戏，只有真挚的感情才应该接受，否则自己会受到伤害。

其次，当向你表白的那个人正好是你心仪的对象时，除了应有的矜持和礼貌外，应该非常愉悦地接受对方的追求，不要心里已经完全接受，可行动

上却躲躲闪闪，或为了考验对方而故意多次拒绝。这样很有可能将对方推到其他人的身边。当你还没有完全下定决心是否要接受这个人，在感情还不确定的时候，不要草率接受，可以告诉对方先交往一段时间，增进了解后再确定双方的关系。这样既能给双方时间和空间，也是对双方的感情负责任的一种表现。

接受对方的感情用什么方式，男生和女生有比较大的差异。男生认为对方接受自己的礼物或邀请就是接受自己的追求，而女生则往往因为比较善良而不好意思直接拒绝对方，甚至会说普通朋友之间也可以这样相互接受礼物和邀请。殊不知这种对同一种行为的不同理解最后可能会导致比较大的误会，甚至失去朋友。

三、对不起——拒绝爱的能力

被一个人爱是一种幸福，被两个人爱就是一种痛苦，因为你必须拒绝其中一个人的爱。爱一个人是没有错的，即使在对的时间里遇到了错的人或在错的时间里遇到了对的人。生活中拒绝别人还可能是因为觉得对方不适合自己。但无论哪种情况，在拒绝一个人之前，都应该对对方心存感激。因为一个人爱你、喜欢你总比一个人恨你好吧。你可以拒绝他（她）的这份感情，但不要拒绝这个人。

拒绝一个人时，首先不要伤害对方的自尊。应该感谢对方对你的这份感情，而不是仗着对方喜欢自己就百般刁难，说话尖酸刻薄。比如，"你也不看看你什么样子，居然喜欢我""全世界的男人（女人）都死光了，我也不会选你""我就是不喜欢你这类型的……"之类的话就不能说。更不要为了炫耀而当着其他人的面拒绝对方，这样会因为其他人在场而让对方觉得很没面子，进而增加对方的挫折感。切忌在拒绝了对方以后还在背后到处渲染他（她）有多么多么喜欢自己，自己是怎么残酷和坚决地拒绝了他（她）。总之，在拒绝一个人的时候不要故意伤害对方的自尊和感情。

另外，拒绝一个人时应该委婉，尽量肯定对方的优点和长处，真诚地给对方讲明自己不能接受这份感情的理由。也可以适当贬低自己，表明自己有很多的不足，也许自己并不值得对方付出，并真诚地祝福对方找到更适合他（她）的另一半。如果不能当面说出这些话，也可以通过发短信和写信的方式，这样能比较好地表达自己的意思。这种书面的方式也可以将对方受伤的程度降到最低。

四、阳光总在风雨后——承受恋爱受挫的能力

在追求爱情的过程中可能因为遭到对方的拒绝而使自己恋爱受挫，也可能在恋爱过程中因为对方的退出而失恋。恋爱受挫是大学生遭遇的比较大的挫折，如果处理不当的话可能会导致失恋应激障碍，严重的还可能会影响到当事人以后的两性关系。

"落花有意随流水，流水无心恋落花。"面对失恋，主动失恋者（提出分手或拒绝别人的一方）和被动失恋者的主观感受和痛苦是完全不同的。因为主动失恋者是有心理准备的，所以接受起来比较容易，但如果投入了真感情，也要花很长一段时间才会真正走出来。被动失恋者因为心理准备不够或毫无心理准备，所以在接受失恋这个事实时会比较困难，甚至会通过否认来缓解内心的焦虑。但无论怎样，如果失恋成了既定的事实，早晚都要面对，这时候应该想办法缩短这个痛苦的时间，尽快恢复正常的生活。

失恋后首先应该自我总结一下，是不是自己做了什么让对方伤心欲绝的事情，如果是，想办法沟通，看有没有修复的可能；也可以好好分析一下是不是两个人真的合不来，如果是，则去寻找更适合自己的恋人；也可能是因为对方的背叛而让自己被动失恋，这时就应该针对对方的不足采用酸葡萄心理来获得心理平衡；也可以把对方送的礼物和书信全部退回，尽量不去以前两个人一起常去的地方，以免触景生情；也可以收拾行囊出去旅行，换个地方，换个心情，说不定"有心栽花花不开，无心插柳柳成荫"，从而获得一段新的感情；还有就是化悲痛为力量，失恋以后自己有更多的时间投入学习和其他的社会活动，趁机好好给自己充电，为将来的生活做好准备。

五、左右为难——处理爱情与友情关系的能力

传统上将感情分为爱情、友情和亲情。很多大学生在恋爱之前经常和朋友一起交流和玩耍，感情非常要好。但恋爱以后，因为沉迷于二人世界而渐渐疏远了班上同学以及其他朋友，使得恋爱双方都是"我的世界只有你"。

大学是树立人生观、价值观和世界观的重要时期，而与朋友的交流是树立正确"三观"的重要推动力量。因此恋爱中的双方也应该经常参加班上的各种集体活动，加强和同学之间的交流，更要经常与好朋友一起活动，以免变得生疏，所以恋爱双方都搬出寝室租房同居是非常不可取的。

六、不得不爱——处理爱情与学业关系的能力

没有爱情的生活是不完美的，但只有爱情的生活是可怕的。很多大学生在恋爱过程中，满脑子都是恋人的影子，沉溺于二人世界的点点滴滴。不去上课、不做作业，也不参加任何社会实践活动，成绩亮红灯、表现遭黄牌，耽误了学业、消磨了意志，等到醒悟过来的时候为时已晚。找工作时要成绩没成绩，要表现没表现，几年大学读完以后不但没有长进，反而丢掉了很多以前的朋友和好习惯。

所以，如何正确处理爱情和学业的关系对大学生来说尤为重要。恋爱双方首先应该明白大学生也是学生，应该以学业为主。双方应该互相鼓励、互相监督，促进共同发展，而不是相互耽误、相互拖后腿。如果出现了成绩、表现等下滑的倾向就应该及时总结，互相帮助取得进步；如果还是没有改善，可以考虑暂时分开一段时间。

七、漫步人生路——处理爱情与婚姻关系的能力

黑格尔曾深刻地指出，婚姻本质上是伦理关系。他认为爱情不是婚姻的唯一基础，主张对婚姻作出更明确的规定。他认为，婚姻是具有法律意义的伦理性的爱。这样就有可以消除爱中一切倏忽即逝的、反复无常的和赤裸裸主观的因素。国内外大量的心理学研究表明，已婚者在总体上比独身、寡居、分离或离婚者的幸福感水平更高，而且高于不少推崇同居的年轻人。

虽有人说婚姻是爱情的坟墓，但没有婚姻，爱情将无所归依。所以，大学生的恋爱应以婚姻为取向，而不是持一种只追求"不在乎天长地久，只在于曾经拥有"的游戏心态。我国已取消大学生的入学年龄限制，对大学生在学习期间的恋爱、结婚也采取了更为宽容的态度。所以，大学期间的恋爱应该更理性和更成熟，这才是爱情的最终归宿。

小故事大智慧8-5　失恋了怎么办？——苏格拉底与失恋者的对话

爱情是说不尽的，但智慧却可以让我们把爱情看得更清晰。让我们借助苏格拉底的智慧，寻找自己的爱情。

苏（苏格拉底）：孩子，你为什么悲伤？

失（失恋者）：我失恋了。

苏：哦，这很正常。如果失恋了没有悲伤，恋爱大概也就没有什么味道。

可是年轻人，我怎么发现你对失恋的投入甚至比你对恋爱的投入还要倾心呢？

失：到手的葡萄给丢了，这份遗憾，这份失落，你非个中人，怎知其中的酸楚啊！

苏：丢了就丢了，何不继续向前走去，鲜美的葡萄还有很多。

失：我要等到海枯石烂，直到她回心转意向我走来。

苏：但这一天也许永远不会到来。

失：那我就用自杀来表明我的诚心。

苏：如果这样，你不但失去了你的恋人，同时也失去了你自己，你会蒙受双重的损失。

失：踩她一脚如何？我得不到的别人也别想得到。

苏：可这只能使你离她更远，而你本来是想与她更接近的。

失：你说我该怎么办？我真的很爱她。

苏：真的很爱？那你当然希望你所爱的人幸福？

失：那是自然。

苏：如果她认为离开你是一种幸福呢？

失：不会的！她曾经跟我说，只有跟我在一起的时候她才感到幸福！

苏：那是曾经，是过去，可她现在并不这么认为。

失：这就是说，她一直在骗我？

苏：不，她一直对你很忠诚。当她爱你的时候，她和你在一起，现在她不爱你，她就离去了，世界上再没有比这更大的忠诚。如果她不再爱你，却还装得对你很有情谊，甚至跟你结婚生子，那才是真正的欺骗呢。

失：可我为她投入的感情岂不是白白浪费了吗？谁来补偿我？

苏：不，你的感情从来没有浪费，因为在你付出感情的同时，她也对你付出了感情，在你给她快乐的时候，她也给了你快乐。

失：可是，她现在不爱我了，我却还苦苦地爱着她，这多不公平啊！

苏：的确不公平，我是说你对所爱的那个人不公平。本来，爱她是你的权利，但爱不爱你则是她的权利，而你却想在自己行使权利的时候剥夺别人行使权利的自由。这是何等的不公平！

失：可是你看得明白，现在痛苦的是我而不是她，是我在为她痛苦！

苏：为她而痛苦？她的日子可能过得很好，不如说是你为自己而痛苦吧。明明是为自己，还打着为别人的旗号。

失：依你的说法，这一切倒成了我的错？

苏：是的，一开始你就在犯错。如果你给她带来幸福，她是不会从你的生活中离开的，要知道，没有人会逃避幸福。

失：可她连机会都不给我，你说可恶不可恶？

苏：当然可恶。好在你现在已经摆脱了这个可恶的人，你应该感到高兴，孩子。

失：高兴？怎么可能呢，不管怎么说，是我被人抛弃了。

苏：被抛弃的并不就是不好的。

失：此话怎讲？

苏：有一次，我在商店里看中了一套高贵的衣服，爱不释手，店主问我要不要。你猜我怎么说，我说质地太差，不要！其实，我口袋里没有钱。年轻人，也许你就是这件被遗弃的衣服。

失：你真会安慰人，可惜你还是不能把我从失恋的痛苦中拉出来。

苏：时间会抚平你心灵的创伤。

失：但愿我也有这一天，可我的第一步该从哪里做起呢？

苏：去感谢那个抛弃你的人，为她祝福。

失：为什么？

苏：因为她给了你忠诚，给了你寻找幸福的新机会。

评论 理智地放下无望的感情才能从心理上真正地成熟起来。要有勇气面对现实，我们没有必要为打碎的花瓶而哭泣，那是徒劳。你失去了那个人，但你还有更广阔的世界，世界不会因你小小的不幸而停止转动，你能做到的就是继续前进！

参考文献

［1］郑日昌．大学生心理健康：自主与自助手册．北京：高等教育出版社，2007．

［2］李振荣，彭志宏，梁杰．大学生心理健康教育与训练．郑州：黄河水利出版社，2006．

［3］白羽．改变心力：团体心理训练与潜能激发．杭州：浙江文艺出版社，2006．

［4］黄希庭．大学生心理健康教育．上海：华东师范大学出版社，2004．

［5］叶红梅，王贤明，刘晓霖．大学生心理健康教育．北京：中国传媒大学出版社，2007.

［6］边玉芳．心理健康．上海：华东师范大学出版社，2007.

［7］樊富珉，王建中．当代大学生心理健康教程．武汉：武汉大学出版社，2006.

［8］吴建玲．大学生心理健康与心理素质训练．广州：华南理工大学出版社，2007.

［9］迟毓凯．关于"毕婚族"的一点看法．世纪心理沙龙网．http：// www.xlxcn.net/archives/category/jd /2009 - 11 - 01.

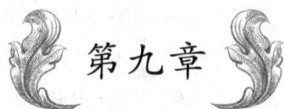

第九章

网络与心理健康

它，有动态新闻发布，以满足实效需要；
它，有各种论坛呈现，以实现广泛交流；
它，有视频音频相伴，以适应媒体挑战……
但凡上帝有一座庙宇的地方，魔鬼也会有一座礼拜堂。

　　计算机技术和通信技术的发展及其相互渗透推动了互联网的诞生和发展。互联网的诞生和发展是 20 世纪后期最让人振奋、最引人注目的科技事件。恩格斯有句名言："社会一旦有技术上的需要，这种需要就会比十所大学更能把科学推向前进。"互联网的诞生和发展正是在社会需要的推动下进行的，同时它也是科技进步的产物。随着网络技术的发展，网络在社会、学校、家庭的普及应用速度日益加快；网络的功能不断增加；网络的社会影响力越来越广泛和深刻。同时互联网的迅猛发展加快了信息传播的速度，增加了信息的数量，改变了人们的思维方式、生活方式和交往方式。大学生对先进的知识和技术有着特殊而敏锐的洞察力。网络在这个群体中得到了极大的普及和发展，给大学生的心理带来一系列的变化。

第一节　网络的发展及其对大学生的影响

一、网络的诞生与发展

互联网诞生于美国，它的前身是 1969 年美国国防部高级研究计划署（Advanced Research Project Agency）建立的人类历史上第一个计算机网络，即"阿帕网"（ARPA NET）。当时该网是在加州大学和斯坦福研究院的四个节点之间正式运行的。很快，"阿帕网"便由军事领域进入经济、文化、政治领域。在随后的十几年中，"阿帕网"不断地发展和完善。在此过程中，一些个人和公司开始使用"Internet"的提法。但直到 20 世纪 80 年代中期，Internet 才被人们广泛接受。1990 年，美国国防部正式宣布取消"阿帕网"。至此，运行了 20 年的"阿帕网"完成了其历史使命，实现了"阿帕网"向互联网的过渡。从 20 世纪 90 年代起，Internet 进一步向商业化方向发展，而且每年都以成倍的速度增长和扩展。

互联网（Interconnection Network 或 Internet）又名因特网或者英特网，又称互连网，即是"连接网络的网络"。它是指将分散的多台计算机、终端和外部设备用通信线路互联起来使彼此间实现互相通信，并且大家都可以共同使用计算机的硬件、软件和数据资源从而实现资源共享的整个系统。

在短短的几十年里，互联网从军用领域扩展到学术研究领域，再到商业领域，然后进入寻常百姓家，深入到人们日常生活的方方面面，以不可阻挡的势头迅猛发展。下列一组数据可以说明互联网在美国的发展速度之快：广播经过 38 年才拥有 5 000 万听众，电话用了 20 年才拥有 5 000 万用户，电视经过 13 年才拥有 5 000 万观众，而互联网仅仅用了 4 年就拥有 5 000 万用户。"互联网"是目前这个时代的关键词，"上网""网上冲浪"成为时下最时髦的活动之一。互联网的诞生和迅速发展不仅给人们带来了诸多方便，更重要的是它为人们的生活营造了一个不同于现实的另类空间。

计算机网络的发展大致可划分为四个阶段：

第一阶段：诞生阶段。20 世纪 50 年代中期，美国的半自动地面防空系统（简称 SAGE）开始了计算机技术与通信技术相结合的尝试，在 SAGE 系统中把远程距离的雷达和其他测控设备的信息经由线路汇集至一台 IBM 计算机上进行集中处理与控制。

第二阶段：形成阶段。20 世纪 60 年代中期至 70 年代，第二代计算机网络是以多个主机通过通信线路互联起来为用户提供服务的。这个时期，网络的概念为"以能够相互共享资源为目的互联起来的具有独立功能的计算机之集合体"，形成了计算机网络的基本概念。

第三阶段：互联互通阶段。20 世纪 70 年代末至 90 年代，第三代计算机网络是具有统一的网络体系结构，并遵循国际标准的开放式和标准化的网络。ARPA NET 兴起后，计算机网络发展迅猛，各大计算机公司相继推出自己的网络体系结构及实现这些网络体系结构的软硬件产品。由于没有统一的标准，不同厂商的产品之间互联很困难，人们迫切需要一种开放性的标准化实用网络环境，这样就应运而生了两种国际通用的最重要的体系结构，即 TCP/IP 体系结构和 OSI 体系结构。

第四阶段：高速网络技术阶段。20 世纪 90 年代末至今，第四代计算机网络由于局域网技术发展成熟，出现了光纤及高速网络技术、多媒体网络、智能网络等新的网络品种，整个网络就像一个透明而庞大的计算机系统，已发展为以 Internet 为代表的互联网。

相较而言，互联网在我国的发展起步较晚，快速发展也只是近十多年的事情。20 年前，在我国很少有人接触过网络，而现在计算机网络已成为社会结构的一个基本组成部分。网络被应用于人们生活的各个方面，包括电子银行、电子商务、现代化的企业管理、信息服务业等也都以计算机网络系统为基础。从学校远程教育到政府日常办公乃至现在的电子社区，很多方面都离不开网络技术，网络在当今世界无处不在。

随着互联网的规模不断扩大，加入互联网已经不可避免，互联网融入人们的生活已经成为一种历史的必然。而且，事实已经证明，一个不重视因特网发展和普及的国家对当今人类事业和社会的发展是没有发言权的。这种形势促使了互联网在各个国家的迅速发展。

二、网络对大学生的双重影响

网络的自由性、平等性、虚拟性、流动性、交互性、匿名性、狂欢性、全球性、便捷性等特点影响着站在时代浪尖的大学生，他们朝气蓬勃、昂扬向上，最容易接受新事物，也最富有创造性。他们在网络时代成长与发展，他们的主动性、自主性等特点使其成为网络发展最积极的响应者。网络给大学生带来了更广阔的发展空间，大学生已成为网络社会的主流群体。然而，网络对大学生的影响是双重的，既有积极影响，又有消极影响。

（一）积极影响

1. 网络的应用使大学生拓宽了视野、丰富了知识

互联网作为最大的广域网，它把不计其数的局域网互联起来，成为全球最大的图书馆和信息数据库，为大学生提供了取之不尽、用之不竭的信息资源。这些信息包含的思想、文化、价值观念等是多元化、全球化的，与学校按照教学计划所提供的信息及教授的知识相比，网络提供的信息和知识要全面得多。网络是大学生拓宽视野、丰富知识的便捷途径。

网络也使大学生获取知识的方式和渠道变得灵活多样，不再受时间、地域的限制。过去大学生查资料要到图书馆或书店，现在随时随地都能够获取所需要的信息。他们可以在网上自学感兴趣的学科知识，可以在网上请教任何问题，也可以与世界各地有着共同兴趣的任何人讨论交流。这些交流尤其是学习或创新思维的交流所取得的效果有时比学校教育还要好，能够全面提高大学生的知识文化水平。

2. 网络的发展有助于开发大学生的个性和潜能

如今的网络已经不只是一种传递信息的工具，它所营造的全新的社会环境和生活空间给大学生带来了全新的生活体验。它为大学生提供了展示自我的空间，能够增强他们的自信心和主体意识，促进其个性的形成和发展。大学生正处在精力旺盛、求知欲强、想象力丰富的时期，网络的自主性和无限性可以开拓大学生的思维、开发大学生的个性与潜能。它的开放性可以满足他们强烈的好奇心，为他们进行丰富的联想和想象提供十分广阔的空间。在这个全面开放的空间里，个体拥有着前所未有的相当高的自由度，能够增强大学生的自主性，培养其创造性思维。这样一个尽情展现个性、进行自由创造的网络平台可以激发大学生创作的兴趣和热情，增强其自信心，并促进其良好心理品质的形成。

3. 网络有利于大学生缓解心理压力，促进心理健康

当今的大学生要承受来自现实社会各方面的压力，包括学习压力、人际压力、就业压力、感情压力、家庭压力等，并且压力越来越大。大学的扩招使大学生的数量在增加，促使社会对不同层次的人才的需求也越来越高，造成大学生的心理压力不断增加。若长期得不到排解与释放，就会影响大学生的身心健康。网络的隐匿性、开放性和平等性为他们提供了缓解心理压力的平台和宣泄情绪的空间。在现实生活中，人的情绪的宣泄总是要受到一定的

限制，而网络空间可以让大学生无拘无束地进行情感的宣泄和心灵的交流。互联网的匿名性使大学生可以以任何一种身份自由地与他人进行交流互动，表现自己内心的喜怒哀乐。

（二）负面影响

大学生虽然具有较强的独立性、自觉性和目的性，但他们分辨是非的能力及自控能力还有待增强，仍会受到网络的负面影响，因此，因网络造成的大学生思想和行为偏离等问题也日渐突出。

1. 网络对大学生价值观、人生观的负面影响

互联网信息的流动自由度相当高，网民既是信息的消费者，也是信息的创造者。网络的复制性、传播快速性使信息变得十分庞杂，其中难免会混入大量干扰性、欺骗性、误导性甚至是破坏性的内容。各种信息充斥其中，既有健康有益的内容，也有消极、污秽的信息，这对于涉世不深的大学生来说难以选择和分辨，他们极易受到不良信息的影响和侵蚀。

首先，西方国家的信息强势地位导致网络文化霸权现象的出现。网络信息的传播具有超地域性的特征，但是信息的内容仍带有地域性，它反映的是强势国家的文化内涵、价值观念和社会制度，具有不平衡性。

其次，黄色信息的泛滥。由于网络交流的自由性、匿名性、隐蔽性，网络色情信息的传播几乎不受限制，人们甚至可以建立此类公共论坛，集中传播、交流色情信息。色情信息的污染和侵害易使大学生的价值观念和人生追求发生扭曲，从而引发行为失范，甚至犯罪。

最后，消极、颓废及暴力信息的污染。这些信息宣扬"无政府主义""个人至上主义""暴力主义"，充满虚假、颓废、反动的思想，甚至有人将虐待动物或人的图片及视频放到网上。这些残暴和反人类的信息对大学生的危害是相当大的。

2. 网络的匿名性和隐蔽性对大学生道德意识和法律意识的影响

网络的匿名性和隐蔽性易使大学生的网络行为缺乏道德约束，加之法律规范的缺失，容易造成大学生的行为与责任脱节。在现实生活中，个人的性别、相貌、年龄、职业、财产以及名誉等自然属性和社会属性都充分地展现在交往对象面前，而在虚拟的网络状态下，这一切都变成了不确定因素。大学生在网络空间里可以自由选择多种身份，每个人的存在都是虚拟的、数字化的，以某种电子符号的形式出现，与同样只是由一个符号代表的他人进行交往互动。传统社会道德规范的约束力在互联网上相对减弱，失去了传统的

运行机制，缺少了监督和社会舆论压力，网络道德规范只能依靠个人的道德信念来维持。

3. 网络对大学生建立健全人格的影响

网络的虚拟性影响着大学生自我意识的形成，网络上的人际交往与传统意义上的人际交往大不相同。人与人面对面的交流变成了人机交流，每个人在网上都成了"隐形人"，一个人以不同面目出现，别人对他的认识难免失真，个体的自我评价也容易失真。个体对自己在网络中和现实社会中的角色冲突难以把握，网络中新的人际情感沟通方式和新的交往空间打破了时空限制，不存在利害冲突，人们很容易从中获得为人处世的成就感和满足感，因而网络成为一些人逃避现实、麻醉自己的工具。大学生过分沉溺于网上交流，会造成现实社会中的人际关系淡漠，人际交往能力下降，脱离现实或逃避现实问题，造成人格发展障碍，导致社会化不足，甚至失去独立的社会生存能力。

案例 9-1　　为买电脑竟以死相挟

来自南方某地的大二学生小聪一进大学就迷上了网络，除了打游戏、视频聊天外，他还非常崇拜网络黑客。通宵达旦地在网吧上网让他感觉不便，他便给家里打电话让父母寄 5 000 元买电脑。父母担心他有了电脑以后会更加沉迷网络世界，所以坚决不支持。于是，小聪干脆在电话里以死相要挟，说："5 000 元现金和你们儿子的命，你们看哪个更重要？"这话吓得父母立马乘火车赶到他所在的学校，好言相劝后，最终还是满足了小聪的要求。

评论　　网络给大学生带来了充分便利和更广阔的发展空间，同时也产生了许多不容忽视的负面影响。

第二节　网络与大学生的人际交往

交往是人类的一种基本需要。每一次的技术革命都会导致人们交往方式以及生活方式的变化，基于互联网技术基础上的网络交往是人类交往历史上一次前所未有的变革。与传统的交往方式相比，网络交往有其自身的特点，

并对人的心理行为产生不同程度的影响。

一、网络交往概述

网络交往是伴随互联网的诞生和发展而催生的一种新型的人际交往方式，也是人类迄今为止最广泛、最高效的人际交往方式，具有鲜明的网络信息时代色彩。它基于信息技术而存在，反映了人与人之间的社会联系。互联网的发展始于技术，但并不局限于技术，而是为人们的交往提供了一个崭新的平台。网络交往的出现引起了哲学、社会学、传播学、信息学、心理学、教育学等众多学科研究者的积极关注，并逐渐成为这些学科的一个重要研究课题。

网络交往拓展了人类交往的空间维度，丰富和发展了交往的内容，体现了数字化时代的鲜明特点。网络交往的含义有广义和狭义之分，广义的网络交往等同于互联网使用行为，二者是一个问题的两个方面，因为网络空间首先是一个贮量丰富的信息资源库，一切互联网使用行为都是以信息交换为基础而展开的。而狭义的网络交往仅仅指网络人际交往，即在网络空间中进行的人与人之间的信息交流，从而实现人与人之间的情感交流，达到相互影响、相互理解并建立一定人际关系的目的。从操作定义上看，网络聊天、网络寻呼、电子公告牌、电子邮件、网络游戏、网上论坛等都属于网络交往。

首先，网络交往是传统人际交往在网络上的新表现，体现了人的社会性本质。人有社会交往的需要，只不过其社会交往在不同的时代所利用的媒介和所发生的空间存在差异而已。网络交往依然是人与人之间的联系，依然是现实的人的社会活动，它并不能改变人的社会性本质。网上任何有意义的事情都发生在人身上，网络媒体会帮助我们从智力上和情感上发展自我，但它不会改变我们的社会性这一本质特性。

其次，网络交往是以计算机为中介，以互联网为基础，通过互联网上的专用软件来实现的。任何交往都必须借助一定的手段，手段是连接交往主体之间的中介物。网络交往的硬件要求是有能上网的计算机，计算机的功能也不再只和计算有关，它为网络交往提供了一个平台。所以从这一点来看，网络交往首先是一种"人—机"交往，其次才是机器背后的"人—人"交往，交往模式是"人—机—人"，交往主体不处在同一时空，他们之间被机器隔开，是一种间接交往。网络交往的技术基础是互联网，必须通过互联网技术把处于不同地理位置、具有独立功能的多台计算机连接起来，才能实现信息共享的交往目的。网络交往最终是通过互联网上的专用软件实现的。在互联网上，可用于人际交往的软件很多，如微信、QQ、BBS、MUDS、E－mail等。随着互联网技术的不断发展，还会有更多的人际交往软件问世。

再次，网络交往是以文本为基础的交往，即以书面语言为主要交往介质。如果说计算机、互联网技术以及专用软件构成了网络交往的物质手段，奠定了网络交往的物质基础，那么精神手段才是网络交往的灵魂，体现网络交往的实质内容。和其他交往方式一样，网络交往也是借助一定的媒介进行的，但限于互联网技术发展的水平，目前的网络交往主要以文本为基础，虽然有其他的网络符号被应用，但因其贫乏、单调的特点而只能在网络交往中起辅助作用。音频的、视频的交往虽已出现，但远不足以在网络交往中占统治地位。和面对面交往信息丰富多彩的特点相比较，网络交往所依赖的信息比较单一，主要是书面语言，尤其是没有非言语信息的介入，如面部表情、肢体语言、说话的语调和节奏等。

最后，网络交往是一种精神交往。交往可以分为物质交往和精神交往，物质交往的内容是物质产品，而精神交往的内容是思想、意识、观念、情感和情绪等精神性的东西。网络交往的基本特点决定了它只能是一种精神交往，体现的是人类精神性产品的交换和沟通。

二、网络交往的特点

从社会心理学的角度看，网络交往具有以下几个显著的特点：

（一）交往对象的广泛性

到目前为止，网络交往是一切交往方式中最能够突破各种限制的最广泛的交往，从而实现了真正意义上的普遍性交往。千百年来，时空因素一直是制约人际交往的主要因素，相应地，人际交往的对象也总是有限的，主要是在自己认识的圈子中进行选择，血缘关系、地缘关系、业缘关系是主要的人际关系形式。虽然可以通过不同的途径与陌生人交往并建立人际关系，但其范围和数量都是有限的。尽管从总体上说，人类交往的发展呈现出不断突破时空限制、交往范围不断扩大的发展态势，但以往任何一次的突破都没有互联网出现后给人们交往带来的突破大。互联网突破了时空对人际交往的限制，大大缩短了人与人之间的空间距离，通过互联网进行交往没有到不了的地方。相应地，通过互联网所建立的人际关系是一种新型的人际关系——网缘关系。从这一点来看，互联网时代人际关系的种类超过了以往任何时代。

（二）交往方式的间接性

网络改变人际交往方式突出的一点就是，它使人与人面对面互动式的交

流变成了人与机器之间的交流，带有明显的间接性。网上交往是以网络为中介、以文字为载体的非直接性交往。文字虽然可以描述形象、传情达意，但传达的是经过刻意加工的信息，描述的是精心包装过的形象。

（三）交往过程的匿名性

匿名性是网络交往最显著的特点之一。到目前为止，通过互联网进行的匿名交往所发生的消极的、去个性化的效应是网络交往讨论最激烈的问题之一。社会心理学一直重视匿名的作用，因为人在匿名状态下的行为表现往往不同于非匿名状态。网络交往中的匿名不是无记名，而是假名、虚拟名、符号，是交往者个人随意设定的。而且网络交往是一种"身体不在场"的交往，所以，仅仅根据网名，人们是不可能判断出对方的真实身份的。在互联网上，绝大多数使用者喜欢采用虚假的姓名、年龄、身份等，当然，使用虚假身份的状况因使用不同的网络交往形式以及交往对象的不同而有差异。

（四）交往角色的虚拟性

交往角色的虚拟性和交往过程的匿名性紧密相连，是网络交往两个最显著的特征。角色的虚拟性主要表现为角色的电子文本化，即利用以文字和图符为主的一系列信息来描述主体的身份。也就是说，网络角色最终浓缩为电子书写的网络名。在现实交往中，人们扮演不同的角色，对每种角色都有相应的角色期待和角色要求，个人必须按照角色要求行动。虽然角色来源多样，却是直接的、真实的和稳定的。而在网络交往中，由于网络交往是一种间接交往，交往双方不必见面，成了人与计算机、计算机与计算机之间的间接交往。在虚拟的网络环境中，交往主体成为一个个虚拟的角色，更进一步说，交往主体成为一个符号或一组数字，人们通过给自己赋予的符号来标识自身和让对方认识自己。角色虚拟一方面使交往主体处于相对平等、无直接利害冲突关系的交往位置，从而有利于人际关系的建立；另一方面，匿名性、变换性、责任缺失性等又限制了网上人际关系朝纵深化方向发展。

（五）交往心态的平等性

西方文化所宣扬的"人生来是平等的，上帝面前人人平等"是人类永不停息的追求，但在现实人际交往中，这种追求无法真正实现。现实生活中的交往不可避免地受到交往主体多种因素的影响，如权力、地位、文化、阶级等，而且人们的交往存在明显的利害冲突关系，因而导致交往者的心态难以保持平衡。但互联网在本质上不存在任何的中心和权威，"无中心"正是互联网最初的设计理念。尤其是网络交往消除了现实交往中的身份、地位、文化、职业、权力等的差异，无论在现实生活中的身份是何等显赫，但到了网上，每个交往者都只是一个网络名而已。而且，所有的一切包括网络名、行为都只不过是一串数字、一串符号。甚至语言本身，也都被数字化和符号化了。交往者处于一个前所未有的真正平等的地位。人人都是交往主体，人人都可以是权威，人人都有平等的交往机会和权利。

（六）交往行为的自然性

交往过程的匿名性、交往角色的虚拟性、交往心态的平等性以及交往方式的间接性的特点决定了网络交往行为的自然性。在思想感情的表达上，交往主体不需要拐弯抹角，可以大胆地直抒胸臆、自我暴露，不必像日常生活中面对面交往那样吞吞吐吐或自我掩饰，这样容易达到较深层次的交流。

网络提供了人际交往的特殊空间，正是这种特殊性决定了网上人际交往不同于现实社会生活的新特点。把握这些新特点，有助于人们正确、健康地扩大交往空间，建立新的人际交往关系。

三、大学生的网络交往

网络交往为大学生提供了一个情绪宣泄的空间。大学生虽然在同龄人当中是优秀者，但他们也会遇到来自学习、生活、社会、家庭、情感、人际关系、就业、经济等方面的压力和问题，从而加重心理负担。由于现实社会的交往空间、交往对象有限，社会礼仪、规范、道德观念的约束以及受到自己的自尊、自卑心理等因素的影响，大学生不能完全通过现实交往来满足自己的情感需要和缓解心理压力，而网络这个相对自由又具有隐蔽性、间接性的虚拟交往空间，可以成为大学生宣泄情感、释放压力、缓解心理矛盾和思想矛盾的重要空间。网络的匿名性为大学生不良情绪的及时释放和网友之间的情感帮助、心理支持提供了新渠道。大学生随时可以找到自己忠实、可靠的聊天对象，为郁闷、压抑、焦虑、愤怒等不良情绪找到宣泄的出口。

网络交往为大学生提供了一个增强自信心的平台。一位研究人际关系的专家曾说："人际关系不好的人大都缺乏自信心，想保持良好的人际关系，必先找回个人的自信心。"自信心是克服自卑、羞怯心理的关键。在人际交往中相信自己的实力、肯定自己的优势，才能在交往中不卑不亢、从容自如，获得交往的成功。网上交往的民主性、平等性、匿名性容易提高大学生的自信心。在现实世界，人们的人际交往心理由于受到首因效应、刻板效应、晕轮效应的影响，不能公正地对待交往对象，使一些本来就有自卑心理的大学生

在现实世界的交往中受到种种挫折，交往的不顺利更加重了其自卑心理。

网络交往是人们的一种内在精神需求。大学生在网上的自由交往满足了其精神需要。大学生情感欲望强烈，渴望友谊、爱情、理解，是注重精神交流的一个群体。大学生在现实交往中由于自身的观念或心理原因等造成交往的不顺利，无法满足自己的精神和情感需求，也由于现实交往本身的局限性和不完美，使得他们在现实交往中容易走入交往的误区。然而，网络交往具有平等性、自由性、开放性、隐蔽性等现实交往所缺乏的优点。因此，大学生比一般人更加热衷于网络交往。

网络交往是大学生寻求心理平衡的一种方式。网络的虚拟性、隐蔽性、间接性使网络交往具有安全性。在网络上人们往往不知道对方的真实身份，所以无须考虑自己或对方的社会地位、经济收入、宗教信仰、外貌等现实社会交往中无法回避的因素，不必顾虑世俗的偏见和可能存在的利益冲突，也可以不必拘泥于现实社会交往的种种习俗规范，不必担心对方以貌取人或双方地位差别引起的心理失衡。网友之间可以平等、友好地交往，避免了现实世界的危机和压力，缓解了各种矛盾引发的面对面的冲突，一些在现实人际交往中受到挫折、遇到障碍的大学生往往可以在网络交往中重新得到自信与达到心理平衡。

正是互联网具有这种现实交往所不具备的优点，克服了现实交往中种种规范对人的影响，弥补了大学生在现实交往过程中不能满足的交往主体意识的精神需要，满足了大学生平等、民主、张扬个性的需要。这使大学生交往的自由度扩大，大学生的主体性地位得到上升，自身的精神需要得到满足。同时，为大学生身心发展提供了可能，对大学生在现实世界的交往活动起到良好的促进作用。

案例 9-2　"酷呆了"该不该负法律责任

网络是虚拟的，它可以让人们随意幻想，有些男孩把自己想成白马王子，有些女孩把自己想成白雪公主，但是过度的幻想会产生病态心理。年轻人对很多事情的认知都处在似懂非懂的阶段，因此很容易将网上那些想象中的东西当成是现实，并且寄予厚望。但是希望越大失望也越大，因此，这样很容易导致心理障碍。

一位女大学生跳河自杀，被救上来后问其原因，才得知是在网上认识了一个叫"酷呆了"的网民，网婚后，就在网络社区建立了他们的"家庭"，还"生"了一个小孩。可这时"酷呆了"却移情别恋，提出"离婚"。她想不开，就跳河自杀以求解脱。

摘自：http://www.8angcheng.gov.cn。

评论 "酷呆了"要不要对自己某种游戏行为负道德责任值得我们深思，如此而导致的与传统道德观念相违背的网络不文明现象将会带来一系列的社会后果和法律问题。

第三节　大学生的网络成瘾问题

互联网已经成为人们重要的信息渠道之一，网民足不出户就可以跨越地域，查找到自己需要的各种信息。与此同时，互联网还在不断扩展自己的应用范围，已经逐渐渗透到社会生活的各个方面，成为当前社会经济、文化活动和个人生活的平台，并在各个领域产生了重大影响。

互联网为网民提供信息和沟通平台的同时，其暴力、色情、极端主义等方面的内容给人们带来负面影响。网络在给人们自我创造、扩大交往、增长知识、心理沟通等精神活动以巨大的空间，为人们提供多姿多彩的生活方式和多种多样的行为方式的同时，网络成瘾现象及其导致的身心健康、社交、工作和学习等方面的问题也相当严重，如情绪低落、兴趣丧失、睡眠障碍、生物钟紊乱、食欲下降、精力不足、自我评价降低、思维迟钝、有自杀意念和行为、社会活动减少、大量吸烟、饮酒和滥用药物等。网络成瘾已经成为社会和政府普遍关注的问题。美国心理学会（APA）于1997年正式承认"网络成瘾"研究的学术价值。

一、网络成瘾的概念及特点

成瘾是指个体不可自制地反复渴求从事某种活动或滥用某种物质，虽然这样做会给自己或已经给自己带来各种不良后果，但个体仍然无法自控，包括各种依赖、癖习与迷恋。成瘾是人类活动中复杂而又令人费解的一种行为模式，对成瘾行为的研究是一个跨学科的新兴课题。不同的学科对成瘾行为有着不同的解释，如医学、精神病学、心理学、生理学、社会学、生物学等

都对成瘾行为有自己的理论分析和操作模式。随着生命科学技术的不断发展，对成瘾行为的研究越来越受学术界关注，大多数研究者都从生物学的视角予以关注，而忽略了人是社会的人，社会心理因素在成瘾行为中起着独特的作用。

　　美国心理学家最先涉足互联网心理学这一领域。1994 年美国哥伦比亚大学精神病学家 Goldberg 最早提出了网络或互联网成瘾障碍（Internet Addiction Disorder，IAD）的概念，他借用了 DSM – IV《美国精神疾病分类与诊断手册》中关于药物依赖的判断标准，认为网络成瘾主要是作为一种应对机制的行为成瘾，指的是个体由于过度使用因特网而导致其社会、心理功能明显受损害的一种现象。现在网络成瘾也较多地使用 IA（Internet Addiction）的概念，其含义与 IAD 是一致的。后来 Goldberg 将它改名为病态网络使用障碍（Pathological Internet Use Disorder，PIUD）。随后在 1996 年美国匹兹堡大学的 Kimberly Young 博士从 DSM – IV 中对病理性赌博的判断标准中发展出病态网络使用（Problematic Internet Use，PIU）的概念，把 IAD 定义为一种没有麻醉作用的冲动控制障碍。这暗示着网络成瘾和药物依赖的不同在于前者更像是一种冲动控制障碍，它是在无成瘾物质作用下的上网行为冲动失控，表现为过度使用互联网而导致个体的社会、心理功能明显受损害。国内对网络成瘾现象的研究始于 1997 年的台湾。随后，中国大陆的学者也展开了对网络成瘾现象的探讨和研究，如今已取得重大进展。

　　网络成瘾虽然是一种行为成瘾，但它与药物成瘾具有相似的特点，第一个特点表现为突显性（salience），也就是网络成瘾者的思维、情感和行为都被上网这一活动所控制，上网成为其主要活动，在无法上网时会体验到强烈的渴望。第二个特点是情绪改变（mood modification），即如果停止使用网络可能会产生激惹、焦躁和紧张等情绪体验。第三个特点是耐受性（tolerance），成瘾者必须逐渐增加上网时间和投入程度，才能获得前所未有的满足感。第四个特点是戒断反应（withdrawal symptoms），即在不能上网的情况下，会产生烦躁不安等情绪体验。第五个特点是冲突（conflict），指网络成瘾行为会导致成瘾者与周围环境的冲突，如与家庭、朋友关系淡漠，工作、学习成绩下降等；与成瘾者其他活动的冲突，如影响学习、工作、社会活动和其他爱好等。成瘾者内心对成瘾行为的矛盾心态是意识到过度上网的危害，但又不愿放弃上网带来的各种精神满足。

211

二、网络成瘾的分类

对网络成瘾类型的划分，国内外研究者的认识或结论是一致的。Arm-strong 较早对它做了划分，认为存在五种类型：

（一）网络色情成瘾（cyber-sexual addiction）

指沉迷于浏览、下载和交换色情图片、电影、文字等内容，在线进行色情交易或者进入成人话题的聊天室。

（二）网络交际成瘾（cyber-relational addiction）

上网者利用各种聊天软件以及网站的聊天室进行的人际交流（包括网恋），将全部精力投注于在线关系或是虚拟感情中，用在线朋友取代现实生活中的朋友和家人。在线朋友很快变得比现实生活中的家庭成员和朋友更为重要。在很多情况下还会导致婚姻与家庭不稳定。

（三）网络游戏成瘾（game addiction）

指上网者不可抑制地长时间过分沉迷于网络游戏。此类成瘾者通常是青少年，他们将大量时间、精力和金钱花费在网络游戏中。这在许多大、中、小学生中是较为普遍存在的现象。因为网络游戏数量大、花样多，虽然有一些互动性很强的智力开发游戏，但是网络上也存在不少血腥暴力、反动愚昧和色情游戏。网络游戏对未成年人及成年人都有很强的吸引力，网吧给网络游戏的传播与发展提供了极佳的场所。

（四）信息超载（information overload）

指花费大量时间强迫性地浏览各种网页以查找和收集信息，包括强迫性地从网上收集无用的、无关的或者不迫切需要的信息。伴随有强迫性冲动倾向和工作效率下降两个典型特征。

（五）网络强迫行为（net compulsions）

指上网者有一种难以抗拒的冲动去进行强迫性的在线赌博、网上拍卖、购物或进行股票交易等。这种行为没有预先的计划和目的，耗费时间，是纯粹的盲目行为或网络生活怪癖。

三、大学生的网络成瘾问题

根据中国互联网信息中心（CNNIC）2014 年 7 月 21 日发布的《第 34 次中国互联网络发展状况统计报告》数据显示，截至 2014 年 6 月，我国网民规模达 6.32 亿，较 2013 年底增加 1 442 万人。同时，中国网民的人均周上网时

长达25.9小时，相比2013年下半年增加了0.9小时。我国手机网民规模已达5.27亿，较2013年底增加2 699万人。我国网民手机上网使用率达83.4%，首次超越传统PC使用率（80.9%），手机作为第一大上网终端设备的地位更加稳固。报告还显示，20～29岁年龄段的网民比例为30.7%，在整体网民中占比最大。可见，大学生网民群体占据重要地位。

不少大学生一方面因交际困难而在网络的虚拟世界里寻找心理满足，对网络产生过于强烈的依赖性，另一方面也被网络本身的精彩所深深吸引。所以，有些大学生对网络的依赖性越来越强，有的甚至染上了网瘾，每天花大量时间泡在网上，沉溺于虚拟世界，自我封闭，与现实生活产生隔阂，不愿与人面对面交往。患有网瘾的大学生80%以上无心学习，经常旷课、旷考，他们忙于网络聊天、看电影、玩游戏等，部分大学生甚至以网吧为家，吃、住全都在网吧解决，不同程度地存在着抑郁症、自闭症、焦虑症、强迫症、偏执症等心理障碍。

人们的生活因网络的出现而发生了巨大的变化，网络在交流、购物、通信等方面带给人们极大的便利，但其负面影响不容忽视。大学生上网人群中存在一定比例的网络成瘾人员，并有逐步增多的趋势。作为网络时代的一种新型心理疾病，网络成瘾已对大学生的身心健康产生了严重威胁。由于心理发展尚不稳定、不成熟，大学生成为网络成瘾的高发人群。如何采取有效措施帮助大学生健康使用互联网，避免网络成瘾已经成为近期高校共同关心的问题。

- -

案例 9-3　中国首例"网络成瘾杀父母申请鉴定精神病"案

胡安戈是遂宁市射洪县人，父亲胡明是当地某企业领导。2006年，20岁的胡安戈从绵阳某大专院校成人教育学校毕业，之后留在成都。与胡安戈合租房屋的何某称胡安戈的性格很内向，不容易沟通，平时就待在屋内玩网络游戏。2007年3月，胡安戈说想在咸阳做水产生意，希望父母能资助。其父亲从家里拿了5万元给他。胡安戈却在成都的出租屋内终日玩网络游戏。2007年6月，5万元快被胡安戈买游戏装备用完了，他越来越紧张：怎么向父母交代？

胡安戈后来告诉警方："觉得自己辜负了父母的期望，怕父母对自己失去信心。"经过一番思想斗争，一个荒唐的想法出现了：结束父母的生命，让他们彻底"解脱"。

2007年7月14日，胡安戈将"毒鼠强"拌入当晚吃剩的小菜里。15日早上，胡安戈的父亲吃了小菜后感到身体不适，经人送往医院抢救脱险。

父母没有被毒死，但胡安戈并没悬崖勒马。7月20日，胡安戈又购买了45包"毒鼠强"。24日中午，胡安戈趁父母不备，将"毒鼠强"拌入午餐的凉拌牛肉中，父母食用后中毒身亡。7月27日，胡安戈被抓捕归案。12月，遂宁市中院以故意杀人罪判处胡安戈死刑。

胡安戈提起上诉，并表示很后悔。2008年11月8日（胡安戈案尚在二审阶段），我国出台了首部《网络成瘾诊断标准》，该标准把玩游戏成瘾、网恋网婚成瘾正式纳入精神病诊断范畴。2008年11月10日，胡的亲属正式向四川省高院寄出一份申请，请求对他沉迷网络毒杀父母时是否患精神病及是否应当负有刑事责任进行鉴定。这是四川乃至全国首份此类申请。

对于这份申请，网民在网上吵成了一锅粥，包括央视在内的媒体也对此进行了报道、分析。大多数网民、媒体的观点是：不能因为网络成瘾就鉴定为精神病患者，网络成瘾不能成为免责、免死金牌。

2009年2月28日，最高人民法院签发胡安戈执行死刑命令。3月8日，遂宁中院在射洪县对胡安戈执行死刑。至此，震惊全国的"胡安戈案"尘埃落定。

摘自：《成都商报》，2009年3月11日。

评论 如果将上网成瘾纳入精神病诊断范畴，那么就等于对上网者"网开一面"，这样会导致大量的类似本案例中的被告人不能受到应有的刑事处罚，对社会将有极大的危害性。

第四节 大学生网络心理问题及其调适

网络给当代大学生的生活带来了巨大的变化，开阔了大学生的视野，拓展了他们的活动空间。但是，网络综合征、网恋、网婚、网上暴力等各种问题也接踵而来，虚拟的网络给大学生的心理带来了许多负面影响。除了网络成瘾外，还出现了网络人格异化、网络情感畸形发展、网络侵犯行为等一系列的网络心理问题。

一、大学生常见的网络心理问题

（一）网络人格异化

网络人格是人们在网络活动中表现出来的比较稳定并相对持久的心理特点的总和。网络为大学生人格的健康发展铺就了一条宽广的道路，有利于提升大学生人格的独立性、平等性和开放性。但是，网络世界的虚拟性常常会让大学生混淆视听，使现实中真实的人与网络中虚拟的人无法重合，进而导致精神沙漠化，从而使人格扭曲或异化。

（二）网络情感畸形发展

网聊、网恋、网上同居、网婚是大学生在网上活动中最感兴趣的主题。网恋甚至成为一种时尚，有的大学生网恋的对象还不少。许多大学生在生活中性格内向、不善言语、不善表达，常常会把现实中的情感转移到网络世界里。在那里，他（她）能自由地表达自己的情感并发泄情绪，并得到安慰、关爱、自尊等。但是长时间地依恋网络往往会导致大学生情感的异化。一方面，不利于大学生情感的健康发展，造成大学生情感的随意性和虚假性，降低大学生对爱情的崇高感和责任感；另一方面，容易导致他们在现实的人际交往中变得更加冷淡、麻木、自闭，使他们感到更加孤独、寂寞、空虚和无助。

（三）网络侵犯行为

网络普及给人们的生产、生活和学习方式带来巨大变革的同时，网络违法犯罪案件的数量也不断上升。来自公安部的数据显示：1998 年我国立案侦查利用计算机网络犯罪的案件达 100 余起，2001 年增加到了 4 500 余起。自1994 年我国发生第一例大学生利用电子邮件进行诈骗以来，大学生网络犯罪的案件也在增加。大学生的网络侵犯行为主要表现在：一是利用互联网危害他人的人身安全和财产权，如盗窃、抢劫、斗殴、凶杀；二是危害互联网运行安全行为；三是利用互联网传播黄、赌、毒、封建迷信甚至反社会言论，破坏社会市场经济秩序及社会管理秩序。

二、造成大学生网络心理问题的主要原因

（一）网络文化的异质性

当今，网络媒体因其特有的开放性、隐蔽性、交互性和平等性而深受大学生的欢迎。通过网络，大学生可以漫游世界、获取知识，也可以自由发表见解、展现自我。这些都有利于大学生的全面发展和人格的完善。但是网络

本身的异质性加上政府对网络文化的管理和引导的措施有待加强，也容易对大学生的成长产生负面影响，如网络色情垃圾和鱼龙混杂的网络信息就很容易对大学生的人生观、价值观产生负面影响。另外，网络的虚拟化特征极易导致大学生沉迷于网络世界，使其人际关系淡漠。

（二）社会环境的不良影响

当今，我国正处于社会转型期。市场经济的发展、西方网络文化思想的侵蚀、社会上权钱交易的泛化、非法财富的聚敛、职业道德的败坏等不正之风的严重冲击，抢劫、凶杀、吸毒、嫖娼等社会沉渣的泛起，扭曲了大学生的世界观、人生观和价值观。主要表现为大学生对传统的社会伦理道德标准的认同普遍降低，精神空虚，缺乏远大理想，常利用网络来消磨时间。

（三）家庭教育方式不当

经调查，不少上网成瘾的青少年都有一个共同点，就是对父母的教育方式有抵触情绪。正是由于许多错误的教育方式导致孩子与父母之间的心理距离越来越远，孩子得不到父母、亲人的理解与肯定，只好到网络里寻找亲情、友情甚至爱情，用虚幻的生活来填补现实中的缺失。

（四）宽松自由的大学教育环境

大学教育与其他教育不同，一般是课堂上教师完成教学任务，下课后学生自己学习。与中学生相比，大学生有了更多的自由和空闲时间。有的大学生无所事事、空虚无聊，就到虚拟环境中寻找寄托，特别是节假期、双休日，这些业余时间给了他们自由放纵的机会。

（五）不良的人格特质

某些不良的人格特质是大学生沉溺于网络世界的直接原因，如过分依赖、内向、无主见、过度害怕孤独、敏感多疑、易受伤害、脾气暴躁、好挑衅、偏执以及强烈的反社会人格等。这些人格特质使他们在现实生活交往中遇到相对多的困难，而网络具有的匿名性使他们的网上社交容易获得成功。网上社交的游刃有余和现实交往的挫折感形成强烈反差，势必导致更多的大学生重复上网行为。

三、大学生网络心理问题的调适方法

（一）正确看待和积极建设网络文化

大学生走进网络世界是不可避免的选择，要正确认识网络，用辩证的观点看待网络文化，既不漠然置之、无所作为，也不视其为洪水猛兽而惊慌失

措，而是要提高大学生对网络的选择能力和鉴别能力，如正确认识网络人际关系的自主性、平等性和肤浅性，加强对网络和网络世界的人文思考，倡导、传播和积极建设先进的网络文化。

（二）建立切合实际的奋斗目标

每个大学生都有自己的梦想，但若只有梦想而没有目标，梦想就会成为空想。人有目标才有动力，才会成功。不少大学生沉溺于网络，在网络里寻找刺激都是因为没有明确的奋斗目标。大学生要摆脱网瘾，必须根据自己的实际情况建立切实可行的目标，合理安排自己的生活、学习和娱乐，使自身和谐健康地发展。

（三）培养健康向上的网络情感，建立良好的人际关系

网络情感是人们对信息网络的一种内心体验、感受和由此产生的情绪反应。我国高校扩招后，班级人数增多，这一方面使得教师与学生的直接接触减少，师生面对面、一对一的沟通也随之减少；另一方面，地域文化差异导致学生交往的矛盾增多；另外，学生离家远了，与父母、亲人的沟通少了。这些都容易使学生将情感转向虚拟的网络世界。因此，大学生要以谨慎的态度对待虚拟的情缘，培养个人优良的人格特质，把握人际交往的技巧，建立良好的同学关系、师生关系、朋友关系、亲人关系，促进网络交往与现实交往的合理整合，预防情感异化。

（四）积极预防网络成瘾

许多网络心理问题都或多或少地与网络成瘾有关，因此，积极开展网络成瘾的预防活动与进行自我干预是大学生网络心理问题调适的重要方法之一。比如，了解自己的上网习惯和上网诱因，改变原有的上网习惯，建立良好的上网习惯；具体限制上网时间，注意上网时间的适当与适度；明确上网任务的先后，按时离开网络；借助外部力量，制作上网警示卡，或请他人及时监督和提醒；培养多方面兴趣，参与班级或学校的集体活动，让自己的大学生活丰富多彩，重新找回现实中的快乐，从而减少上网寻求情感满足的需要。

（五）加强网络法制意识，树立正确的网络伦理道德观念

大学生要自觉抵制网络垃圾的侵蚀，做一个遵纪守法的文明网民，自觉遵守并维护网络秩序，积极参与到优化校园文化环境的建设中来。学校应下功夫营造多层次的校园文化，建设以思想、文化、娱乐、体育、学术、科技等为基本内容的校园文化体系，形成良好的整体氛围，以此来净化学生的心灵、陶冶学生的情操、提升学生的精神品位。

案例 9-4　因网络成瘾而退学

今天是浙江大学大一新生报到的日子，与往年不同的是，今年报到的新生中带着电脑到校的少了。之前，浙江大学在寄送录取通知书的同时，还随寄了一本精致的新生手册，其中重要的一条就是郑重提醒：大学第一年不要带电脑来学校。

在 2005—2006 学年，浙江大学有 90 名学生退学，其中 60 多人是因为网络成瘾，几乎占到退学人数的 80%。而在某个高分考生云集的学院有 8% 的学生由于网瘾拿不到毕业证书或学位证书。

据记者了解，不仅仅是浙江大学，杭州市的不少高校在新学期都不约而同地对学生使用电脑、上网作出了限制。

摘自：http://www.china.com.cn/education。

评论　在网络日益成为重要的工作和学习工具的今天，越来越多的大学将其视作"潘多拉的盒子"。网络在为大学生打开便利之门的同时，也让不少学生陷入了网瘾的深渊。家长花钱作为"学习机"买的电脑，到了一些大学生手中却往往成了纯粹的"游戏机"。

参考文献

［1］马建青．大学生心理卫生．杭州：浙江大学出版社，1992.

［2］黄希庭，郑涌．大学生心理健康与咨询．北京：高等教育出版社，2000.

［3］刘明．大学生心理危机及干预策略．天中学刊，2002（4）.

［4］伍新春．高等教育心理学．北京：高等教育出版社，1999.

［5］肖少北，彭茹静．海南地区大学生心理健康状况调查．中国心理卫生杂志，2002（5）.

［6］陈秋珠．赛博空间的人际交往：大学生网络交往与心理健康关系的研究．长春：吉林大学出版社，2012.

［7］谢炳炎．大学生心理健康教育与指导．长沙：湖南大学出版社，2005.

［8］钱铭怡．大学生心理健康研究．中国心理卫生杂志，2003（1）．

［9］张厚粲．大学心理学．北京：北京师范大学出版社，2004.

［10］钱焕琦．大学生心理卫生．北京：中国矿业大学出版社，1997.

［11］吴文虎．网上交友．沈阳：辽宁科学技术出版社，2001.

［12］陈晓云．众人狂欢：网络传播与娱乐．上海：复旦大学出版社，2001.

［13］比尔·盖茨．未来之路．辜正坤，主译．北京：北京大学出版社，1996.

［14］车文博．人本主义心理学．杭州：浙江教育出版社，2003.

［15］朱智贤．心理学大词典．北京：北京师范大学出版社，1989.

［16］陶国富，王祥兴．大学生网络心理．上海：立信会计出版社，2004.

［17］中国互联网络信息中心．中国互联网络发展状况统计报告（2005/1）．http：//www.cnnic.net.cn/download/2005/2005011801.pdf.

［18］中国互联网络信息中心．中国互联网络发展状况统计报告（2005/7）．http：//www.cnnic.net.cn/updownloadfiles/pdf/2005/7/20/210342.pdf.

［19］中国互联网络信息中心．中国互联网络发展状况统计报告（2006/1）．http：//www.cnnic.cn/images/2006/download/2006011701.pdf.

［20］郭良．网络创世纪：从阿帕网到互联网．北京：中国人民大学出版社，1998.

［21］陈历．论网络交往实践．福州：福建师范大学，2003.

［22］贺善侃．网络时代：社会发展的新纪元．上海：上海辞书出版社，2004.

第十章

休闲活动与心理健康

闲暇时间本身就是财富。

——马克思

在节奏紧张的现代社会，个体生命的绝大部分时间都必须听任机械钟表的指挥和摆布，唯独在闲暇之时，每个社会成员才可以依随心理时间去安排生活，自由地选择符合自己当时内心需要的、自己认为有意义的、带有极大审美成分的活动方式，并在这一过程中自由地、独特地、完美地表现更为真实的自我。生活在节奏紧张、空间拥挤和竞争激烈的现代社会里，大学生有保持身心健康的基本需要。

第一节 大学生休闲活动的基本特点

一、休闲活动概况

休闲活动是人们在闲暇时间里所进行的一切活动，它是个人利用基本生产活动、工作或学习以外的时间从事自己感兴趣的活动以调节身心的生活方式，如文学、音乐、舞蹈、电影、电视、摄影、聊天等。休闲活动是完全个性化的，其本质是自由的。休闲与众多的学科领域相关，心理学强调休闲是一种个人行为，社会学强调休闲只繁盛在滋养和鼓励的社会环境中，生物学

强调休闲带来生理的显著改变，而哲学可以帮助人们了解休闲的意义。

社会的急剧变革，使大学生面临越来越多的心理应激，对其身心健康带来明显的不利影响。学业的压力、就业的竞争、人际关系的紧张、随处可见的现代化使大学生感到自己渺小与自卑；现代化通信使人与人之间在空间距离上感觉天涯如咫尺，但在情感上却感觉咫尺如天涯；而观念的多元与多变使大学生容易感到惶惑与压抑。总之，竞争越大，付出的心理代价也越大，由心理压力带来的各种困扰也就越多。而科学的休闲观念、合理的休闲方式对于大学生丰富业余生活、缓解生活压力、调适心理重负等均不失为一种有效方式。

大学生休闲活动的内容是由他们的学习任务、生活环境、年龄特点和知识结构等决定的，比一般人的休闲活动更具有目的性和主动性。大学生的休闲活动大体符合"补偿—延伸"理论的模式。补偿就是通过休闲活动来消除疲劳、积蓄能量；延伸就是把学习状态"波散"至休闲活动中，在休闲活动中增知识、长才干，使学习成为一种享受和乐趣。

二、大学生休闲活动的基本特点

（一）休闲时间充裕

从 1995 年 5 月 1 日起施行双休日制度以来，每年我国学生在校学习的时间减少至 190 天。这个数据已与发达国家学生在校学习天数接近：美国为 170 天，英国为 200 天，法国为 180 ~ 200 天。这意味着我国大学生在休闲时间的占有量上进入了世界前列。

（二）休闲动机多样性

人的动机来源于人的需要，当代大学生的个人需要和社会需要愈来愈丰富多彩，并具有多种层次，这也必然决定了大学生休闲活动动机的多样性。

1. 归属动机

随着社会的发展，个体的生理需要和安全需要都已经较好地得到了满足，所以归属就成了最基本的需要之一。尤其是远离家庭的大学生，渴望与老师、同学有一种充满深情和友谊的关系；渴望成为某个团体或组织的一员；渴望与他人一起面对社会的现实，并真正团结在一起，互相学习交流、取长补短。高校中的种种社团和组织正是大学生基于归属动机而组织起来的。

2. 交往动机

大学生为了获得明显的自我价值感，需要了解自己和他人，需要爱和被爱，需要提升和展示自己的能力，需要归属和依赖，需要帮助别人和得到别人的帮助。这种交往动机促使大学生积极参与休闲活动，并在其中耕耘和创造。

3. 娱乐动机

大学生学习生活的紧张和自身的各种问题常常会引起心理紧张。适度的紧张不仅有利于大学生高度集中注意力进行学习和创造，而且还有利于解决日常生活中所遇到的各种问题。但长时间的心理紧张会使人思维迟钝、头脑麻木、记忆力和创造力下降。因此，在休闲时间里大学生希望得到放松和娱乐，并以此来调节情绪，达到积极休息的目的。

4. 成就动机

成就动机来自于人的成就需要。心理学家研究发现，大学生的成就需要高于其他一般群体（如工人、农民、社会青年等）的成就需要，在大学生自身的各种需要中，成就需要处于最高位置。大学生希望在专业学习之余，通过休闲活动建立合理的知识结构，同时发掘自己的创造能力，做到博学多才。

5. 审美动机

爱美之心，人皆有之。审美是人的一种高级精神生活和愉悦享受，处于文化较高层次的大学生更懂得爱美和欣赏美。大学生珍惜青春美，注重仪表美，热爱自然美、生活美和艺术美，追求心灵美和科学美等。对美的追求成了大学生踊跃参加校园文化活动的主要动机之一。

（三）休闲活动内容丰富

大学生休闲活动的内容丰富多彩，既有追求自我发展、自我完善的知识扩充、能力培养、素质锻炼的活动，又有满足精神和生理需要的恢复性的消遣、娱乐活动，也有无所事事地消磨时光的活动。休闲活动的内容大致有以下五种类型：

1. 知识型活动

如参加学校开设的各种选修课、学术性沙龙、研讨会等。

2. 体育型活动

越来越多的大学生开始意识到体育运动在磨炼人的意志品质、塑造健全人格方面具有积极作用。调查表明，91.1%的学生表示愿意参加课外体育活动，其中非常喜欢和比较喜欢的学生占了78.7%。

3. 社会实践活动

当代大学生积极参加爱心义务活动、社会调查、勤工俭学等各种社会实

践活动，其中对勤工俭学热情最高。

4. 嗜好型活动

大学生的嗜好型活动包括打牌、听音乐、旅游、网上休闲等，具有经济实惠、娱乐性强以及高度的可参与性等特点。

5. 享乐型活动

在大学生活中有少部分大学生认为休闲就是吃喝玩乐，只要有自由时间和金钱就去舞厅、卡拉 OK 厅、餐馆、桌球室等场所消遣、享乐。

（四）休闲活动形式灵活、自由

大学生情感丰富、爱好广泛、精力旺盛，通常把过剩的精力在课余和周末投向自己感兴趣的事情。由于大学生具有善于分析、判断、怀疑、争辩及喜欢追根求源等特征，他们不喜欢墨守成规，在休闲活动的内容上不断创新，在活动形式上灵活多样，注重扩展自己的思维空间。同时，大学生希望休闲活动能提供更多施展才能的机会，以利于自己的兴趣培养和个性展示。

（五）休闲活动的年级差异和性别差异

各年级大学生由于心理发展水平、对大学生活的适应程度以及学习任务的不同，在休闲活动的内容上表现出年级差异。三、四年级的学生多选择自我完善、自我发展的层次较高的休闲活动，如阅读、练习琴棋书画等；而低年级的学生更倾向于满足精神和生理需要的恢复性的中等层次的消遣、娱乐活动，如看电视、看电影、体育锻炼、社交、聊天等。

休闲活动也表现出性别差异。男女大学生由于生理、兴趣、爱好等方面的不同，在休闲活动的取向上也存在一定的差异性，男生在休闲时间里更多地倾向于选择健身锻炼和棋牌娱乐，女生则更多地倾向于逛街购物和睡觉休息。但是，在听音乐、看电影、读报看书、访友聊天等休闲内容上，男女大学生的选择没有显著差异。

三、国内外高等教育机构休闲教育的发展状况

休闲教育并非现代社会发展的产物，我国古代就有"寓教于乐"的思想。近代以来特别是工业革命以后，西方教育开始以职业培训为中心，休闲从教育中分离出来。20 世纪初，美国在进步主义教育运动的影响下开始关注休闲教育的问题。约翰·杜威早年提出："富于娱乐性的休闲不仅在当时有益于身体健康，更重要的是它对性情的陶冶可能有长期的作用。为此，教育的任务就是为人们享受娱乐性的休闲做好充分的准备。这是最为严肃的教育任务。"20

世纪 90 年代以来，国内关于休闲教育理论的研究也逐渐受到关注，但休闲教育一直未形成一个比较明确的定义。目前比较一致的观点是，休闲教育是针对传统高等教育过于注重职业培训而提出的一种较高层次的教育模式，它要求把休闲的非职业培训作为教育的一项重要内容，在教育过程中培养人的鉴赏力、兴趣、技能及创造休闲机会的能力，使人能以一种有益的方式去安排自己的休闲时间。

高等学校教育的特点决定了大学生自由支配的休闲时间比较多。重视和利用好高校生活中客观存在的休闲时间是大学生必须培养的重要能力。而目前我国高校大多并未开设休闲教育类的课程，这方面的教育也相对欠缺。而有益的休闲活动能够对大学生的身心健康起到积极向上和不可取代的作用，因此，休闲教育已经成为大学生心理健康教育的新课题。

（一）国外高等教育机构的休闲教育发展状况

西方国家的高等教育机构多设有休闲方面的专业，经过几十年的发展，学科体系比较健全，主要表现在师资力量雄厚、专业人才较多、休闲著作丰富、休闲研究深入、休闲课程设置比较完善等。以美国为例，根据相关调查，在 20 世纪 90 年代初，美国高等教育机构中设置与休闲相关的专业院校有 83 所。

同时，国外的休闲教育领域最明显的一个特点就是，许多高等教育机构都设有专门的休闲学士。例如，澳大利亚的格里菲斯大学，在本科专业中设有休闲管理学士（Bachelor of Leisure Management）、休闲管理自选课程学士（Bachelor of Leisure Management with Honours）、休闲管理工商学士（Bachelor of Leisure Management）等学士学位；研究生专业中设有休闲管理硕士（Master of Leisure Management）、户外教育硕士（Master of Outdoor Education）等硕士学位。

在西方国家的部分高等院校的休闲教育专业中也存在一些有待解决的问题：一是过分强调特色，使得休闲教育中的基础理论教育比较单薄；二是存在休闲理论教育与实践教育脱节的现象。

（二）中国高等教育机构的休闲教育状况

20 世纪 90 年代初，中国大陆的高等教育机构没有设置独立的休闲专业。伴随中国大陆休闲产业、休闲经济的飞速发展，部分高等教育机构开始注意到休闲业的强劲发展态势，认识到休闲教育在未来教育中的重要地位。于是，在 20 世纪 90 年代中后期，中国大陆的一些大学开始在相关专业设置了一些

休闲方面的课程，让学生选修；到了 20 世纪 90 年代末以及 21 世纪初，许多大学都在相关专业设置了一些休闲方面的课程，并且有极少数大学设置了休闲专业或休闲系，如中山大学。但是，中国大陆高等休闲教育仍然处于起步阶段，各方面都很不成熟，存在许多问题，主要表现在以下几个方面。

1. 专业课程设置混乱，缺乏科学性、合理性与统一性

由于高校的休闲教育刚起步不久，在中国大陆它仍然是教育领域一个全新的课题，没有现成的经验可以借鉴，需要各个高校借鉴国外比较成熟的套路，结合中国大陆实际情况，充分发挥主观能动性，创造性地开发、设计这个专业的体系以及课程。因此，部分已经开设休闲课程或休闲专业的高校仍处于摸索阶段。目前，高校的休闲教育很少有独立的休闲系，而往往与一些近似的边缘学科相结合，如运动休闲专业、旅游休闲专业等。总之，名义上是休闲专业，但在课程设置方面，是现有的专业加入休闲课程拼凑而成的，缺乏一定的科学性和合理性。而且休闲专业不像其他专业课程一样，有统一的必修课。它的首创性决定了各个高校都有自己的想法与创意，在休闲教育的发展初期，各个高校的课程设置相距甚远，不可能有统一安排。

2. 缺乏针对专业的课本

中国大陆休闲研究的历史也相当短，有关休闲方面的理论著作更是不多，大量翻译国外著作也只是 20 世纪末的事情。另外，现有的许多休闲方面的教材质量不高，许多高校往往是为了开这门课程而请授课老师自己找资料上课，根本没有教材提供给学生，导致学生学习困难，教学质量不高，休闲教育有名无实。因此，休闲方面的教材极其匮乏也是制约休闲教育发展的一个很重要的因素。

3. 课程教学内容单薄，不够丰富

休闲的含义很广，它涉及社会的许多方面。而高校在开设休闲教育课程时，为了省力，往往先聘请一批教师，再根据其教育的强项来设计一门休闲方面的课程。这种做法很容易使课程教学内容单薄，不够丰富。

4. 专业师资力量匮乏

由于休闲专业在中国大陆高校中处于起步、摸索阶段，这方面的专业教师必然缺乏，许多高校为开设休闲课程、休闲专业，从边缘学科寻找资深的教师，让他们投入休闲研究，从事休闲教育事业。但是，毕竟有些教师不是专业的，他们教给学生的也只能是一些浅显的知识，不能很好地满足广大学生的求知欲。

5. 没有休闲学位

如前所述，在中国大陆的部分高校中，休闲专业的课程，是在现有的专业中加入休闲课程拼凑而成的。因此，这些高校往往没有真正的休闲学位授予学生。一般情况下，学生在修完休闲专业的所有课程并达到一定标准后，所拿到的学位证书并不是休闲学士，而是其他相关专业的学士学位，如运动休闲专业的学生毕业后，拿到的可能是教育学学士学位；旅游休闲专业的学生毕业后，拿到的可能是管理学学士学位。

案例 10-1   你用什么时间来思考？

一天晚上，一位著名的物理学家走进他的实验室，看见一个研究生仍辛勤地在实验台前工作。物理学家关心地问道："这么晚了，你在做什么？"学生答道："我在工作。""那你白天做什么了？""我也在工作。""那么你整天都在工作吗？""是的，教授。"学生带着谦恭的表情承认了，并期盼着教授的赞许。

物理学家稍稍想了一下，随即问道："可是，这样一来，我很好奇，你用什么时间来思考呢？"

评论   人们常常推说自己太忙了，没有时间去休闲。其实，要说忙得抽不出时间，那只是借口而已。在这个生活节奏紧张的时代，人们似乎每天都没有充裕的时间去做自己想做的事，但是建议你每天还是尽量挤出一小时给自己充分的自由，做你想做的事情。

小故事大智慧 10-1   于平凡中发现美

一个叫塞尔玛的年轻女人，陪伴丈夫住在一个沙漠的陆军基地里，丈夫奉命到沙漠里演习，她一个人留在陆军的小铁皮房子里，不仅炎热难熬，而且没有人聊天，因为这里只有墨西哥人和印第安人，他们不会说英语。她太难过了，就写信给父母说要回家，她父亲的回信只有两行字。但是这两行字彻底改变了她的生活。

这两行字是：两个人从牢房的铁窗望出去，一个人看到了泥土，另一个人却看到了星星。

于是，她开始和当地人交朋友，人们对她非常热情。她对当地的纺织品和陶器很感兴趣，并开始研究当地的仙人掌和沙漠中的各种植物，原先的痛

苦变成了一生中最有意义的冒险，她为自己的新发现而兴奋不已。两年之后塞尔玛的作品《快乐的城堡》出版了，她终于看到了"星星"。

评论　上帝对每个人都是公平的，提供给我们同等的生活环境，设置了同等的生活障碍。我们的生活原本如诗如画、充满激情，但是很多人都埋怨它枯燥无味。其实这不是生活本身的错，而是你自己失去了生活的热情。所以要欣赏生活首先要有正确的态度，善于从生活中发现美。

第二节　大学生休闲活动中存在的问题及其影响

一、大学生休闲活动中存在的问题

尽管休闲活动对大学生身心健康非常重要，但大学生的休闲活动还是存在不少问题，主要集中在以下五个方面。

（一）休闲活动质量不高

调查发现，25%的大学生满意自己的休闲生活，54.5%的大学生表示不满意，而89%的大学生在概括自己的休闲生活时用上了"空虚""无聊"等字眼。一个人之所以感到空虚或无聊，是因为他觉得应该有点什么事情来填补闲暇时间，而又找不到有意义的活动。大学生有充足的闲暇时间，如果不能找到有意义、有价值的休闲活动，空虚感和无聊感就必然会产生。

（二）休闲活动内容结构不合理

不少大学生除了有1/3左右的时间用于专业学习之外，花费时间最多的几项活动是户内交谈、休息、玩电脑等。这体现出大学生休闲时间过多，活动时间过少；小范围交际活动过多，大空间交往活动过少；智力活动过多，体力活动过少；口头活动过多，实践活动过少；一般性活动过多，技能型活动过少的特点，这些都不利于大学生身心全面发展。

（三）休闲活动的层次不高

一些大学生花费时间最多的休闲活动是属于低层次的，即纯粹是为了消磨时间。最为典型的是无论是工作日还是双休日，"休息"与"室内交谈"所用闲暇时间仅次于"自学"。在某种程度上，正是因为这种低档次的活动占据了大量的闲暇时间，才会让一些大学生倍感空虚与无聊，与之形成鲜明对比的是，积极参与型活动和创造型活动所占的时间非常少。

（四）对休闲生活缺乏自觉性

大学生的休闲生活基本上还处于一种盲目的、自发的状态，平时几乎没有理智地、自觉地、认真地考虑过自己的休闲生活。调查发现有41%的大学生同意或比较同意自己的休闲生活基本处于盲目状态。也许正是因为对自己休闲生活的自觉性的缺乏，才导致精力充沛、天性爱玩的大学生将大把的时间耗在"无聊乱侃""上网聊天"等方面。

（五）休闲活动技能的缺乏

马克思说："对于没有音乐感的耳朵来说，最美的音乐也毫无意义。"要提高休闲活动的质量，必须有相应水平的技能、技巧，而调查发现只有9%的大学生认为自己掌握了业余爱好的基本技能，接近50%的大学生对此表示处于迷茫状态。

二、造成的心理影响

如果大学生休闲活动中的问题不能妥善解决，势必会造成不良的心理影响。

（一）无聊感和空虚感增加

很多大学生不能很好地利用休闲时间去做一些有意义、有价值的事情，而是三五成群地看电影，毫无目的地逛大街，通宵达旦地"闲聊胡侃""上网聊天"，沉溺于"虚拟游戏"，虚度时光。内心的空虚感、无聊感与日俱增。

（二）学习压力增加

有些同学把双休日等同于"玩"，使有意义的休闲发生了质的变化，他们将大部分休闲时间用在了"闲聊胡侃""网络游戏"等方面，平时也不注意自学、复习功课等。而大学课程就是以自学为主，教师在课堂上只能讲重点、难点，大部分知识还得课后去消化，这就使得教与学的矛盾突出，学业的压力使得部分学生背上了沉重的包袱。

（三）养成不良习惯

随着学生家庭经济情况的改善，大学生中有些女同学开始攀比衣着打扮，男同学则迷上吸烟饮酒，人际交往的消费逐渐上涨，这使得经济本未独立的大学生背上了经济"负担"，部分经济能力有限而又爱面子的同学会因此产生沉重的精神压力，甚至作出违法行为。部分同学的休闲活动追求所谓的"社会化"和"时尚感"，如请客、抽烟、酗酒；还有不少学生沉迷于跳舞、打牌、看电影等；甚至有的同学因为不良习惯的影响而作出违法违纪的事，给学校、家庭、社会增添了不必要的麻烦。

（四）集体意识淡漠

学生闲暇时间增多，休闲活动多以宿舍为单位开展，系、班级活动减少，因此班级的凝聚力逐渐被削弱，集体意识淡化。

（五）盲目恋爱，增加烦恼

空闲时间的增多，给谈恋爱带来了方便，盲目恋爱的人也多了，这容易引发一些心理问题，造成心理危机。

（六）网络成瘾，丧失自我

上网作为大学生休闲活动的一种越来越常见的形式，给大学生造成的心理影响不容忽视。当代大学生在充分享受互联网给自己带来诸多乐趣的同时，也正经受着它带来的种种心理困惑甚至痛苦，许多同学还患上了网瘾。

案例 10-2   欲望的深渊

小杨是某高校艺术专业的学生，来自于工薪阶层家庭。考入大学后，发现本班的大部分同学都来自富裕家庭，用着最新款的手机、笔记本电脑，穿着名牌衣服，买高级化妆品，课余时间大家都去卡拉OK、逛街等，她也不得不同往，经济开销骤然加大，父母渐渐无法满足她的经济需求。一天晚上，她独自一人在寝室，发现室友的笔记本电脑没有锁进柜子里，鬼使神差中，她将手伸向了那台笔记本电脑。她把电脑拿到二手市场卖了2 000块钱。学校保卫科很快侦破了这起盗窃案件，小杨被开除了学籍。

评论　这是一起典型的由休闲消费增多引发的案例。案例中的小杨不能正确地调适自己内心的不平衡，一味讲求攀比、追求虚荣，最终造成了无法挽回的后果。

小故事大智慧 10-2   管仲唱歌

据史载，管仲被俘，关在囚车里慢慢前进。他突然发觉有人赶来追杀他，于是在囚车里唱起了有节奏的歌。推车的力士不知不觉跟着歌声的节奏，走得越来越快，管仲因而得以逃脱敌人的追杀。

评论　假如当时管仲不唱歌，而直接求车夫快跑，谁会理睬这个"囚犯"的请求呢？所以无论你是否有动听的歌喉，在你需要宣泄情绪时，在你身心疲惫时，放开歌喉，尽情高歌一曲，你将会有一种如释重负的感觉。不信试试看！

第三节　休闲活动与网络发展

一、网络休闲概况

在科技高速发展、竞争日趋激烈的今天，通过 Internet 涉足网络文化，获取更多、更新的知识已成为越来越多的人所追求的一种时尚。作为时代"弄潮儿"的大学生自然是其中的主力军。目前，已有 2 500 多所高校建立了校园网，有的还铺设了宽带网线，为在校大学生上网提供了便利条件。网络时代的大学校园，"无处不网、无时不网、无人不网"。互联网作为信息传播的新媒体，它对大学生的学习、生活、思想观念产生了广泛而深刻的影响。据统计，80% 以上的大学生在闲暇时间选择上网。那么，大学生上网都做些什么呢？调查和研究表明，青年大学生的网络活动主要有以下几种类型：

（一）知识信息型

Internet 如同一个信息的聚宝盆，应有尽有。在这里，大学生可以精心研读自己所关注的领域的知识，吸取来自国内外的最新研究成果。

（二）人际交往型

46% 的大学生上网是为了人际交往。大学生充分利用微信、BBS 论坛、QQ、E-mail 等进行人际沟通，且在沟通内容上一般没有太大的局限性。

（三）娱乐游戏型

游戏网站也是大学生经常光顾的地方。有的大学生在游戏网站一待就是七八个小时，有的甚至逃课逃学，严重影响了学业。

（四）网络恋爱型

网络世界的交友模式与现实社会中的恋爱交往模式有某些共同点，再加上网络有匿名的特性，这容易使彼此互不认识的男女双方很快建立起亲密的关系，进而发展到相互慰藉心灵的依赖关系。这些都是促成网络恋爱快速发展的原因。

二、网络休闲的优势与局限性

（一）网络休闲的优势

网络的出现给休闲方式带来了前所未有的新元素和新功能，它的优越性

表现在以下几方面：

首先，它超越了时空的限制。例如，以往人们看电影要在固定的时间去电影院观看，而网络影视使人们可以随时、随地选择自己喜欢的影片。

其次，网络休闲方式的优越性还表现在其视觉方面更具刺激性。直观、动感的画面很能吸引人的眼球。

最后，网络休闲可以充分体现个性，选择范围广，老少皆宜。例如，在现实生活中，旅游有很多不便，但在网上，旅游机会人人平等，人们可以通过视频饱览世界各地的名胜古迹、风土人情，这对于没有机会旅游的人来说不失为一件乐事。再如网络文学，普通人不再只是读者，还可以尝试自己创作。如今网络作家比比皆是，而在过去他们是很难有机会使自己的作品展示出来的。

（二）网络休闲的局限性

网络的发展在丰富大学生的休闲生活，提高大学生在计算机操作、信息查询处理、人际沟通等方面技能的同时，也带来了一些弊端。互联网的内容良莠不齐，很难监控和筛选，而其超乎想象的刺激性和娱乐性又极易使人上瘾，对大学生群体具有特殊的吸引力。很多大学生长时间沉溺于网络游戏、上网聊天，醉心于在网上获取信息、猎奇，造成对网络的过度依赖，导致个人身心受损，正常学习、工作及社会交往等受到严重影响。相关研究显示，大学生网络成瘾的比例目前已高达9.9%。网络休闲对大学生的消极影响主要表现在以下几个方面。

首先，不利于网络成瘾的大学生的心理发展。这种局限性突出表现在一些网络游戏中，某些网络游戏的成瘾者由于过度沉溺于网络中的虚拟角色而迷失了真实的自我。他们将网络上的规则应用到真实的社会生活中，造成角色的错乱。他们在现实社会中与人交往受挫后，往往会转向虚拟的网络世界寻求安慰，消极地逃避现实。这对网络成瘾者的自我人格塑造极其不利。根据最新统计的结果，目前中国约有2 000万网游少年，其中有260万是网游成瘾者。在经常上网的大学生中，以玩游戏作为首要目的的占40%。另有资料显示，华东某高校237名退学试读和留级的学生中，有80%的学生是因迷恋网络而导致成绩下降的。如果网络休闲的这种消极影响不能引起我们的足够重视，那么将有更多的大学生受到伤害。

其次，过度的网络休闲往往会影响身体健康。网络休闲的一个共同的缺点是时间长了会影响身体健康，易造成肥胖、腰颈疾病、神经紧张等，还间接使人们放弃了应有的户外休闲等有益于身心健康的其他休闲方式。据世界卫生组织估计，全世界成年人中有 60% ~ 80% 的人缺乏运动，每年有 200 万人死于缺乏运动。此外，电脑的辐射也带来了许多疾病。

最后，沉溺于网络休闲还可能使人们变得冷漠、麻木及道德感弱化。网络休闲占用了许多人们用来交际、互动、参与集体娱乐休闲活动的时间，容易使人与人之间缺乏沟通、彼此疏远等。虽然人们也会结识网友，但网友毕竟有着太多的不确定因素和虚拟成分，很少会起到现实生活中朋友的作用。此外，网络还在一定程度上淡化了人们的道德观念，诱发了一些不道德行为。一些违法和违背道德的行为如勒索、诽谤、裸聊等在互联网上也经常出现。

三、建构网络休闲与传统休闲的平衡

回过头来，再重新审视我们前面提到的休闲的本质与目的：休闲的本质是使人自由自在地享受生活并从中得到快乐，全面而充分地实现自我价值，它能使人拥有健康的体魄、乐观的心理、积极的人生观，并在此基础上发挥自己的潜能，更重要的是使人体验到爱和幸福。网络休闲的发展也是以这些目标为宗旨的。但某些网络休闲方式却损害了人们的健康，限制了人们的自由发展空间，这就背离了休闲的初衷。因此，我们有必要对网络休闲与人类发展的关系进行更全面的审视。

高科技通过网络休闲手段使人们的幸福感得到迅速提升，但也在一定程度上使人们过于追求这种享受而陷入某种"困境"。首先，休闲本来是为了放松，而网络休闲有时会使人们局限在网络这个"狭小"空间中，任其束缚，不愿走出来，不知不觉就陷入了疲劳与紧张中；休闲是为了让人们获得健康，网络休闲却可能使人因缺乏运动而身体受损。其次，某些网络休闲形式使一些人因为在虚拟游戏和网络交友中的失败而更加压抑。这在本质上已经背离了休闲的真正目的，使休闲在某种程度上"异化"了。网络作为一种工具和手段能够帮助我们达到休闲的目的，但一些人往往陷入对这种工具的迷恋中，从而忽略了它的真正意义。或者说，他们是在用正确的工具做错误的事，为了手段而丢了目标。对网络休闲进行法律上的管制只是权宜之计，问题的有效解决还在于大学生的自律。要摆脱它带给我们的某些"困境"，其中的一个办法就是更多地回归现实生活。

案例 10-3   一个网络游戏迷的经历

小 L，男，2004 级学生，四川乐山人。父母是中学教师，都特别要强、爱面子。小 L 从小聪慧，学习成绩也不错。进中学后，时间安排都是父母为他计划，为此他很反感，于是他就下定决心考大学，并且一定要考离家远的学校。小 L 进大学后，第一学期获得了二等奖学金，第二学期开始迷上网络游戏，彻底放弃了学习，几乎不上课，期末考试大部分科目不及格。这时他又特别自卑，有些自暴自弃，由于怕被退学，无奈只好休学。2006 年 9 月复学，该学期又获得二等奖学金。2007 年 6 月又因玩网络游戏被迫休学。小 L 在校期间，在玩网络游戏的痛苦中反反复复不断挣扎，这是"网络成瘾"的症状。

评论   过度使用网络常常会导致大学生出现情绪障碍和社会适应的困难。在心理方面，会出现注意力不能集中、不能持久，记忆力减退，对其他活动缺乏兴趣，为人冷漠，缺乏时间感，情绪低落等状况；在生理方面，会出现不能维持正常的睡眠周期，停止上网时出现失眠、头痛、注意力不集中、消化不良、恶心厌食、体重下降等情况；在行为方面，会出现品行障碍，产生攻击性行为。因此，大学生应对网络有正确的认识，合理地使用网络资源，准确把握自我，认清自己的真实需要，避免网络心理问题的产生。

小故事大智慧 10-3   如何寻找幸福

作家杜朗曾叙述过他是如何寻找幸福的。他先从知识里寻找幸福，得到的是幻灭；从旅途中寻找幸福，得到的是疲倦；从财富里寻找幸福，得到的是争斗与忧愁；从写作中寻找幸福，找到的只是劳累。然而有一天，他去火车站，看见一辆小汽车里坐着一位年轻妇女，怀里抱着一个熟睡的婴儿。一位中年男子从火车上下来，径直走到汽车旁边，他吻了一下妻子，又轻轻吻了婴儿——生怕把他惊醒。然后，这家人就开车离去了。这时，杜朗才惊奇地发现什么才是真正的幸福，他高兴地松了口气。从此他真正懂得：生活中的每一正常活动中都带有某种幸福。

评论   其实，平凡的生活中蕴藏着无限的幸福和美的东西，只是有时候我们不善于发现，没有真心体味而已。现代人越来越多地将情感寄托于虚幻的网络，就是因为没有好好地去体味现实生活中的美与感动。

第四节　体育休闲活动与心理健康

健康新概念包含三个要素，即身体健康、心理健康和具有良好的社会适应性。其中身体健康是物质基础，心理健康是内涵，社会适应性是外部表现。心理健康包括两层含义：一层是指心理健康状态，个体处于这种状态时，不仅自我感觉良好，而且与社会处于和谐状态；另一层是指维持心理健康、减少行为问题和精神疾病的原则与措施。而体育运动既可以锻炼人的身体素质，增进人与人之间的交往，又有利于培养人处理各种人际关系的能力，还可提高对社会的适应能力，因此体育活动是维持心理健康的一种重要手段。

体育型活动是大学生休闲活动的一个主要内容。越来越多的大学生开始意识到体育运动在磨炼人的意志品质、塑造健全人格方面的积极作用，调查表明，91.1%的学生表示愿意参加课外体育活动，非常喜欢和比较喜欢的学生占了78.7%。加强运动锻炼可以宣泄自身的不良情绪，消除心理压力，培养积极向上的人生观，可以为郁积的各种消极情绪提供一个发泄口，尤其可以使遭受挫折后产生的冲动通过运动得到升华或转移，并可以消除轻微的情绪障碍，预防并治疗某些心理疾病。

一、体育休闲活动有利于发展和提高大学生的认知能力

体育运动项目都有一个共同的特点，即在运动中要求运动者既能对外界物体（如球、器械等）作出迅速准确的感知与判断，又能迅速协调自己的身体以保证动作的完成。这样，长期的运动便能促进人的感觉、知觉能力的发展，提高人的反应速度和直觉判断能力，使人变得敏锐、灵活。有些运动项目还能充分锻炼人的思维能力、判断能力、记忆能力，如围棋、象棋、国际象棋等；而体操、跳水、花样滑冰、健美操等运动项目则能充分发展运动员的想象力和美的表现力。心理学研究表明，走、跑等动作对人的感知和思维发展有积极的作用，赛跑、跳上跳下、投包等一系列体育活动可以使人们识别和理解上下、前后、左右、高低、远近、先后、快慢等概念，从而提高认识事物的能力。大学生在参与体育活动时，要敏锐地观察瞬息多变的环境，独立地、快速灵敏地、创造性地处理当时所面对的问题。这对发展和提高观察、注意、思维、想象、记忆等能力都具有十分明显的效果。

二、体育休闲活动有利于磨炼大学生的意志，发展个性

体育休闲活动大多是在室外，风吹日晒。尤其是在炎热的夏天和寒冷的冬天，人们要经受大自然的考验，经过反复练习并承受机体的疲劳与肌肉的酸痛，才能掌握相应的运动技能。这对于培养学生坚强的毅力和吃苦耐劳的精神无疑是最好的实践与锻炼。

同时，体育讲求积极进取、勇于拼搏的竞争精神。这种精神是社会发展的动力，是事业取得成功的必备素质之一。体育比赛以其竞争的魅力吸引学生参与，通过体育竞赛可以使学生增强自信，学会自我激励，争取不断地超越他人、超越自我，获得奋进向上的积极的情绪体验。体育竞赛永远伴随着成功与失败，它可以使学生在承受挫折与失败的能力方面得到锻炼，使克服困难、不屈不挠等良好意志品质得到增强。体育竞赛还有着严格的纪律与规则要求，学生必须按照规则进行比赛，这有利于培养学生的纪律性与自制力，帮助学生妥善管理自己的情绪。

三、体育休闲活动有利于改善人际关系

体育运动是来源于生活且高于生活的一种特殊活动，运动时用语言和文字进行的交往少，用身体的动作、表情、眼神等非语言进行的交往多，这样，感情和情绪可由表情和动作表现出来。个体通过对方的表情就可知道是喜还是怒，进一步根据对方的动作就可以理解对方的意图。运动中的个体通过拥抱、拍拍肩膀或握手等身体的接触来表达友好、尊敬之情。这种特殊的交往形式使人与人之间交往时不会因为感情深浅、身份高低、年龄长幼、长相美丑、不同种族而存有戒心。这种运动中形成的全新的人与人之间的关系随运动时间和次数的增加而不断得到强化，被强化了的这种关系在以后的生活中已成为经验，而这经验在后续生活交往中对原有的心理过程又有很好的调校作用。尤其对在人际交往上有心理障碍的大学生来说，通过运动这个媒介可改变他们对人、对事的态度、想法，从而起到改善人际关系的作用。

四、体育活动有利于矫治某些心理缺陷

如果某些人存在心理上特别是人格上的缺陷，也可在休闲中通过参加不同项目的体育活动得到较好的矫治。例如，不善于与同伴交往、不合群的人可以选择足球、篮球、排球以及接力跑、拔河等集体项目，这些团体性的体

育活动会使人慢慢改变孤僻的个性，逐步适应与同伴的交往和群体活动；胆子较小、做事怕风险、容易脸红、怕难为情的人可以参加游泳、滑冰、滑雪、拳击、摔跤、平衡木等活动，这些活动要求人们不断地克服害怕摔倒、跌痛等各种胆怯心态，以勇敢无畏的精神去面对困难、越过障碍；处事犹豫不决、不够果断的人可以参加乒乓球、网球、羽毛球、跨栏跑、击剑等活动，在这些活动中，任何犹豫徘徊都将错失良机，遭到失败，从而培养人果断的个性；容易急躁、感情易冲动的人可以参加下棋、太极拳、慢跑、远足、游泳、骑自行车、射击等活动，这些活动要求人们有耐心和坚强的毅力，从而能增强自我控制能力，使情绪更加稳定，改变容易急躁、冲动的性格特点；做事信心不足的人可以选择一些简单易做的活动，如跳绳、俯卧撑、广播体操、跑步等项目，这些活动能使锻炼者看到自己的成绩，从而增强信心；遇事容易紧张的人，如考试总是心慌的人，可以参加足球、篮球、排球等比赛，这种比赛形势多变、紧张激烈，只有冷静、沉着才能够在激烈的比赛中获得好成绩，经常参加这些运动就能够使人遇事不会过分紧张，更不会惊慌失措；自负的人可以选择一些难度较大、动作复杂的项目，如跳水、体操、马拉松长跑、艺术体操等，也可找一些实力超过自己的对手下棋、打乒乓球或羽毛球等，这样就可以逐渐克制自己的骄傲之气。

有调查表明，运动技能好的学生表现得积极、有人缘、冷静、办法多、做事用心、人际关系好，而运动技能差的学生做事胆怯畏缩、紧张消极、孤僻且不合群。那些笨拙的或者运动技能非常低的人，对各种事情易产生恐惧心理和不安感，进而产生压迫感和自卑感，反过来行动变得更消极，脱离同伴，性格变得孤僻起来。所以通过体育运动能够很好地克服孤僻、羞怯、逞强、肤浅等性格缺陷，进而促进良好性格特征的形成。

五、体育活动有利于获得精神层面的自由感和解放感

体育休闲活动与大学生平常的学习和生活不同，学习涉及责任、成就、名誉、地位等，即使你不想做，也不得不做，因而它具有一定的强制性，加之这些事情日复一日、年复一年地简单重复必然使人感到厌倦和烦恼。而休闲体育既不涉及责任成就，也不属于必做之事，参加者可以自由选择参加与否以及参加何种形式的活动。这种自主选择性可以使人暂时忘记学习和生活中的种种不快和烦恼，感受到按照自己意志从事活动所带来的轻松和愉快，从而获得一种精神上的自由感、解放感。

当然，体育的最高理想本是促进人的身心健康，但是它也不是十全十美的。比如，不正确的运动方式及不适当的运动量会伤害人体。据报道，国外一家保险公司对 5 000 名运动员进行调查，发现有些人四五十岁时就患了心脏病。体育运动就像一把双刃剑，如果人们不能很好地驾驭它，它就有可能对人类的身体与心理造成伤害。因此，对于体育运动特别是竞技运动，大学生应该通过良好的管理对其实施控制与引导，只有这样，体育休闲活动才能在强身健体的同时，成为保持心理健康的有效途径之一。

案例 10-4　体育的神奇力量

某高校心理咨询中心接待了一名患心理障碍的学生。当时，这位学生衣冠不整、情绪低落、心理焦虑，且身体不适，并伴有睡眠障碍等，表现出较明显的抑郁症症状，已经无法集中精力学习，他面临休学、退学的困境。心理咨询中心的教师对这位学生进行了体育调节治疗。在实施调节治疗的前三周里，这位学生开始有明显的好转，主要表现在他对体育专项课兴趣倍增。他袒露，通过体育活动与锻炼，食欲增强了，睡眠也改善了，同学之间的关系也得到了很大的改善。经过一个月的调节治疗，他不仅顺利地通过了教学考核，而且身体状况明显改观，几项素质测试指标也有了大幅度的提高。之后，心理咨询中心的教师又鼓励这位学生继续坚持体育活动，坚持用体育锻炼来调节身心，最终使这位学生摆脱了休学和退学的困扰，对自己的学习与前途充满信心。

评论　心与身是相互联系、相互作用的，心理与周围环境、与周围的人也是相互协调、相互影响的。通过体育活动，人的心理与身体、主体与周围环境、个人与周围的人能够充分地交融在一起，从而促进主体对环境的适应，促进人际关系和谐，使人达到身心平衡，获得身心健康。

小故事大智慧 10-4　两只老鼠的命运

科学家曾做过这样一个实验：将两只老鼠以不同形式放在一个可以转动的阶梯式的滚筒上。其中一只老鼠捆绑在滚筒上，而另一只则放在滚筒的台阶上。当滚筒转动时，捆绑的老鼠躺在上面"睡觉"，而另一只则随滚筒转动的频率跑动，随着转速加快，老鼠的跑动也加快，直至跑不动掉下滚筒为止。这时人们发现，跑动的老鼠很快筋疲力尽，但休息一会就会无大碍；而捆绑的那只老鼠尽管没有消耗什么能量，却死了。

评论 虽然两只老鼠都处于恐惧、惊慌的状态，但奔跑的老鼠通过运动将产生的负面情绪宣泄出来了，所以能够活着。而另一只老鼠无法动弹，不能排除累积的负面情绪，最终被吓死了。体育运动可以为积压的各种消极情绪提供一个有效的、合理的发泄渠道，尤其可以使遭受挫折后产生的冲动通过运动得到升华或转移，从而减缓、消除某些心理问题。

第五节　重视休闲活动　促进心理健康

一、休闲活动对大学生心理健康的影响

法国社会学家杜马哲提出，休闲包括三个部分：一是放松，放松是休闲的开始，因为人需要克服疲劳；二是娱乐，娱乐提供了休闲的转移功能，让我们的注意力从自身转向其他轻松的事务；三是个人发展，个人发展是休闲的持久成分，它使我们的视野开阔且使生命更有意义。

休闲活动的特点之一就是愉悦性。从学校教育看，无论是什么活动，教师都会创造优美的环境，让学生在自然和谐的气氛中受到熏陶，使学生感到参加休闲活动是愉快而轻松的，不会产生紧张和不愉快的情绪，能真正感受到休闲活动是一种愉悦的享受，从而促进学生的身心健康发展。人的身心和谐发展是人全面发展的核心和根本保证。人与自然、人与社会的和谐发展虽然为人的全面发展创造了良好的外部环境，但如果因身心矛盾尖锐，造成身心失调，甚至出现人格分裂，那么人的全面发展就成了一句空话。因此人的身心和谐发展是人全面发展的集中体现。怎样才能使人的身心和谐发展呢？这就要求人们正确认识人的身心结构及其发展规律，在改造自然、改造社会的同时，按照美的规律来改造和完善人的身心、愉悦人的身心，实现从认知、意志到情感的升华，在人的情感体验过程中达到美的境界、达到合规律性与合目的性的统一。

（一）消除疲劳，减轻应激反应，宣泄不良情绪

疲劳是一种综合性的病症，与人的生理和心理因素有关。有研究表明，休闲活动（尤其是休闲体育等）能提高最大输氧量和最大肌肉力量，减少疲劳。休闲活动也能减轻应激反应。人在应激状态下会分泌过量的肾上腺素，长期累积后会对身体造成损害，而休闲活动可以减少肾上腺素能受体的数目

或敏感性。而且，经常参加休闲活动可以降低特定应激源对生理的影响。

现代心理治疗理论非常重视宣泄在心理健康维护和治疗中的作用。心理咨询和治疗者的重要任务之一就是为受到压抑的心理症结提供宣泄和释放的渠道。但是由于传统观念和行为习惯的影响，很多大学生在遇到烦恼和心理问题时，往往没有勇气或不习惯求助心理医生，也不愿意向身边熟悉的人倾诉，而休闲活动如上网、体育活动、旅游等就为大学生提供了不良情绪的宣泄途径。

（二）促进人际交往

人与人之间缺乏理解与沟通是现代人所面临的生存危机之一。在交通和通信技术日新月异、国际互联网蓬勃发展的今天，人与人之间心灵的沟通与理解却越来越困难。这给人们带来了生理、心理和精神上的巨大损害，导致新的生存压抑和孤独，也使社会失去应有的平衡和协调。寻求人与人之间沟通与理解的途径和方法已成为社会的一大课题。休闲活动在促进人际交流方面能够发挥重要的作用，其主要吸引力就在于消除个人的离群感和孤单感，能使个人和其他人融合在一起。

在大学生参与休闲活动的动机中，交往动机是主要动机之一。在问卷调查"大学生在闲暇时间最感兴趣的话题和行为"一题中，有 29.93% 的同学选择了"人际关系"。参与休闲活动对大学生增加人际交往的机会、提高交往技能和改善人际关系方面有积极作用。大学生刚刚离开家庭，开始独自步入集体生活，有一种既向往集体生活，又害怕与陌生人交往的感觉。休闲活动作为大学生生活的一部分，在引导学生克服恐惧心理、积极参与社会活动、满足其交往的心理方面起了一定的作用。大学生在休闲活动中的交往更为直接、随意，并在一种友爱的气氛中进行，这就很容易消除交往中的紧张心理。另外，休闲活动的多种形式为学生提供了交往机会，为大学生的人际交往向纵深方向发展创造了有利条件。大学生学习与同龄人交往，也学习与社会地位不同的人交往；学习与朋友交往，也学习与社团或群体交往；学习与同性或异性交往，也学习与不同个性特点的人交往。在与众多对象的交往中，在获取、利用和处理信息的过程中，大学生学会了人际交往的方式、方法和技能，也提高了自我修养的水平。大学生交往技能的发展加速了他们社会化的过程，丰富和深化了他们的社会经验，这对在校的学习和将来的工作都是十分有利的。

（三）增进自我认同，加速自我发展

处于青春期的大学生正面临着自我认同的压力。在一些如雕刻、绘画、艺术创作等需要持久投入的休闲活动中，大学生通过自我兴趣的探索，能获得积极的体验和新知识，并获得自我展示、自我认识的机会，有利于自我的重新定位与评价，从而加速自我的发展。

（四）营造良好的文化氛围

休闲活动还有助于营造良好的文化氛围。人们通过参与体育、艺术等休闲活动，在各类审美欣赏中，全身心地沉浸在美的世界里，烦乱浮躁的心绪得到安抚、情感受到陶冶、心灵得到净化。休闲活动能够促使人们以开阔的眼界和心胸来看待生活和社会，从而拥有良好的精神风貌、振奋的精神状态、高尚的道德情操，培养积极、宽容、健康的社会心态，为建设和谐社会营造良好的文化氛围。

（五）启发想象力及创造力

休闲活动具有开放、立体、多渠道的特点，是按照自己的意愿而进行的没有任何束缚、也无固定现成方法的活动，能激发大学生的学习兴趣，培养其想象力与创造力。

（六）培养互助合作的精神

当今社会分工日益精细，人们必须互助合作才能顺利完成工作。很多管理经验丰富的企事业单位都对应聘者进行"合作能力测验"，并以此作为是否录用的重要指标。但一些大学生竞争意识有余，合作精神不足。大学生应经常参加一些带比赛性质如球赛类的休闲活动，从中学习到如何与同伴分工协调，养成互助合作的精神。

二、大学生休闲活动的心理健康教育对策

大学生作为社会中的特殊群体，休闲活动质量的高低直接关系到全社会的文明程度。大学生休闲的意义是要弥补现代技术教育所缺失的人文教育，以提高生活质量。那么，怎样利用闲暇时间开展有益的休闲活动，做到玩得巧、玩得好、玩出好心情和健康，充分发挥休闲活动对身心健康的调节作用呢？

（一）引导大学生树立正确的休闲意识和科学的休闲观

休闲生活，人皆有之。然而，有人乐在其中、大受裨益，有人却身心受损、元气大伤。为什么呢？原因在于前者能正确地认识休闲，生活质量好、品位高；后者对休闲存在误解，从而不能很好地休闲，生活质量差、品位低。著名休闲学家马惠娣认为："休闲是人的生命的一种状态，是一种'成为人'

的过程，是一个人完成个人与社会发展任务的主要存在空间，休闲不仅是在寻找快乐，也是在寻找生命的意义。"由于大学生的自制能力普遍较差，缺乏规划和使用闲暇时间的自觉性、主体性。因此，引导大学生培养正确的休闲意识和树立科学的休闲价值观就显得特别重要。

正确的休闲意识是搞好休闲教育的前提，是学生身心素质获得全面发展的关键。休闲价值观是人们对休闲价值取向的认识，大学生在选择休闲生活方式时，应懂得选择符合自己价值观和社会价值观的休闲方式，并且正确理解学习与休闲之间的辩证关系，做到在轻松中消除疲劳，在休闲中发展自己，真正发挥休闲活动的正面促进作用。只有树立正确的休闲观，才能为健康的休闲活动提供保证。

休闲既包含静止的休息，即在紧张学习工作之余好好休息，消除疲劳，使机体恢复正常的状态，又包含动态的休息，即在与学习工作不同类的活动之间切换，使身心得到愉悦的享受。大学生应正确地理解休闲的内涵，休闲并非特指某些高档消费的项目，只要能玩出好心情，就是好的休闲方式。它没有规范的方式，不必追求完美的效果，重要的是能有好的心情，身心得到放松与恢复。

（二）坚持正确的休闲活动原则

休闲必不可少，但又不能过分迷恋。更不能心存鄙琐、觅外寻邪，以致"休"出了格，"闲"出了病。所以大学生应当积极参与休闲活动，但并不是无节制地参与，而应该做到有理、有利、有节。

参加休闲活动要有理由，要在完成基本的学习任务之外进行，要在自己的经济支付能力以内进行，不能什么都跟着时尚走。比如，看到足球最受大众喜爱就整天去踢球，轮到乒乓球热又去泡乒乓球馆，等到电脑上网时髦又整天"冲浪"等。在休闲中应坚持正确的文化导向，不参与违法、违规的活动，践行社会主义道德规范。休闲是身体放松和心理松弛的过程，最大的收获应该是身心的愉悦享受。大学生切忌参加"黄、赌、毒、假"等危害社会的活动。

休闲要以对自己有利为原则，即健身和养心并举，应根据自己的年龄、性别、体质、经济、兴趣等因素选择适当的休闲方式，使娱乐与工作、学习能互相协调，达到自我的全面发展。

休闲活动要有节制，所谓"有节"，一方面是指休闲活动要有节制。任何东西都是过犹不及，休闲也是如此，如有些学生通宵达旦地上网、打牌、聊天等，这些都不是有节制的表现；另一方面是指休闲活动也要讲求节约，因为大学生的经济来源主要来自家庭，所以在选择自己的休闲生活方式时一定要考虑自己的经济承受能力，对一些高消费的休闲活动应该量力而行，绝不能互相攀比。

（三）培养大学生的休闲能力

休闲能力是保证休闲活动质量的重要条件，它以观察能力、记忆能力、想象能力、思维能力以及体力、体能为基础，逐步演变成多种专业能力和社会化能力等。从广义上看，休闲能力包括休闲评价能力以及休闲选择能力、休闲专业技能和组织管理能力等方面。从狭义上看，休闲能力主要包括演唱能力、运动能力、交际能力、表达能力、写作能力以及欣赏能力。大学生要提高自己的休闲能力，首先必须结合自己的兴趣和爱好，培养积极的休闲动机、情趣和参与意识；其次必须在学习和丰富休闲知识的基础上善于模仿、勤于体验、反复实践，掌握休闲的各种技能和技巧。

（四）拓展休闲教育的内容

通常休闲教育的目标包括休闲行为价值判断的能力、选择和评估休闲活动的能力、决定个人目标与休闲行为标准的能力、对合理运用休闲时间的重要性的认识和理解等。根据当前大学生的心理、生活状况，大学生休闲教育应涉及科学休闲观的教育、休闲伦理教育、休闲计划的制订、休闲活动的评价、休闲知识教育、休闲技能教育以及休闲行为规范，同时也要包括大学生自我认知、社会认知和理念信念等内容。

（五）增设休闲设施场所

有了休闲观念和休闲技能，还要有用于休闲的场所和设施。高校应向学生提供各种休闲活动的机会。学校提供的休闲设施与场所应不以营利为目的，并且要帮助学生了解本校有何种休闲资源和机会。这样才能真正起到指引大学生进行积极休闲的作用。

休闲是人的一种崭新的生活方式、生命状态，与每个人的生存质量息息相关。大学生要意识到闲暇的潜在价值，树立休闲管理新理念，有意识地管理自己的生活，在活动中充分发挥自身的主观能动性，将其转化为现实价值，实现人的自由全面发展。

案例 10-5 学会休闲

某高校心理咨询中心接待了这样一位来访学生，他的症状是紧张、焦虑、

睡眠不好。经了解，知其问题在于每日的学习生活安排得十分紧凑，几乎没有休闲时间，神经长期处于紧绷状态，以致疲劳、学习效率低，难以达到自己的目标，于是更加焦虑，更加抓紧学习，从而导致了恶性循环。分析后，双方探讨了问题的原因，该生认识到学习之余应当有适当的休闲时间，也同意回去好好放松一下。但第二周，该生再来时，却满腹苦恼："我休息了，但情况仍然没有改善……"问及休闲方式，他说是在床上静静躺着，什么事情也不做，当然也没入睡。后来，在心理咨询老师的建议下，他回去改变了休闲方式，选择了自己喜爱的羽毛球作为每日的运动，且偶尔打打扑克、看看电视……一周以后，看似十分严重的症状奇迹般地消失了。

评论 看似简单的休闲，它对人的要求不亚于工作对人的要求。我们要学会休闲。如何休闲呢？最重要的一点就是参与各种休闲活动，如阅读、运动、影视、旅游……在自己能支付的前提下，只要自己感兴趣的就参与，从中体会到活动的乐趣，感受到人生的意义，这无疑是对工作、学习的一大补充。

小故事大智慧10-5 伟人的休闲

毛泽东喜欢游泳是人所共知的，"自信人生二百年，会当击水三千里"。七十多岁还能"万里长江横渡"。此外，他还喜欢读书、研究书法、打乒乓球等。

恩格斯喜欢骑马、旅游，甚至对骑术和骑兵史也做过研究。他还喜欢音乐，会谱曲子，喜欢画画，尤其擅长画人物肖像、风景素描和漫画。

科学家队伍中爱好艺术的人不少。爱因斯坦、普朗克、哈恩在一起的时候可以组成一支水平很高的室内乐演奏小组：爱因斯坦拉小提琴，普朗克弹钢琴，哈恩伴唱。

英国生物学家、进化论的奠基人达尔文，对音乐、名画和雕刻等很感兴趣，但后来由于全神贯注研究进化论，对那些艺术活动的兴趣便减弱了、消失了。但他又觉得，这些兴趣的消失可能对智力有害。于是他给自己作了规定：每周至少读一次诗，听一次音乐。他的长期坚持，使他具有良好的文学修养和良好的表达能力。

评论 像毛泽东、恩格斯、爱因斯坦、达尔文等这样的伟人，爱好非常广泛，这为他们原本繁忙的生活增添了几分情趣。生活是什么？其实，生活就是一条路，而我们的一生就是在这起点和终点之间的距离。我们赶路途中，累的时候就停下来，看一下路边的风景，让喜欢的风景缓解疲惫。

参考文献

［1］张大均，邓卓明．大学生心理健康教育：诊断·训练·适应·发展：四年级．重庆：西南师范大学出版社，2004.

［2］马建青．大学生心理卫生．杭州：浙江大学出版社，1992.

［3］黄希庭．大学生心理健康教育．上海：华东师范大学出版社，2004.

［4］刘明．大学生心理危机及干预策略．天中学刊，2002（4）．

［5］江远，张成山．新编大学生心理健康教育．北京：清华大学出版社，2009.

［6］陈国海，许国彬，肖沛雄．大学生心理与训练．广州：中山大学出版社，1999.

［7］谭谦章．大学生心理健康教育．广州：华南理工大学出版社，2007.

［8］游永恒．大学生心理咨询案例集．成都：四川大学出版社，2005.

［9］马惠娣，刘耳．西方休闲学研究述评．自然辩证法研究，2001（5）．

［10］郭玉兰．试论休闲文化建设的重要意义．中共山西省委党校学报，2003（2）．

［11］马惠娣．闲暇时间与"以人为本"的科学发展观．自然辩证法研究，2004（6）．

［12］叶湘虹，雷敏．论大学生科学休闲观的教育．株洲工学院学报，2005（2）．

［13］王立新，陈凡．大学生休闲活动及其心理调适建议．现代预防医学，2008（35）．

［14］肖少北，郑万发．大学生心理健康教育．兰州：甘肃文化出版社，2005.

［15］刘嘉龙，郑胜华．休闲概论．天津：南开大学出版社，2008.

第十一章

就业与心理健康

没有目标的人，永远为有目标的人打工。

当今社会就业形势日益严峻，就业压力日趋增大。加深对自己优劣势的认识，加强对相关专业市场形势的把握，在大学期间及早进行就业实践活动，是每个大学生应该在大学期间完成的功课。只有这样，才能够逐渐明确个人的职业定位，端正在现今市场形势下的就业态度，以从容和积极的心态面对就业压力，为开拓未来事业的发展局面做好准备。

第一节　大学生就业心理概述

大学生的求职就业心理千姿百态，有积极可取的，也有消极应予以摒弃的。概括而言，大学生就业心态主要有以下几种：

一、求"利"心理

在对北京高校的 2 000 多名学生的调查中，可以明显地看出这种就业倾向。当问及"您对人生价值怎么看"时，选择"人的价值既在于贡献，也在于取得功利"这一答案的，一至四年级学生所占比例分别为 70.1%、69.0%、72.3%、74.3%；当问及"您追求怎样的人生"时，选择"既追求为社会作

245

贡献，也追求个人生活的幸福"这一答案的，一至四年级学生所占比例分别为92.4%、92.9%、94.1%、90.3%；当问及"您的人生哲学是什么"时，选择"多贡献，多得利"这一答案的，一至四年级学生所占比例分别为80.3%、78.2%、80.6%、84.4%；当问及"您选择工作的标准怎么排序"时，大学生把"工作条件好，有利于发挥才能"排在第三位。从这些调查结果中，我们可以清楚地看到大学生求职就业的功利心理。从一般意义上看，大学生在就业时询问用人单位的工资待遇，不是一件"羞于见人"的事情。但是，如果过于看重利益得失，并将此作为选择单位的"唯一标准"，就难免会过于注重眼前利益，这会对未来发展带来不利影响。

二、求"稳"心理

所谓求"稳"，意即安全和稳定，它是指有些人在选择职业时往往从职业的稳定性出发而选择那些较为稳当、风险较小的岗位，如学校、科研单位、行政机关。这些学生认为以上职业虽然收入不高，但是安全稳定。在怀着安全心理来求职就业的学生中，家长"越俎代庖"的居多。一位家长对我们说："我不要求孩子去冒风险挣大钱，只想帮他找一个稳定的工作，了却当家长的心愿。"

三、求"名"心理

在消费者中，有一种求"名"心理，即追求商品的名牌以显示自己的社会地位，为此，有人甚至不惜购买假冒商品以满足其虚荣心。在求职就业当中也有这种求名心理的存在，有些求职者不了解职业的内在要求或不知道自己能否胜任某些工作，而单纯追求"名望高、名誉好"的单位。这种心理在大学生就业中也普遍存在。

四、求"闲"心理

求"闲"心理是指在求职就业中追求舒适、清闲的心态。在一些大城市中常有一种怪现象，即有些工作无人愿意干，而有些人无工作可干，这就给大批民工提供了填补空白的机会。在北京市的一次招聘会现场，许多手持求职表及职业资格证书的人在"挑肥拣瘦"地寻求职业。他们宁可待业，也不愿意去从事那些有大量需求和发展前景的工作，如销售工作。

五、奉献心理

这种心理常见于那些树立了正确的人生观、择业观的求职者。例如，放弃众多选择而立志保家卫国的解放军战士，愿意做"蜡烛"燃烧自己而照亮别人的教师，为了国家需要自愿到农村或边疆工作的志愿者等，他们都以过硬的思想素质和对人民、祖国、事业的强烈献身精神，义无反顾地选择国家急需的工作。这些人是中国的脊梁，往往能作出较大的成绩。奉献心理是我们在就业指导中大力提倡的一种职业品德。

六、从众心理

从众心理在求职就业时也会常常遇到，一些大学生在求职现场寻找热门职业，越是报考人数多的职业，他们越渴求。于是人们在求职时纷纷拥挤在政府部门、大型国有企业、事业单位等狭小的就业渠道上，甚至有人因此受骗。因此，我们在就业指导中再三告诫学生，求职就业是一项严肃认真的大事，一定要认真考虑、谨慎从事，绝不能跟着感觉走、盲目从众。同时，身处在就业洪流中的大学生对就业的期望水平会受到其他就业者的影响，虚荣心理、侥幸心理会使他们改变原有的自我期望而采取不切合实际的从众行为。学成就业、服务社会、实现自身价值是每一位大学生的美好愿望，但是有些毕业生在就业过程中不是从自身的特点、能力和社会需要出发，而是盲目从众，从事他人看好却不一定合乎自身兴趣爱好特点和性格特长的职业，给自己未来职业生涯的发展带来困扰。

七、依赖心理

"在家靠父母，在外靠朋友"，这句流传很广的社会俚语也在左右着当代大学生的就业心理，很多大学生在高考填报志愿时就是由家长或老师做主，临近毕业时，又难免把毕业后就业的希望寄托在家长和老师的身上，这是一种典型的依赖心理。他们一方面希望找到称心的工作，另一方面又不愿意自己到处奔波。于是有的向千里之外的家长寻求帮助，有的对职业左顾右盼，拿不定主意。此外，有些毕业生在就业过程中缺乏自信，把希望寄托在拉关系、走后门上，殊不知这样做的结果恰恰给用人单位留下毕业生缺乏开拓能力、独立生活和工作能力差的印象。当今社会，挑战与机遇并存，只有在就业之初就树立自信心、敢于竞争，才能在众多的求职者中脱颖而出。

案例 11-1　　2009 年高校就业率 68%　　同比基本持平

据统计，截至 2009 年 7 月 1 日，已有 415 万高校毕业生落实去向，与上一年同期相比就业人数增加 44 万人；高校毕业生就业率达到 68%，同比基本持平。

2009 年我国普通高校毕业生总量达到 611 万人，创历史新高。教育部有关负责人表示，与往年相比，2009 年出台的大学生就业政策文件之多、涉及面之宽、措施力度之大、惠及学生范围之广都是前所未有的。传统和新设立的重点项目共吸纳 60 多万名毕业生。教育部有关负责人介绍，教育部进一步扩大实施"农村教师特设岗位计划"，中央和地方项目将吸纳 20 多万毕业生，中组部、人保部、团中央等中央有关部门组织实施的"选聘到村任职""三支一扶""西部计划"等基层就业项目总计将招募 12 万余名毕业生；总参和教育部超常规推动高校毕业生入伍预征工作，全国预征报名人数已达 12 万人；商务部和教育部共同推动服务外包企业吸纳毕业生，确定岗位人数已近 20 万人。

截至 7 月初，全国各省级教育行政部门和高校共为 2009 届高校毕业生举办现场招聘活动 1 万余场，提供岗位信息 300 多万条。这位负责人说，各高校建立了困难毕业生帮扶机制，采取"一对一"帮扶、专人辅导和岗位推荐、求职补贴等多项帮扶措施，并积极与有关部门共同开展了"困难职工家庭高校毕业生阳光就业行动""女大学生创业就业行动"和"残疾人毕业生就业援助计划"等一系列专项活动，对特殊群体实施就业帮扶。

教育部有关负责人表示，就业形势依然十分严峻，还有部分毕业生尚未实现就业。各地教育部门要积极配合有关部门做好下一步的工作，确保回原籍的未就业毕业生能够充分享受到就业见习、创业指导培训等国家和地方的有关优惠政策，并积极动员社会各方资源尽快帮助他们落实就业岗位，确保 9 月 1 日实现高校毕业生初次就业率达 70% 的目标任务。

评论　就业形势严峻，国家出台了相应的倾斜政策，为大学生就业拓宽了渠道。大学生应立足于中国国情，抓住机遇，迎接挑战。

小故事大智慧 11-1　不要让昨日的沮丧使明天的梦想失色

在一次讨论会上，一位著名的演说家没讲一句开场白，手里却高举着一张 20 美元的钞票。面对会议室里的 200 个人，他问："谁要这 20 美元？"一

只只手举了起来。他接着说："我打算把这20美元送给你们中的一位，但在这之前，请准许我做一件事。"说着，他将钞票揉成一团，然后问："谁还要？"仍有人举起手来。他又说："那么，假如我这样做又会怎么样呢？"他把钞票扔到地上，又踏上一只脚，并且用脚碾它。尔后他拾起钞票，钞票已变得又脏又皱。"现在谁还要？"还是有人举起手来。

"朋友们，你们已经上了一堂很有意义的课。无论我如何对待那张钞票，你们还是想要它，因为它并没贬值，它依旧值20美元。人生路上，我们会无数次被自己的决定或碰到的逆境击倒、欺凌，甚至碾得粉身碎骨。我们觉得自己似乎一文不值。但无论发生什么或将要发生什么，在上帝的眼中，你们永远不会丧失价值。在他看来，无论肮脏或洁净，衣着齐整或不齐整，你们都依然是无价之宝。"

评论 无论在什么样的处境中，都要坚信自己是一个有价值的人。

第二节 大学生就业心理障碍及其调适

一、大学生就业心理障碍

"就业难，难就业"以及大学生在就业中遇到的各种心理矛盾与冲突在其心理上产生诸多不利情绪与消极影响，甚至导致部分大学生产生就业心理障碍。

（一）焦虑心理

毕业前夕，绝大多数大学生都在担心能否选择一个自己理想的工作岗位，用人单位会不会因为自己的学习成绩平平、在校期间没有担任过学生干部、没有文体特长或是性别原因而不录用等。这种担心是正常的，但少数学生由于过分担心，精神负担过重、紧张烦躁、心神不定、萎靡不振，学习得过且过、穷于应付、反应迟钝，生活中意志消沉、长吁短叹、食不甘味、卧不安席。有些学生在屡遭挫折后，甚至产生了恐惧感，一提起就业心里就紧张。这就不再是正常的表现了，而是一种焦虑现象。

要克服焦虑的心理，应更新观念，打破事事求稳、求顺的思想，树立市场竞争的新观念。大学生求职过程是竞争的过程，即使得到比较理想的职业，如果没有竞争意识、不继续努力，也可能在不远的将来丢掉这个工作。不怕风险和挫折，焦虑的心理才能得到缓解或克服。当然还应克服就业心切、急于求成的思想，否则容易就业失败，而失败又会产生沮丧和忧虑感。客观地分析自己，合理地设计求职目标，才能减少挫折、减轻焦虑。

（二）自卑心理

一些大学生对自己估价过低，在求职就业中缺乏自信心、缺乏勇气，不敢竞争。在竞争激烈的求职场上，部分大学生或因所学专业不景气，或因自己的专业知识、专业技能及综合素质不如其他同学，或因自己性格内向、不善沟通和表达，或因生理缺陷，或因求职屡次受挫，而产生强烈的自卑感，并进而转化为自卑心理。有这种心理的大学生往往没有信心和勇气面对求才若渴的用人单位，不能及时施展自身所长，甚至把自身的长处也看成短处，从而严重影响了择业与就业。因此，在就业过程中大学生要正确地看待自己，既要看到自己的劣势，更要看到自己的优势，扬长避短。

（三）嫉妒心理

这种心理的主要特征是把别人的优越之处视为对自己的威胁，因而感到心理不平衡，甚至感到恐惧和愤怒，于是借助贬低、诽谤甚至报复的手段来求得心理的补偿或摆脱恐惧和愤怒的困扰。这实际上是一种心理满足的方式。

嫉妒心理在大学生中是比较常见的一种心理，只不过轻重有别。嫉妒心理在求职问题上的表现是，比如看到别人某些求职条件好，或找到比较理想的工作时，产生羡慕、痛苦又不甘心的心态，甚至为不让别人超过自己而采取背后拆台等不良手段。在就业中嫉妒心会使朋友关系恶化，嫉妒心还会使团体内（班级或宿舍内）人心涣散、人际关系冷漠，嫉妒者本人也会增加内心痛苦和烦恼，甚至影响求职的顺利进行，所以大学生在求职和就业过程中一定要注意克服它。

（四）怯懦心理

有些大学生在求职就业过程中过于怯懦，有一种"丑媳妇怕见公婆"的心理。有的在求职面试的过程中不是面红耳赤，就是语无伦次、张口结舌、支支吾吾、答非所问。辛辛苦苦准备的台词、腹稿，一急之下忘得一干二净。有的谨小慎微，生怕一句话说错、一个问题回答不好会影响自己在用人单位代表心目中的形象，以至于不敢放开说话，该表达的未表达。这些学生渴望公平，但在机遇到来时却手忙脚乱、局促不安；他们盼望竞争，然而在竞争面前却未能充分发挥自己的才能，在"自我推销"中退下阵来。这种怯懦心理多见于性格内向或抑郁气质类型的大学生。这对大学生达到就业目标是非

常不利的。

（五）自负心理

与自卑心理相反，一部分学生对自己估价过高，自认为高人一等，非常傲气；或认为自己所学专业紧俏，且已学习了很多知识，各方面条件很不错，不会没有好的归宿；或认为自己就读名牌学府，没有得到录用，只怪现实太糟糕，英雄无用武之地。在就业中，这些大学生往往是"这山看着那山高"，好高骛远，期望值过高，看不上这个单位，瞧不起那种职业，横挑鼻子竖挑眼，导致与不少适合自己发展的用人单位失之交臂。

自负心理是缺乏客观自我分析和自我评价的表现。一旦有了这种心理，就很容易脱离实际，用幻想代替现实，让自己的就业目标和现实产生很大的反差。倘若未能如愿，情绪一落千丈，从而产生孤独、失落、烦躁、抑郁等心理。对有自负心理的优秀大学毕业生，要引导他们正确定位自己，认识到自身的不足，不要总是"挑肥拣瘦"，最终在瞬息万变的求职竞争中迷失方向，丧失理智与冷静。

（六）怕苦心理

大学生在求职过程中普遍存在着攀高心理，理想职业的选择标准是"三高"，即起点高、薪水高、职位高。大学生希望所选择的工作要牌子响一点、效益高一点、工作轻一点、离家近一点、管理松一点，存在着怕吃苦的心理。在怕苦心理的驱使下，大学生选择职业的面很窄，形成千军万马过独木桥的局面。怕苦的心理严重影响就业的成功率，因此大学生在求职前就应克服怕苦心理。

要克服怕苦心理，必须从思想上认识到能吃苦是一个人最基本的能力，即使是"三高"职位也同样需要吃苦。要培养自己艰苦奋斗的作风，注重实践，在日常的工作学习中有意识地做好吃苦耐劳的思想准备，这对求职成功大有益处。

二、大学生就业心理调适

找到一份理想的工作是每一位大学毕业生共同的愿望。作为一名受过高等教育的当代大学生，不论在就业问题上存在着何种程度的困惑或障碍，在事关人生大计的这一岔路口上，每一位大学毕业生都应当从国家、社会及经济形势大局着眼，结合自身的专业技能水平及知识储备状况，立足现实、兼顾理想，既要做到知己知彼、权衡利弊，又要抓住转折机遇、当机立断。同时，要养成健康的就业心态，切不可好高骛远、急于求成，以免落个高不成低不就、两头皆空的结局。

（一）树立正确的就业观

是先就业再择业，还是先择业再就业？在当今就业形势并不乐观的情况下，大学生应当如何确立自己的就业观？这是一个亟待解决的问题。面对就业与择业，时间不会等待你作出完美的选择。先就业就是先步入社会的过程，是了解社会、体验社会的开端。就业的尝试不仅磨炼了人的意志，而且增加了工作经验，提高了自身的综合素质，这对进一步的择业及未来的职业发展来说无疑是一笔财富。此外，当前就业压力不断加大，先就业后择业也是在稳定中求发展，不断撑起属于自己的一份事业的一种策略。

在当前或今后的就业形势下，"先就业后择业"或"先就业后发展"均未尝不可，这样做相对于"一步到位"的就业高期望来说更切合实际。

（二）转换角色，主动适应

求职就业不同于学习期间的社会实践，它要求找到一个适合自己的工作岗位，并能在这个岗位上充分发挥自己的优势。毕业生在求职前必须从宏观上了解国家有关政策，了解正在实施中的改革措施及存在的问题。从微观上要了解自己专业就业的基本情况和改革趋势以及劳动人事管理办法和动态、用人数量和标准。了解的目的不是为了研究和评判，而是为了接纳和适应。

中国社会飞速发展，经过四年的学习生活，大学生在毕业时，社会的需求和当年入学时的情况发生了很大的变化。一些专业由热变冷，由"短线"变成了"长线"，比如经济管理、国际金融等专业在 1994 年、1995 年入学的时候是热门专业，录取分数也相当高，而等到这批学生 1998 年、1999 年毕业时，这些专业却冷了下来，社会需求量也相对减少，这就给就业造成了困难。有些专业虽在不断地调整和改造，却仍跟不上社会的变化和需要。种种现象使大学生在毕业求职、就业时感到灰心、无奈和迷茫。大学生只有走出象牙塔，积极主动地投入社会、了解社会，客观分析自己所处的求职环境，把握面临的就业形势，进而主动地去适应社会需要，不是凭理想按图索骥，而是与社会双向选择，这样才能闯出一片自己的天空。

（三）客观评价自己，树立良好心态

每个人都有优点和长处，也都有缺点和短处。就像人们常讲的"尺有所短，寸有所长"，每个毕业生都应该对自己的能力有个正确、客观的认识，只有这样，每个毕业生在就业中才能保持良好的心态，获得理想的职业。就业

中的良好心态主要表现在以下三个方面。

（1）确立适当的就业目标。个人的就业目标应当和自身能力相符合，这样才有利于树立自己的信心，从而使自己在就业中处于优势地位。目标是否适当取决于知己知彼。目标正确、扬长避短是成功的一把钥匙。

（2）避免从众心理。毕业生处在就业的洪流中，就业目标的确会受到其他就业者的影响。虚荣心、侥幸心理会使他们改变原有的就业目标而采取不切实际的从众行为，殊不知这往往不利于自身价值的实现和长远发展。

（3）避免理想主义。期望值居高不下，已经影响到毕业生顺利就业。有些毕业生，尤其是一些条件较好的同学在就业中不能及时调整自己的就业期望值，刻意追求最美满的结果，反而错过了许多机会，有的甚至就业困难。

（四）提高自身的就业技巧

方法和诀窍就是"技"，灵活应用即为"巧"。技巧的可贵之处在于它总能发现深一层的东西，捕捉住稍纵即逝的机会，化险为夷。技巧来源于对生活的观察和实践的历练。

例如，在简历制作的过程中应分别对不同的招聘单位有针对性地进行修改，而不应千篇一律地使用同一份简历；在面试的过程中应多注意技巧性问题，如果专业知识不能在短期内得到提高的话，则应在面试技巧上多用心，这样才能在实力相当的情况下更胜一筹，不让就业机会与自己失之交臂。

（五）掌握简便的自我调适的方法，缓解就业心理压力

心理学家通过理论探讨和实践检验创立了许多行之有效的心理调适的方法。大学生在就业过程中可根据自己的心态有选择地加以使用。

（1）自我静思法。大学生遇到就业困难和挫折时要冷静对待、控制心境，切莫冲动和急躁。要摆脱干扰，仔细分析是自身原因还是用人单位的原因，是自己努力不够还是用人单位条件太苛刻。冷静思考有利于稳定情绪，找出原因有利于有针对性地解决问题。

（2）自我转化法。有些时候就业中产生的不良情绪是不易控制的。这时可以采取迂回的办法，把自己的情感和精力转移到其他活动中去，使自己没有时间沉浸在不良情绪中，以求得心理平衡、自我保护。

（3）自我适度宣泄法。大学生因就业挫折造成焦虑和紧张时，消除不良情绪最简单的方法莫过于宣泄。切忌把不良情绪埋藏于心底，忧虑隐藏得越久，受到的伤害就越大。较妥善的办法是向朋友、老师倾诉，一吐为快，求得安慰、疏导、同情，甚至可以向亲友痛哭一场。虽然古语说"男儿有泪不轻弹"，但必要时男儿弹泪也无可厚非，不要强压心底。也可以去打球、爬山或参加一些运动量大的活动。但是一定要注意场合、身份、气氛，注意适度，宣泄应是无破坏性的。

（4）理性情绪法。合理情绪疗法认为，人的不良情绪产生的根源是人的非理性观念。要消除人的不良情绪就要设法将人的非理性观念转化为理性观念。

当然，自我调适的方法还有很多，如自我重塑法、环境调节法、广交朋友法、自我暗示法、幽默疗法等。这些都是应变的一些方法，但最主要的还是树立远大的理想，树立正确的人生观、价值观，增强自身的能力，注意培养良好的品质，磨炼坚强的意志，广泛接触社会，多方面体验生活，培养乐观豁达的生活态度。只有这样，才能在就业的紧要关头，始终保持积极向上的精神状态和健康的心理，不在困难面前退缩。

案例 11-2　法学毕业生转干农活　卖光 20 万斤七彩甘薯

作为北京首批大学生村干部中的一员，毕业于法学专业的王贺 2006 年来到了密云县康庄镇三街村。王贺刚到村子时，对于农业知识一无所知。为了帮村民们解决实际种植农作物的问题，他与母校北京农学院的专家顾问团取得了联系，大家一致认为要想提高农民的种植收入必须及时调整种植产业结构，提高单产收益。经专家推荐，七彩甘薯这个品种在延庆地区还没有推广，全北京市的推广面积也很少，产量是玉米的四五倍，价格却是玉米的 2～5 倍，如果操作得当，就能够使农民的种植收益提高 10 倍以上。

没有专业基础，他就把农学专家视为救命稻草，时不时求教或上网查询；没有种植经验，就到其他基地学习，与技术人员交流；没有耕地，就向村支部书记求助，得到一小块菜园当作实验田；没有种苗，就托老师通过关系找。

2006 年 5 月 3 日，王贺将 500 株种苗从密云背回村里。经过认真栽种，精心管理，功夫不负有心人，实验田在当年 10 月喜获丰收，亩产达 4 100 余斤，按市场最低价保守计算，亩产值可达 2 000 元，扣除成本后是种植玉米收益的四倍。

2007 年 10 月，七彩甘薯再次获得丰收，总产量 20 万斤。为了将这么多甘薯尽快销售出去，王贺设计了精美的包装箱，并开通了博客《将我的"七彩梦"进行到底》……一系列推广取得了成效，20 万斤甘薯不久就销售一

空，平均亩产值 3 000 多元。

转眼间，村干部工作期满，王贺面临重新就业。这个消息很快被村民知道了。很多人都来看他，有的说舍不得他走，有的则提醒他别忘记常回来看看。

"我考虑再三，决定继续留任。"王贺告诉记者，他已经通过了康庄镇留任"大学生村干部"的考试、考核，打算把他的七彩甘薯梦进行到底，他说："三到五年内，我打算将七彩甘薯地发展到 1 000 亩以上。"

评论　王贺的经历告诉我们，其实就业的面可以很宽，可以突破专业、学历的条条框框，但是一旦从事了某一个行业，就应该脚踏实地，深入地做下去。三百六十行，行行出状元，不仅在自己所学的专业上可能作出成绩，在非所学专业的领域，只要自己肯下功夫、不耻下问，找到行业的发展规律，一样可以取得骄人的业绩。

小故事大智慧 11 - 2　18 岁女孩让加州大学另眼相看

郭蓓菁是微软公司的一位年轻经理，在她十八岁时从中国移民到美国。到美国六个月后，为了上大学，就参加了 SAT 考试。那时虽然她的英语口语已经不错，但是文法、词汇和作文还不行，英语只考了 280 分，接近交白卷（200 分）。但是她依然自信地申请了加州大学的电机工程系。她直接写了一封信给加州大学的校长，在信里作了自我介绍，自豪地描述了自己在理工方面的成就，解释了英语考试成绩不理想的原因是因为刚到美国六个月。最后她说："校长女士，如果你录取我，我保证我会成为贵校的骄傲。"两天后，校长约见了她。面谈时，校长意识到郭蓓菁的英语进步得很快，并且郭蓓菁向校长保证英语会学得和美国同学一样好。一星期后，加州大学决定录取郭蓓菁。

评论　机会是靠有心人争取来的。

第三节　大学生职业生涯规划

一个人的职业生涯是一个漫长的过程。也许一生只从事一种职业，也许一生中从事多种职业，但每个人都希望找到一个相对稳定、适合自己的职业。

255

如何选择和规划自己的职业生涯往往受学识爱好、机遇、工作环境等条件的制约，只有根据现行的工作需要改变原来的职业目标和兴趣，调整心态，培养对所从事职业的敬业精神，在实践中产生对事业的热爱，才能集中精力全身心投入工作，实现个人价值，作出成就。

一、职业生涯发展的阶段

国外职业指导专家将一个人的职业生涯发展按年龄分为以下五个阶段：

（1）职业准备阶段。典型年龄为 0～18 岁，其主要任务是发展职业想象力，评估不同的职业，选择第一份工作，接受必需的教育。

（2）进入组织（学校）阶段。典型年龄为 18～25 岁，其主要任务是在一个理想的组织中获得一份工作或在学到足够的知识、技能、信息以后选择一份合适的工作。

（3）职业生涯初期阶段。典型年龄为 25～40 岁，其主要任务是学习职业技术、提高工作能力、学习组织规范、学会协作与共处，逐步适应职业与组织，期望未来职业成功。

（4）职业生涯中期阶段。典型年龄为 40～55 岁，其主要任务是对早期职业生涯重新进行评估，强化或转变职业理想，对中年生活作适当选择，在工作中再接再厉。

（5）职业生涯后期阶段。典型年龄为 55～60 岁退休，其主要任务是继续保持职业成就，维护自尊，准备光荣引退。其特点是调整心态，做好退休后的打算。

二、大学生职业生涯规划的类型

调查表明，大学生在职业生涯规划中大致有以下五种类型：

（1）拖延型。这种类型是一种以推迟延宕的方式对自己的重大决策拖延决定。例如，有的学生等到最后一刻才决定选择何种职业；有的学生对所学专业很不满意，可是却不想现在就去思考这个问题；有的学生不知道自己是否该写求职信，结果因为拖得太久而只剩下少许单位愿意接受他的求职申请。

（2）顺从型。有的学生顺从其他人为自己所做的决定。例如，父母要孩子成为一名医生，孩子不想去念医学院，可是却听从父母的安排。有的学生遇事不由自己做决定，反而听任别人的摆布，甚至决定被动地面对求职就业问题，把它留给学校来解决。把应当自己决定的事交给命运来决定，其结果

往往是找不到理想的职位。

（3）冲动型。就是根据自己一时的感觉来行事，而非经过缜密的理性思索。冲动型的决策方式因为没有受常规思维的约束，有可能会更具有创新精神，并能够及时地把握住市场机遇，但也正因为如此，冲动型的判断也可能与现实脱节、缺乏现实基础。如有些同学看到电视剧《士兵突击》中的"许三多"因一部电视剧而一夜成名，就认为当演员很轻松，不要学历文凭也可以选择这个职业，却忽略了"许三多"十几年来在这条路上的艰辛和执著。如果只是吃饭点餐，凭一时高兴做决定，那还不算是什么太大的问题，可是在就业问题上持这样的心态，"跟着感觉走"，缺乏理智的约束，就会让职业发展驶入羊肠小道，进退两难。

（4）苦闷型。有些人搜集许多有关自己或职业方面的资讯，并对这些资讯进行分类，可是很难下定决心作出取舍。例如，某个学生虽然知道自己想要走工程类这一条路，搜集到了许多高校工程类专业的相关信息，但是困顿于纷杂的信息中难以理出头绪，结果就可能延误很长一段时间。

（5）计划型。当事人作决定时，有能力预先做好妥善的计划。他们在做和生涯相关的决定时，既了解社会的客观需求和竞争情况，又很了解自己的能力、兴趣和价值观，因此，很容易作出正确的职业生涯规划。

三、加强自我认知是职业生涯规划的基础

（一）气质与职业

气质是在先天遗传的基础上和在长期的社会化过程中形成的。气质调节着人的活动。学者对劳动、教育、体育活动、航天等领域中人的活动进行的研究后发现，职业活动的样式形成稳定的个性品质，包括气质特点。因而有"工人气质""军人气质""商人气质""书生气质"等说法。这表明气质的形成与发展与一个人长期的职业活动有关。许多心理学家经过研究发现，尽管气质没有好坏之分，但气质却能影响一个人的工作效率。特别是在一些需要经受高度身心紧张的职业中，气质不仅关系到工作的效率，还关系到事业的成败。

气质这个概念最早是由古希腊医生希波克拉底（Yippccrares）提出来的，后来罗马医生盖仑（Galen）做了整理。他们认为人有四种体液——血液、黏液、黄胆汁和黑胆汁。这四种体液在每个个体内所占比例不同，从而确定了胆汁质（黄胆汁占优势）、多血质（血液占优势）、黏液质（黏液占优势）、

抑郁质（黑胆汁占优势）四种气质类型。其典型心理特征如下：

胆汁质的人精力旺盛、激动暴躁，神经活动具有很高的兴奋性。他们能以极大的热情去工作，主动克服工作中的困难；但如果一旦对工作失去信心，情绪马上就会低落下来。他们适合从事推销员、节目主持人、演讲者、演员等职业。

多血质的人感受性低而耐受性高，不随意的反应性强，具有较大的可塑性和外倾性。他们全心全意，反应迅速而灵活，工作能力较强，情绪丰富易兴奋，并且表现明显。他们极易适应环境，但注意力不稳定、兴趣易转移。他们不适宜从事单调机械的工作和要求细致的工作，管理、导游、外交、公安、军官、驾驶、纺织、服务、医疗、法律、体育、新闻等职业很适合他们。

黏液质的人具有较强的自我克制能力，能埋头苦干、态度持重不易分心，由于灵活性相对较差，他们可能有因循守旧的倾向。黏液质的人适宜的工作有会计、出纳、法官、播音员、调解人员、管理人员、话务员、外科医生等。

抑郁质的人感受性高而耐受性低，不随意的反应性低，严重内倾，情绪兴奋性高，而且体验深刻，反应速度慢，相对刻板而不灵活。他们的情感细腻，做事谨慎小心，观察力敏锐，善于察觉别人不易察觉的细小事物，但工作的耐受性差，容易感到疲劳，并且容易产生惊慌失措的情绪。他们所适宜承担的工作与胆汁质的人正好相反，诸如打字员、校对员、检查员、化验员、数据登记人员、文字排版人员、刺绣、机要秘书等职业适合他们。

通常，要求作出迅速、灵活反应的工作，多血质的人往往容易适应；相反，要求细腻的工作，黏液质、抑郁质的人较为合适，而多血质、胆汁质的人却不是最佳人选。

（二）性格与职业

性格与气质不同，它有好坏之分。性格在一定程度上能够掩盖气质，还对能力的形成和发展起制约作用。

首先，性格中对劳动、工作的态度成分直接影响到职业选择和职业成就。

从对劳动和工作的认识上看，有的人以劳动为荣，把劳动、工作当作生命的需要，没有工作干、没有事情做，就觉得无聊、精神没有寄托。相反，有的人则以劳动（特别是体力劳动）为耻，把劳动与工作看成是负担，多做一些工作就觉得吃了亏。

从对劳动与工作的行动上看，有的人主动、积极、肯干；有的人消极、怠慢，惯于懒惰，游手好闲；有的人勇挑重担，不怕脏、不怕累；有的人则拈轻

怕重，把方便留给自己，把困难踢给别人；有的人对工作认真负责、一丝不苟、精益求精；有的人则马虎大意、敷衍塞责。

从劳动纪律和工作作风上看，有的人上班赶在别人前头，下班走在别人后头；有的人则经常迟到早退，乃至旷工。

从劳动和工作的创造精神上看，有的人刻苦钻研、勇于革新、敢于创造；有的人则因循守旧、墨守成规，满足于一般化的完成任务。

从对待劳动成果的态度上看，有的人尊重、珍惜，有的人轻视、浪费。

以上表现在劳动、工作中的性格特征与职业的胜任与否是密切相关的。如某些工作要求极为严格，属于精细的职业，懒散、粗枝大叶的人是不适应的。在大城市和沿海开放区的一些中外合资宾馆、工厂中，许多人羡其高薪而去，但因不能适应其严格管理而纷纷辞职或被解雇，这就是例证。

其次，性格中反映对他人、对自己和对集体的态度成分，也往往影响到职业的选择和成就。自满、自恃、自私、爱吹牛，对人傲慢、孤僻、好挑衅、暴躁，对公益事业漠不关心，轻视社会行为规范的人，就不适宜从事与人打交道的职业，如教师、服务员、公关人员、外交人员、机关干部等。

再次，性格中的意志成分也同职业的选择与成就有密切关系。自觉地调节自己的行为方式和提高做事的水平是性格的意志特征，包括自觉性与盲目性、独立性与顺从性、果断性与动摇性、坚持性与妥协性、自制性与冲动性、勇敢性与怯懦性、纪律性与散漫性等。某些性格的意志特征不适宜从事某些职业岗位。例如，一个动摇、怯懦、散漫的人不适宜选择军事工作，即使做了军事工作，也必须克服其性格中的弱点；容易动摇、优柔寡断的人不适宜选择公安侦察工作；易于冲动的人不适宜选择教师、营业员、思想政治工作人员、外交人员等工作；缺乏坚韧性的人不适宜做耐力要求很高的工作，如外科医生、各种科学研究工作。英国著名科学家贝里奇说过："几乎所有有成就的科学家都具有一种百折不挠的精神，因为大凡有价值的成就，在面临反复挫折的时候，都需要毅力与勇气。"

性格作为个性的核心成分，对个体就业有很重要的影响，大学生的性格不仅影响就业的倾向性，而且还影响他们就业的成功率。

（三）职业人格理论

美国心理学家和职业指导专家霍兰德经过十几年的跨国研究，提出了职业人格理论。他认为人的性格大致可以划分为六种类型，这六种类型分别与六类职业相对应，如果一个人具有某一种性格类型，就容易对这一类职业产生兴趣，从而也适合从事这种职业。

（1）现实型。现实型的人喜欢有规则的具体劳动和需要基本技能的工作。这类职业一般是指熟练的手工业行业和技术工作，通常要运用手工工具或机器进行劳动。这类人往往缺乏社交能力。现实型的人适合做工匠、农民、技师、工程师、机械师、鱼类和野生动物专家、车工、钳工、电工、报务员、火车司机、机械制图员、电器师、机器修理工、长途公共汽车司机等。

（2）研究型。研究型的人喜欢智力的、抽象的、分析的、推理的、独立的任务。这类职业主要是指科学研究和实验方面的工作。这类人往往缺乏领导能力。

（3）艺术型。艺术型的人喜欢通过艺术作品来表现自我，爱想象，感情丰富，不顺从，有创造性，能反省。艺术型的人缺乏办事员的能力，适合做室内装饰专家、摄影家、作家、音乐教师、演员、记者、作曲家、诗人、编剧、雕刻家、漫画家等。

（4）社会型。社会型的人喜欢社会交往，常出席社交场所，关心社会问题，愿为别人服务，对教育活动感兴趣。这类人往往缺乏机械能力。社会型的人适合做导游、社会学者、咨询人员、社会工作者、学校教师、精神卫生工作者、公共保健护士等。

（5）企业型。企业型的人性格外倾，热爱冒险活动，喜欢担任领导角色，具有支配、劝说和言语技能。这类人往往缺乏科学研究能力。企业型的人适合做推销员、商品批发员、进货员、旅游经理、广告宣传员、律师、政治家、零售商等。

（6）常规型。传统型的人喜欢系统的有条理的工作任务，具有实际、自控、友善、保守的特点。这类人往往缺乏艺术能力。传统型的人适合做记账员、银行出纳、成本估算员、核对员、打字员、办公室职员、统计员、计算机操作员、秘书、法庭速记员等。

（四）能力与职业

能力问题是职业选择与个性特征关系中的一个核心要素，一个人不了解自己的能力，就很难挑选适合于自己的工作（即人对职业的选择）。有两种情形必须考虑个人能力：第一，某些职业需要特殊的能力，如军事指挥员、飞机驾驶员、无线电通讯员、体育运动员、画家、作家、音乐家等，要选择这些职业需要事先弄清自己是否具有与这些职业相适应的能力；第二，在许多职业活动中，从事者对一些能力的欠缺可借助于自己的优势而得到补偿，能力的这些特性扩

大了职业选择和取得职业成就的可能性。

能力是大学生就业的基础，大学生就业成功与否在很大程度上与他是否具有一般能力和特殊的专业能力有关。大学学习生活的目的就是要培养良好的专业能力，为毕业就业做准备。

（五）兴趣与职业

稳定的兴趣对职业选择与职业成就有重要的影响，如果你是按自己稳定的兴趣选择了某种职业，兴趣就会成为巨大的行为推动力，促使你在工作中作出成就；如果你对所从事的职业不感兴趣，就会影响你的积极性的发挥，也就很难作出大的成就。因此大学生只有充分了解自己的个性特征及其与职业的关联，才能做到针对性强、知己知彼、取得实效。

案例 11-3　不要只拿学历说事

据 GE（中国）有限公司人力资源总监王晓军介绍，公司根据不同岗位的要求，对专业和学历的选择会有一定的倾向性。比如，GE 公司在上海的全球研发中心由于工作性质，通常要求应聘者至少有硕士以上的学历。不过，一般来说机会是均等的，高学历不会加分。学历、学校和工作经验都是证明应聘者能力的一种方式，但最根本的是应聘者的经验、能力和技能是否适合自己应聘的职位，找到自己的定位。

英特尔中国软件实验室总经理王文汉博士则说，英特尔公司在考虑员工晋升时，从来就不把学历当作一个重要因素。学历只在一个人进公司的那段时间发挥一定作用。但在这之后的发展完全取决于员工自己的努力。有的硕士生可能不用功，那么他的工资待遇就会降下来，而一些本科生经过自己的努力取得了优异的成绩，那么他就会更快得到晋升。

"西门子人力资源部门有明确的'人才素质模式'，它包括三个方面：一是知识，二是经验，三是能力。知识包括专业理论知识和商务知识、市场知识。经验包括本专业领域的实际经验、项目经验、领导经验、跨文化经验。能力指四大方面的能力，一是推动能力，二是专注能力，三是影响能力，四是指导能力。"西门子中国有限公司人事部经理谢克海说。

评论　文凭只是职业发展的敲门砖，个人的职业发展应和企业文化背景充分结合。

小故事大智慧 11-3　优势互补的搭档

　　Intel 创始人高登是个了不起的科学家，他能在极短的时间里洞悉一般人无法察觉的问题。同时他也拥有超乎寻常的自觉和自省的态度，并清楚地知道自己的弱点所在——喜欢扮演好好先生，在关键时刻无法狠下心来处分违纪员工。于是，高登找来一位以严格管理著称的合作伙伴安迪。他们的管理风格正好能优势互补。两人共同管理 Intel 公司，在工作中默契配合，这一对黄金搭档让 Intel 公司成为半导体领域的领跑者。

　　评论　知己知彼，百战不殆。

参考文献

[1] 李开复. 做最好的自己. 北京：人民出版社，2005.
[2] 林虎. 大学生心理健康教育. 北京：中央文献出版社，2007.

第十二章

大学生常见异常心理的识别与防治

> 心灵的探讨必将成为一门十分重要的学问，因为人类最
> 大的敌人不是灾荒、饥饿、贫苦和战争，而是我们的心灵
> 自身。
>
> ——荣格

就像我们的身体会生病一样，我们的心理也并非时时刻刻都处在健康状态。大学时期是心理发展的重要阶段，大学生既彰显着蓬勃向上的朝气，又经受着令人心烦意乱的困扰。当你在种种压力面前郁闷纠结的时候，当你在个人发展的道路上徘徊不前的时候，当你深陷情感漩涡不能自拔的时候，当你对生命的意义困惑迷茫的时候……你是否意识到自己的心理正处于健康与不健康的边界呢？你是否曾经努力尝试自己调节呢？你是否想过去寻求专业人士的帮助呢？

本章将探讨大学生常见异常心理的相关问题，并介绍心理咨询与心理治疗的一般知识。

第一节　大学生常见的异常心理及其特点

大学生常见的异常心理包括适应障碍、心境障碍、神经症、人格障碍、创伤后应激障碍以及精神分裂症等，下面将根据《CCMD - 3 中国精神障碍分类与

诊断标准（第三版）》的分类及诊断标准逐一进行介绍。

一、适应障碍

适应障碍是因长期存在应激源或困难处境，加上当事人有一定的人格缺陷而产生的，以烦恼、抑郁等情感障碍为主，同时有适应不良的行为障碍或生理功能障碍。适应障碍的主要特点如下。

（1）以抑郁、焦虑、害怕等情感症状为主，并至少有下列一项：①适应不良的行为障碍，如退缩、不注意卫生、生活无规律等；②生理功能障碍，如睡眠不好、食欲不振等。

（2）有明显的生活事件为诱因，尤其是生活环境或社会地位的改变，如升学、实习等。

（3）有理由推断生活事件和人格基础对导致精神障碍均起着重要的作用。

（4）严重时社会功能受损。

（5）精神障碍开始于心理社会刺激（但不是灾难性的或异乎寻常的）发生后一个月内，符合症状标准至少已一个月。应激因素消除后，症状持续一般不超过六个月。

二、心境障碍

心境障碍（情感性精神障碍）是以明显而持久的心境高涨或低落为主的一组精神障碍，并有相应的思维和行为改变。可有精神病性症状，如幻觉、妄想。大多数患者有反复发作的倾向，每次发作多可缓解，部分可有残留症状或转为慢性。大学生中常见的心境障碍包括躁狂、抑郁等障碍。

（一）躁狂发作

躁狂发作以心境高涨为主，与其处境不相称，可以从高兴愉快到欣喜若狂，某些病例仅以易激惹为主。有以下主要特点。

（1）以情绪高涨或易激怒为主，并至少有下列三项（若仅为易激惹，至少需四项）：①注意力不集中或随境转移；②语量增多；③思维奔逸（语速增快、言语急促等）、联想加快或意念飘忽的体验；④自我评价过高或夸大；⑤精力充沛、不感疲乏、活动增多、难以安静或不断改变计划和活动；⑥鲁莽行为（如挥霍、不负责任或不计后果的行为等）；⑦睡眠需要减少；⑧性欲亢进。

（2）可能严重损害社会功能，或给别人造成危险或不良后果。

（3）严重者可出现幻觉、妄想等精神病症状，但不符合分裂症的诊断标准。

（4）排除器质性精神障碍，或精神活性物质和非成瘾物质所致躁狂。

（5）符合以上标准至少已持续一周；若同时符合分裂症的症状标准，在分裂症状缓解后，满足躁狂发作标准至少一周。

（二）抑郁发作

抑郁发作以心境低落为主，与其处境不相称，可以从闷闷不乐到悲痛欲绝，甚至发生木僵。严重者可出现幻觉、妄想等精神病性症状。某些病例的焦虑与精神运动性激越很显著。抑郁发作有以下主要特点。

（1）以心境低落为主，并至少有下列四项：①兴趣丧失、无愉快感；②精力减退或疲乏感；③精神运动性迟滞或激越；④自我评价过低、自责或有内疚感；⑤联想困难或自觉思考能力下降；⑥反复出现想死的念头或有自杀、自伤行为；⑦睡眠障碍，如失眠、早醒或睡眠过多；⑧食欲降低或体重明显减轻；⑨性欲减退。

（2）严重时社会功能受损，给本人造成痛苦或不良后果。

（3）可存在某些分裂性症状，但不符合分裂症的诊断。

（4）排除器质性精神障碍，或精神活性物质和非成瘾物质所致抑郁。

（5）符合以上标准至少已持续两周；若同时符合分裂症的症状标准，在分裂症状缓解后，满足抑郁发作标准至少两周。

三、神经症

神经症是一组主要表现为焦虑、抑郁、恐惧、强迫、疑病症状或神经衰弱症状的精神障碍。本障碍有一定的人格基础，起病者常受心理社会（环境）因素影响。症状没有可证实的器质性病变作基础，与当事人的现实处境不相称，但当事人对存在的症状感到痛苦和无能为力，自知力完整或基本完整，病程多迁延。在大学生群体中常见的神经症类型有恐惧症、焦虑症和强迫症。

（一）恐惧症

恐惧症是一种以过分和不合理地惧怕外界客体或处境为主的神经症。当事人明知没有必要，但仍不能制止恐惧发作，恐惧发作时往往伴有显著的焦虑和自主神经症状。当事人极力回避所害怕的客体或处境或是带着畏惧去忍受。其主要特点为：

（1）对某些客体或处境有强烈恐惧，恐惧的程度与实际危险不相称。

（2）发作时有焦虑和自主神经症状。

（3）有反复或持续的回避行为。

（4）知道恐惧过分、不合理或不必要，但无法控制。

（5）符合以上标准至少已三个月。

恐惧症包括场所恐惧症、社交恐惧症和其他特定的恐惧症。

（二）焦虑症

焦虑症是一种以焦虑情绪为主的神经症。主要分为惊恐障碍和广泛性焦虑两种。

（1）惊恐障碍是一种以反复的惊恐发作为主要原发症状的神经症。这种发作并不局限于任何特定的情境，具有不可预测性。其主要特点为：①发作无明显诱因、无相关的特定情境，发作不可预测；②在发作间歇期，除害怕再发作外，无明显症状；③发作时表现强烈的恐惧、焦虑及明显的自主神经症状，并常有人格解体、现实解体、濒死恐惧或失控感等痛苦体验；④发作突然开始，迅速达到高峰，发作时意识清晰，事后能回忆；⑤在一个月内至少有三次惊恐发作，或在首次发作后继发害怕再发作的焦虑持续一个月。

（2）广泛性焦虑是指一种以缺乏明确对象和具体内容的提心吊胆及紧张不安为主的焦虑症，并有显著的植物神经症状、肌肉紧张及运动性不安。当事人因难以忍受又无法解脱而感到痛苦。其主要特点为：①以持续的原发性焦虑症状为主；②经常或持续的无明确对象和固定内容的恐惧或提心吊胆；③伴有自主神经症状或运动性不安；④符合以上标准至少已六个月。

（三）强迫症

强迫症是一种以强迫症状为主的神经症，主要有以下特点。

（1）至少具有以下一种强迫症状：①症状以强迫思想为主，包括强迫观念、回忆或表象，强迫性对立观念、穷思竭虑、害怕丧失自控能力等；②以强迫行为（动作）为主，包括反复洗涤、核对、检查或询问等。

（2）有意识的自我强迫和反强迫并存，二者强烈冲突使当事人感到焦虑和痛苦。

（3）当事人体验到观念或冲动系来源于自我，但违反自己意愿，虽极力抵抗，却无法控制。

（4）当事人也意识到强迫症状的异常性，但无法摆脱。

（5）病程迁延者可以仪式动作为主而使精神痛苦减轻，但社会功能严重受损。

（6）当事人称强迫症状起源于自己内心，不是被别人或外界影响强加的。

（7）强迫症状反复出现，患者认为没有意义，并感到不快甚至痛苦，因此

试图抵抗，但不能奏效。

（8）符合以上标准至少已三个月。

四、人格障碍

人格障碍指人格特征明显偏离正常，使当事人形成了一贯的反映个人生活风格和人际关系的异常行为模式。这种模式显著偏离特定的文化背景和一般认知方式（尤其在待人接物方面），明显影响其社会功能与职业功能，造成对社会环境的适应不良，当事人为此感到痛苦，并已具有临床意义。当事人虽然无智能障碍，但其适应不良的行为模式难以矫正，仅少数当事人成年后在程度上有改善。通常开始于童年期或青少年期，并长期持续发展至成年或终生。大学生常见的人格障碍有以下几种。

（一）偏执型人格障碍

以猜疑和偏执为特点。对挫折和遭遇过度敏感，对侮辱和伤害不能宽容，明显超过实际情况所需的好斗，对个人权利执意追求，易有病理性嫉妒，有过分自负和以自我为中心的倾向，过分警惕和抱有敌意。

（二）分裂型人格障碍

以观念、行为和外貌装饰的奇特、情感冷漠及人际关系有明显缺陷为特点。性格明显内向（孤独、被动、退缩），表情呆板，对赞扬和批评反应差或无动于衷，缺乏愉快感，缺乏亲密、信任的人际关系，在遵循社会规范方面存在困难，导致行为怪异。

（三）反社会型人格障碍

以行为不符合社会规范、经常违法乱纪、对人冷酷无情为特点。往往在童年或少年期（18岁前）就出现品行问题。成年后（指18岁后）习性不改，主要表现为行为不符合社会规范，甚至违法乱纪。

（四）冲动型人格障碍（攻击型人格障碍）

以情感爆发、伴有明显的行为冲动为特点。易与他人发生争吵和冲突，有突发的愤怒和暴力倾向，对导致的冲动行为不能自控，对事物的计划和预见能力明显受损，心境不稳定和反复无常，经常出现自杀、自伤行为。

（五）表演型人格障碍（癔症型人格障碍）

以过分的感情用事或夸张的言行吸引他人的注意为特点。富于自我表演性、戏剧性、夸张性地表达情感，情感肤浅易变，以自我为中心，暗示性高，易受他人影响。

（六）强迫型人格障碍

以过分的谨小慎微、严格要求、完美主义及内心的不安全感为特点。优柔寡断，因循守旧，过分注意细节，刻板和固执，缺乏表达温情的能力。

（七）焦虑型人格障碍

以一贯感到紧张、提心吊胆、不安全及自卑为特点，总是需要被人喜欢和接纳，对拒绝和批评过分敏感，因习惯性地夸大日常处境中的潜在危险，而有回避某些活动的倾向。

（八）依赖型人格障碍

以过分依赖为特点。性格幼稚，凡事依赖别人的帮助与支持，过分服从他人意志，独处时感到很难受，当与他人的亲密关系结束时有被毁灭和无助的体验，经常把责任推给别人，以应对逆境。

五、创伤后应激障碍（PTSD）

创伤后应激障碍是由异乎寻常的威胁性或灾难性心理创伤导致延迟出现和长期持续的精神障碍。它有以下主要特点。

（1）遭受对每个人来说都是异乎寻常的创伤性事件或处境（如天灾人祸）。

（2）反复重现创伤性体验（病理性重现），并至少有下列一项：①不由自主地回想受打击的经历；②反复出现有创伤性内容的噩梦；③反复发生错觉、幻觉；④反复发生触景生情的精神痛苦，如目睹死者遗物、旧地重游或周年日等情况下会感到异常痛苦和产生明显的生理反应，如心悸、出汗、面色苍白等。

（3）持续的警觉性，至少有下列一项：①入睡困难或睡眠不深；②易激惹；③集中注意困难；④过分地担惊受怕。

（4）对与刺激相似或有关的情境的回避，至少有下列两项：①极力不想有关创伤性经历的人与事；②避免参加能引起痛苦回忆的活动或避免到会引起痛苦回忆的地方；③不愿与人交往，对亲人变得冷淡；④兴趣爱好范围变窄，但对与创伤经历无关的某些活动仍有兴趣；⑤选择性遗忘；⑥对未来失去希望和信心。

（5）少数患者可有人格改变或有神经症病史等附加因素，从而降低了对应激源的应对能力或加重疾病过程。

（6）精神障碍延迟发生（即在遭受创伤后数日至数月后，罕见延迟半年以上才发生），符合症状标准至少已三个月。

六、精神分裂症

精神分裂症是一组病因未明的精神病，多起病于青壮年时期，常缓慢起病，具有思维、情感、行为等多方面障碍及精神活动不协调。通常意识清晰、智能尚好，有的患者在疾病过程中可出现认知功能损害。自然病程多迁延，呈反复加重或恶化的趋势，但部分患者可保持痊愈或基本痊愈状态。其特点主要表现为：

（一）思维紊乱

如思维松弛、破裂、逻辑倒错，思想被插入、被撤走、被播散，思维中断或强制性思维，言语不连贯。

（二）知觉扭曲

常反复出现言语性的幻听；原发性妄想（包括妄想知觉、妄想心境）或其他荒谬的妄想；被动、被控制或被洞悉体验。

（三）情感错乱

情感倒错或明显的情感淡漠。

（四）行为怪异

动作减少，表现奇特，或僵直或频繁，动作表现与外在环境无关。

（五）人格解体

自知力障碍，并有社会功能严重受损或无法进行有效交谈。

案例 12-1 警惕幻听

晓力（化名），女，19岁，大一学生，性格内向。

大一上学期，晓力在班上表现很活跃，担任多项职务，并积极参加各项活动。不过据同学反映，晓力对自己参加的诸多活动似乎难以胜任，做事缺乏逻辑性，经常做得虎头蛇尾。

大一下学期，刚回到学校的晓力表现得沉默寡言、异常懒散，常常一个人待在宿舍，不与人交流，也很少吃饭。几天后晓力经常听到有人在背后议论她，说她的相貌如何如何，并谈论她私人短信的内容。她能够清楚地描述议论者的声音特征，自称有时候是一个人在说她，有时候是几个人对话。但事实上她听到的这些声音其他同学根本听不到。后来，晓力开始变得情绪狂躁，经常无缘无故指责谩骂身边的人甚至陌生人。同时，晓力出现严重的睡眠和饮食障碍，身体日渐消瘦。

经了解，晓力的家人均无精神病史，她本人在两年前曾经无缘无故摔倒，头部撞在了石块上，但经医院检查并未受伤。半年前晓力曾出现过幻听现象，持续半个月左右，但并未到医院进行检查、诊断和治疗。

经过精神科专业医生诊断，晓力被确诊为精神分裂症。

评论 幻听是出现于听觉器官的虚幻的知觉，是精神分裂症的常见症状。幻听的内容常常对当事人不利，如谩骂贬议，或是说当事人犯了大错误，还会命令当事人去自杀或去投案自首等，所以很容易导致自伤、自杀等严重后果。因此，患者在出现幻听现象时，应该及时到精神病专业医院进行诊断和治疗，千万不能讳疾忌医。

小故事大智慧 12-1　蜗牛的壳

小蜗牛问妈妈："为什么我从生下来，就要背负这个又硬又重的壳呢？"

妈妈说"因为我们的身体没有骨骼支撑，只能爬，又爬不快，所以要靠这个壳保护。"

小蜗牛说："毛毛虫也没有骨头，为什么它却不用背着这个又硬又重的壳呢？"

妈妈说："因为毛毛虫能变成蝴蝶，天空会保护它啊！"

小蜗牛又问："可是蚯蚓也没有骨头也爬不快，也不会变成蝴蝶，它为什么不用背这个又硬又重的壳呢？"

妈妈说："因为蚯蚓会钻土，大地会保护它啊！"

小蜗牛说："我们好可怜呀，天空不会保护我们，大地也不会保护我们！"

妈妈安慰他说："所以我们有壳呀，我们不靠天、不靠地，我们靠自己！"

评论 我们每个人都是自己的守护者，坚强的心灵就是我们无坚不摧的壳。

第二节　大学生常见异常心理的成因及其自我调节

一、大学生常见异常心理的成因

人的心理发展是一个极为复杂的动态过程，造成大学生异常心理的原因也是多种多样的，总体上可以分为生物遗传因素、环境因素、个体发展因素和生活事件。

（一）生物遗传因素

1. 遗传

一个人的身体健康和心理健康都与遗传有着密切的关系。有人对精神病患者亲属的患病率进行了调查，结果见下表。

精神病患者亲属的患病率

亲缘关系	患病率
父母	33.21%
同胞	30.10%
父母的同胞	13.54%
祖父母或外祖父母	12.66%
第一代表兄弟姐妹	6.46%
第二代表兄弟姐妹	4.20%
表叔伯父与表舅姨	3.64%

可见，在精神疾病的发病原因上，遗传因素起着重要作用。现代遗传学的研究发现，与遗传有关的疾病可归纳为三大类：一类是由单个基因突变引起的，称为"单基因遗传病"；一类是由染色体畸变引起的，称为"染色体遗传病"；一类是由许多基因突变引起的，且与环境因素有关的称为"多基因遗传病"。一般认为，躁抑症（特别是抑郁型的）与"单基因显性遗传"有关；先天愚型则是由染色体畸变而造成的遗传病；精神分裂症，有人认为是一种"单基因隐性遗传"疾病，但更多的人则认为与多基因遗传因素有关。

2. 躯体机能

个体的躯体机能状态本身不是发病原因，但是不良的机能状态可能诱使疾病发生，例如，饥饿、体力透支、睡眠缺乏、精神持续紧张的机能状态，或酗酒、药物依赖状态下被削弱的机能状态，均可能诱发心理疾病。

全身性的特别是累及中枢神经系统的感染、中毒、外伤、癌瘤、缺氧、内分泌障碍等以及高温中暑、放射线损伤均可能直接或间接地损害人脑正常的结构与机能，从而引起心理疾病。

胚胎时期宫内、宫外环境中的生物性致病因素以及婴儿时期的营养缺乏、传染病和药物感染等，都可能引起心理发育迟滞、人格发展异常与心理疾病。

另外，大脑的外伤也可能导致心理障碍，如意识障碍、遗忘症、言语障碍和人格改变等，某些严重的躯体疾病或生理机能障碍也可能成为心理障碍与精神失常的原因。

（二）环境因素

1. 家庭环境

家庭对大学生心理的影响主要包括家庭氛围、父母的教养方式、家庭结构及家庭经济状况四个方面。精神分析理论认为，童年的成长经验对于一个人的人格形成具有重大影响，而童年精神创伤、不合理教养、不和谐家庭关系等不良因素会造成大学生人格上的障碍。家庭的情绪氛围和家庭成员间的语言及人际氛围，对个性逐渐成熟的大学生的影响具有特别的意义。父母的教养态度和教育方法直接影响孩子的行为和心理，在专制、溺爱或放任型教养方式下长大的学生在心理、行为和人格上容易出现异常。家庭结构的变化如单亲家庭、重组家庭等不仅会影响大学生的人生观和婚恋观，还有可能造成他们心理上的种种异常。同时，家庭经济状况对大学生的心理健康状况也起着不可忽视的作用。

2. 人际关系

与中学生相比，大学生的人际关系更为广泛与深刻。大学生一方面对良好的人际关系抱有极大的期望，另一方面又缺乏必要的经验和技巧，从而造成他们对人际关系状况的不满，使得渴望交往的心理需求与心理闭锁的矛盾集于一身。在与异性的交往中，有的大学生面对异性的追求茫然不知所措，不知如何去爱，如何把握爱的尺度；有的大学生崇尚爱情至上，当失恋的打击袭来时，没有充分的心理准备。这些都成为造成大学生异常心理的重要因素。

3. 学校教育

学校生活是大多数人社会化的重要途径。良好的校风能使个体健康成长，不

良的校风也能使个体心理形成阴影，甚至人格扭曲。老师对大学生的心理发展产生着重要影响，这主要体现在三个方面：第一，老师的举止、言行、态度都潜移默化地影响着学生人格的形成，如果老师不能为人师表，势必会对大学生心理的发展产生不利的影响；第二，老师对学生的教育和管理方式会对大学生的心理发展产生影响，专制型的老师往往以自我为中心，对学生批评指责较多，结果使学生感到压抑、被动、缺乏自信、缺少责任感；第三，老师对学生的期望水平也对个体的发展有着重要影响，正如罗森塔尔效应所展示的，如果老师认为学生有很大的发展潜能，就会传达给学生正面的积极评价，使学生更自信、努力，从而取得更大的成就，反之，则会打击学生的自信心，阻碍学生的发展。

4. 大众传媒

大众传媒在现代社会非常普及，电影、电视、广播、报刊到处可以看到和听到，特别是互联网的迅速发展大大增强了大众传媒的影响力。这些媒体传播的内容可以对大学生的思想、信念乃至行为产生极大影响。这方面最为典型的研究是关于暴力影视内容对大学生的影响。研究表明，反映暴力的影视内容确实可以引起人们的暴力行为，增加对暴力行为的认可。大众传媒中的其他消极内容还可能引发大学生意志丧失、道德观念淡薄等问题。

（三）个体发展因素

1. 自我认知

进入大学以后，大学生对自我的评价也在逐渐发生转变。由于大学生的心理发展还不成熟，自我认知会出现两极振荡，当取得一点成绩时容易自负，而遇到挫折时容易自卑。面对现实自我与理想自我的差距，有的大学生能及时调整对自我的认知，重新确立目标；而有些大学生则企图逃避现实的矛盾冲突，出现消沉、苦闷、抑郁等心态，或耽于玩乐、放纵，以此来麻痹自己，甚至造成自杀等严重心理异常。

2. 心理冲突

心理冲突是指个体在有目的的行为活动中，存在着两个或两个以上相反或相互排斥的动机时所产生的一种矛盾心理状态。在现代社会中，大学生承担着多重发展任务，又面临多种选择，必然会产生各种各样的心理冲突，比如，在有限的时间内是多参加社会实践还是集中精力搞好学习，毕业后是升学还是就业等。如果不能很好地正视和处理这些冲突，就会产生消极情绪，削弱成就动机，甚至造成异常心理。

3. 学业期望

大学生往往在中学时都有着较高的学业期望，但上了大学后，将面临各个领域的佼佼者，如果对此缺乏心理准备，就会出现强烈的自卑心理，甚至还会出现嫉妒心理和产生攻击行为。另外，为适应激烈的市场竞争，大学生除了要学习专业知识外，还要选修一些相关知识，考取各类证书，如果学习动机不强、学习方法不当、学习目标不明确，就容易出现焦虑情绪，同时还会严重影响自信心，产生自我否定等心理问题，导致学业失败。学业成绩不理想以至于学业失败都将极大地影响学生的心理健康。

（四）生活事件

（1）生活事件指人们在日常生活中遇到的各种各样的变动。大量研究表明，即使是中等水平的应激事件，如果连续发生，对个体造成的心理压力就会累加，因而也非常严重。在生活事件中，重要丧失对大学生心理健康起着消极作用，比如，重要人际关系的丧失、荣誉的丧失等，这不仅会影响到他们的情绪以及学习和生活，还可能会影响到他们对自身及今后对人生的看法，严重时会导致异常心理。

（2）环境变迁。心理学研究表明，个体所处环境的巨大变迁会使个体产生心理应激。环境变迁也是生活事件的一部分，但这种变化对个体适应的影响比较突出，因此单列讲述。对于大学生来说，生活环境的变迁首先意味着要自己独立生活、重新建立人际关系、调整自我认知、确立新的目标等。这些问题如果处理不好，将影响到整个大学生活，比如，在大学生中普遍存在的人际交往障碍，可能与新生阶段的人际关系状况有着一定的关系。

二、大学生异常心理的自我调节

（一）建立正确的自我认知，悦纳自我

大学生的异常心理在很大程度上都是由于没有很好地认识自我而引起的。一个心理健康的人首先要有自知之明，并能接受自我，体验自我存在的价值，这就是我们所说的悦纳自我。悦纳自我包括三方面：第一，接受自己的全部，无论优点还是缺点，无论成功还是失败；第二，无条件地接受自己，接受自己的程度不因自己是否做错事而有所改变；第三，喜欢自己，肯定自己的价值，有愉快感和满足感。一个悦纳自己的人并不意味着他的一切都是完美的，而是说他在接受自己优点的同时也了解自己的缺点，很坦然地承认自己的不足之处，而后不断克服缺点，不断完善自己，更加自信地面对生活，走向成功。

（二）养成良好的生活习惯

生活习惯与人的身心健康有着极为密切的关系，养成良好的生活习惯可

以调节心理状态，使我们的身心和谐。

（1）生活有计划有规律。大学生应该做生活的主人，管理好自己的时间，始终保持旺盛的精力。

（2）适度进行体育锻炼。心理学研究表明，运动可以排忧并增进心理健康，在调节个体的异常心理状态方面也表现出很好的效果。大学生可以选择适合自己的运动方式，循序渐进、持之以恒，增强身体和心理素质。

（3）合理的饮食。应该做到不挑食、不偏食，荤素搭配，粗细协调，不暴饮暴食；少吃多盐食品和甜食；营造良好的进餐气氛，细嚼慢咽；多吃水果蔬菜，做到营养均衡充分。

（4）不吸烟少喝酒。大学生往往把吸烟喝酒作为成熟的标志，但吸烟对人体健康是有害无益的，所以大学生应该做到不吸烟、控制饮酒，这对身心都是有裨益的。

（5）讲究卫生。良好的卫生习惯不仅体现了一个人的修养水平，还可以为大学生创造优良的学习和生活环境。在宿舍中讲究卫生也是保持良好的人际关系的必要条件。

（三）建立有效的社会支持系统

所谓社会支持系统，指的是个人在自己的社会关系网络中所能获得的、来自他人的物质和精神上的帮助和支援。一个完备的支持系统包括亲人、朋友、同学、同事、邻里、老师、上下级、合作伙伴等，当然还应当包括由陌生人组成的各种社会服务机构。每一种系统都承担着不同功能：亲人给我们物质和精神上的帮助，朋友较多承担着情感支持，而同学、同事及合作伙伴则与我们进行业务交流。要建立有效的社会支持系统，首先要具备社会支持理念，了解受助人的需要，并对别人的帮助心怀感恩；其次要区分系统中不同关系所具有的不同功能，并且要在平时细心呵护自己的社会支持系统；最后注意在遇到困难的时候要尽可能靠自己的力量解决，不要滥用自己的支持系统。

（四）学会管理压力和情绪，提高适应能力

大学生的异常心理很多都是由于不能很好地管理外来压力和自己的情绪而引起的。调节情绪的方法有很多，主要有宣泄法、合理认知法、善于利用自我防卫技巧等，另外通过运动、音乐、绘画等调节情绪也是不错的方法，但是最基本的情绪调节方法还是放松法。反复运用精神放松法可以逐渐消除精神上的痛苦，使全身得到彻底放松和休息，并能消除心理上的疾病。

（五）增强挫折承受能力

当代大学生的成长环境都很优越，同时，他们缺乏挫折教育和锻炼，心

理素质较为脆弱，很容易因遇到挫折，受到打击而产生异常心理。因此，增强大学生的挫折承受能力是保持心理健康、防止异常心理的重要途径。大学生要增强挫折承受能力，首先要对自己有合理的认知，善于调整自己的目标，在遇到挫折的时候能从积极的方面去看待，并能进行合理归因，同时要积极构建成熟的防御机制和健康的人际关系，增强自己承受挫折的能力。

异常心理的产生不是一朝一夕的，同样其消除也要求个人付出持之以恒的努力。此外，当你感觉自己的心理出现异常的时候，除了进行积极的自我调节外，最好的办法还是要主动寻求心理咨询师或心理医生的帮助。

案例 12-2　超越自卑

A. 阿德勒（Alfred Adler），1870 年出生于维也纳郊外一个米谷商人的家庭中，排行第二。他的家庭富裕，全家都热爱音乐，但是他却认为他的童年生活并不快乐，不快乐的原因来自他的哥哥，他觉得自己不管怎样努力都赶不上哥哥的成就。他自小患有驼背，行动不便，因此他哥的蹦跳活跃使他自惭形秽，觉得自己又小又丑，事事都比不上哥哥。尽管如此，他却是个友善而又随和的孩子。五岁那年，他患了一场几乎使他致命的病，痊愈之后，便决心要当医师。从此以后，他说自己的生活目标就是要克服儿童时期对死亡的恐惧，他的许多心理学上的观点都可以从其童年的记忆中寻出蛛丝马迹。

1907 年，A. 阿德勒发表了有关由缺陷引起的自卑感及其补偿的论文而使其名声大噪。他认为，由身体缺陷或其他原因所引起的自卑，一方面能摧毁一个人，使人自甘堕落或发生精神病，另一方面它能使人发奋图强、力求振作，以克服自己的弱点。

评论　身体的缺陷能够埋没一个人，也能够成就一个人。

小故事大智慧 12-2　卖伞和晒布

从前，有个老太太整天愁眉苦脸。天不下雨，因挂念卖雨伞的大儿子没生意做而颇感抑郁；天下雨了，又因忧心开染坊的二儿子不能晒布而深感抑郁。后来，有位邻居对她说："你怎么就不反过来想想？你天天有个儿子生意好做。如果下雨了，大儿子的生意一定很好；如果不下雨，二儿子就可晒布。"老太太一听恍然大悟，从此不再愁眉苦脸。

评论　抑郁还是快乐，只在转念之间。

第三节　心理咨询与心理治疗

一、心理咨询与心理治疗的关系

心理咨询是指受过专门训练的咨询人员运用心理学的原理和方法，帮助来访者发现其自身的问题根源，从而挖掘来访者本身潜在的能力，改变其原有的认知结构和行为模式，以提高来访者对生活的适应性和调节周围环境的能力，促进其人格成长。

心理治疗是指在良好的治疗关系基础上，由经过专业训练的治疗者运用心理治疗的有关理论与技术，对在精神和情感等方面有障碍或疾患的人进行治疗的过程。心理治疗的目的是改善患者的不良心态与适应方式，缓解其症状与痛苦，促进人格改善，增进身心健康。

心理咨询和心理治疗都归属于临床心理学的范畴，两者的关系非常密切。在中国，许多心理咨询门诊实际上也在进行心理治疗的工作。二者所采用的理论方法常常是一致的；在强调帮助来访者成长和改变方面，二者是相似的，都希望通过帮助者和求助者之间的互动，以达到使求助者改变和成长的目的；二者都注重建立帮助者与求助者之间的良好的人际关系，认为这是帮助求助者改变和成长的必要条件。在实际应用中两者也常常结合在一起，但两者也有区别。

（1）心理治疗的对象是患者，无论是心理疾病、心身疾病、生理疾病，还是社会疾病；心理咨询的对象一般不是患者，在很大程度上是精神状态基本健康，而心理上存在冲突的亚健康状态的人。心理咨询着重处理的是正常人所遇到的各种问题，主要问题有日常生活中人际关系的问题、职业选择方面的问题、教育过程中的问题、婚姻家庭中的问题等。心理治疗的适应范围则主要为某些神经症、某些性变态、心理障碍、行为障碍、心身疾病、康复中的精神病患者等。

（2）心理治疗的目的着重是解决问题，需要通过治疗程序进行；心理咨询的目的着重是帮助来访者发现问题，靠挖掘来访者自身的能力来解除心理困扰。

（3）心理治疗师与求助者的关系是医生和患者的关系。患者必须听取医生的劝告、建议并服从治疗，才能取得良好的疗效。但心理咨询师与求助者的关系是平等的。咨询过程是一个相互讨论和研究问题、各抒己见而互相沟通的过程。心理咨询与治疗都是帮助的过程，但在这两种帮助过程中，帮助者与求助者有不同的称谓。在咨询过程中，咨询者被称为咨询师（counselor），求助者被称为求询者或来访者（client）。在心理治疗过程中，帮助者被称为治疗师（therapist），求助者被称为患者（patient）。

（4）心理治疗师需要获得的信息较单纯，可以只根据症状体征来选择并实施治疗方案。心理咨询师则需要掌握大量的信息，需要了解求助者个人、家庭、社会环境等多方面的情况，只有这样才能帮助他开发自身的能力。

二、心理咨询的分类

心理咨询的分类有以下几种。

（一）按咨询性质分类

1. 发展性心理咨询

在个人成长的各个阶段，都可能产生困惑和障碍。如大学生经常会面临适应新的生存环境、克服学习上的困难、选择合适的职业等困惑，会寻求个性的突破以及人格的完善等。针对这些问题所进行的心理咨询就是发展性心理咨询。目前学校心理咨询主要以发展性心理咨询为主。

2. 健康心理咨询

当一个精神正常的大学生因各类刺激引起焦虑、紧张、恐惧、抑郁等情绪问题，或者因各种挫折引起行为问题时，也就是说，发现自己的心理健康遭到破坏时，所进行的心理咨询就是健康心理咨询。

（二）按咨询规模分类

1. 个体咨询

个体咨询是通过咨询师与求助者建立一对一的咨询关系，帮助求助者解决个人心理问题的咨询形式。个体咨询是在两人之间进行，不允许第三者在场旁听，这为求助者提供了一个可靠安全的环境，降低他们的防御性，与咨询师建立彼此信任的关系。在这种情境中，求助者容易消除顾虑，说出自己内心深处的想法。

2. 团体咨询

团体咨询是在团体情境中向求助者们提供心理帮助和指导。在团体咨询过程中，通过团体内人际关系的交互作用促使个人在交往中观察、学习、体验，认识自我，调整和改善与他人的交往，学习新的态度与行为模式，从而

促进个人发展良好的生活适应能力。

（三）按咨询形式分类

1. 门诊心理咨询

门诊心理咨询是在医院门诊或专业心理咨询中心进行面对面咨询，这类咨询的特点是能及时对求助者进行各类检查、诊断，及时发现问题，及时作出妥善处理（如转诊、会诊等）。因此，它是心理咨询中最重要而且最有效的方式。

2. 电话心理咨询

电话心理咨询是利用电话给求助者进行支持性咨询。早期多用于危机干预，防止心理危机所导致的恶性事件，如自杀、暴力行为等。现在的电话咨询涵盖面很广，是一种较为方便且迅速的心理咨询方式。但它也有某些局限性，如咨询师难以对求助者进行准确的心理评估、咨询师的干预手段少、计划性和持续性弱等。一般来说在同等条件下，电话咨询的效果要差于面询。

3. 互联网心理咨询

互联网心理咨询是心理咨询师通过互联网来帮助求助者。互联网咨询除了可以突破地域限制之外，还可以凭借行之有效的软件程序进行心理问题的评估与测量。但网络咨询也存在传达信息不全面，咨访关系不稳定、不长久，受制于网络环境等局限，因此网络咨询无法替代系统的面对面咨询。

4. 现场心理咨询

现场心理咨询是指心理咨询工作者深入到学校、家庭、机关、企业、工厂、社区等地方，现场接待求助者。其中发展最深入的是家庭心理治疗，把重点放在家庭成员之间的关系上，以整个家庭系统为对象，发现和解决问题。现场心理咨询已经发展为一种独立的咨询治疗形式。

5. 书信心理咨询

书信心理咨询就是咨询师根据求助者来信中提出的问题和描述的情况进行疑难解答和心理指导的心理咨询形式，适用于求助者路途较远或不愿暴露身份的情况。优点是较少避讳，缺点是不能全面了解情况，只能提出指导性意见。

6. 专栏心理咨询

专栏心理咨询就是通过报纸、杂志、广播、电视等传播媒体开辟一个专栏，介绍心理咨询、心理健康知识或针对一些典型问题进行分析、解答的一种咨询方式。专栏心理咨询覆盖面大、科普性强，但针对性不强，实际上其作用更重要的是普及相关知识，而非真正的心理咨询。

三、心理咨询的原则

（一）保密性原则

咨询人员应保守来访者的内心秘密，妥善保管来访者的个人信息、来往信件、测试结果等材料。如因工作等特殊需要不得不引用咨询事例时，需要对材料进行适当处理，不得公开来访者的真实姓名、单位或住址。

（二）理解与支持原则

咨询人员对来访者的语言、行动和情绪等要充分理解，不得以道德和个人价值的眼光评判对错，要帮助来访者分析原因并寻找出路。

（三）积极心态培养原则

咨询人员的主要目的是帮助来访者发现问题的所在，培养来访者积极的心态，使之树立自信心，让来访者的心理得到成长，使其找出解决问题的方法。

（四）时间限定原则

心理咨询必须遵守一定的时间限制。咨询时间一般规定为每次 45 分钟左右，原则上不能随意延长咨询时间或间隔时间。

（五）来访者自愿原则

到心理咨询室求询的来访者必须完全出于自愿，这是确立咨访关系的先决条件。没有咨询愿望和要求的人，咨询人员不应主动去找他（她）并为其进行心理咨询。只有自己感到心理不适，为此而烦恼并愿意找咨询人员诉说烦恼以寻求心理援助的人，才能够获得解决问题的办法。

（六）感情限定原则

咨访关系确立和咨询工作顺利开展的关键，是咨询者和来访者心理的沟通和共情，但这也是有限度的。私下接触过密不仅容易使来访者过于了解咨询者内心世界和私生活，阻碍来访者的自我表现，还容易使咨询者该说的不能说，从而失去客观公正地判断事物的能力。因此在心理咨询过程中，原则上禁止咨询师与来访者有咨询室之外的任何接触和交往。咨询师不能将自己的情绪带进咨询过程，不对来访者在感情上产生爱憎和依恋，更不能在咨询过程中寻求在爱憎、欲求等方面的满足。来自来访者的超越咨询关系的要求，即便是好意的，咨询师也应该予以拒绝。

（七）重大决定延期原则

心理咨询期间，由于来访者情绪过于不稳定，原则上应规劝其不要轻易

作出诸如退休、调换工作、退学、转学、离婚等重大决定。在咨询结束后，来访者的情绪得以安定，心境得以整理之后作出的决定，往往反悔的比率较小。就此，应在咨询开始时予以告知。

四、求助心理咨询的程序

（1）了解学校心理咨询中心服务的具体情况，包括开放时间、地点、保密规定等，与咨询中心签署接受咨询的协议，旨在最大限度地保护自己。

（2）选择适合自己的咨询员预约登记。可以根据咨询员的性别、年龄、经验、咨询流派、以往是否熟悉等因素来选择咨询员，根据工作时间预约。

（3）对自己想咨询的问题有个基本准备就可以，不用担心自己讲得是否有逻辑、有重点。咨询员会根据具体情况与来访者进行讨论。

五、心理治疗的对象

首先是精神问题。从精神不佳到精神崩溃，均为心理治疗的对象。有精神疾患的人，其人格和精神失去了统一协调的效能，与外界现实不能正常接触，出现幻觉、妄想等症状，并且其思考、情感、行为亦有显著障碍，无法正确地面对日常生活。患者可能表现为过于兴奋，讲个不停；或者极端忧郁，想自残、自尽；或者行为奇异，语无伦次等。一个人有严重的精神疾患时，其主要治疗方法在于使用药物治疗，但对其施予安慰、支持、限制等心理辅导治疗也是必不可少的。

其次是神经症。这种情况的患者并没有精神崩溃的现象，自己与外界现实环境的接触状态尚好，只是在心理上或情绪上有所困扰与不适，觉得需要进行心理治疗来解除自己的痛苦。例如，无法独立选择以决定自己的志向，缺乏经验与信心去找对象，不懂得如何与配偶和子女相处，不知如何消除离婚、丧偶的痛苦等。这一类情绪不适或心理困扰，药物治疗虽然有时能有所帮助，但心理治疗则要有效得多。

再次是纯粹心理问题。在现实生活中，有些人往往具有复杂的内心矛盾，生活和工作中常面对难以处理的问题。这种情况并不是安慰或劝说就可以改善的，也不是休养一段时间就可以解决的，而是需要仔细剖析心理的症结、研究潜意识的动机，只有得出了真实的结论才能彻底医治。

最后是心理缺陷。患者虽有某种心理问题，但并没有明显的自觉、不适，而是在行为或性格上存在一定的缺陷，影响了自己去适应一般的生活。有的儿童一不高兴就想逃学；有的年轻人一心血来潮就有意去做错事，找人打架。这些行为都表明他们存在心理问题。另外，也有人有明显的性格上的缺陷，时时事事总是按部就班，如果不按照自己定的死板规律与程序吃饭、睡觉、娱乐，就无法生活；或每天只想发财、成功、有成就，时时刻刻都把精神绷得很紧，强使自己振作，以追求成功，并因此变成了追求成就的奴隶。相反，有的人事事都缺乏信心，事情还没动手做就已开始担心会失败，以致最后什么都不敢做、什么也做不成。这些行为和心理上的缺陷虽非朝夕之功就能改变，但依靠心理治疗是可以慢慢矫正、治疗的。

六、心理治疗的分类

（一）依据心理学的主要理论与治疗实施要点分类

1. 分析型

其特点在于探求个体的心理与行为如何受自己童年期经验的影响而形成潜意识，经过内心的分析，理解自己的内心动机，特别是潜意识中存在的症结，经领悟理解以改善自己的行为。

2. 认知型

又称认知治疗。其主要理论认为，个体对己、对人、对事的看法及观念都直接或间接地影响其情绪和行为。其非适应性或非功能性的心理与行为，常是由于不正确的或扭曲的认知而产生的，如果更改或修正这些不正确或扭曲的认知，则可调节其心理和行为。所以，其治疗的重点在于矫正其对人和事的错误的或扭曲的认知。

3. 行为型

其理论根据是巴甫洛夫的经典型条件反射和斯金纳的操作型条件反射学说，以及班杜拉的模仿学习理论。这些理论认为，人的心理问题都是后天学习的结果，可以通过适当的强化加以改进和矫正。

4. 人际关系型

它是从"人与人的关系"这样一种特殊角度来理解人的心理与行为现象的，认为人的所思所想、所作所为都脱离不了人与人的关系。其治疗的重点是如何改善不妥当的、有困难的人际关系，并认为人与人之间的关系改善了，一切问题也就迎刃而解了。

5. 支持型

所谓支持型心理治疗，是指强调施治者应理解患者的处境，并且以此为

依据，用语言、行为等各种方式支持患者的一种治疗方法。一方面，发挥患者自己潜在的自我调节能力；另一方面，运用患者周围的环境优势系统来改变患者目前的困境，特别是当患者心理焦虑或抑郁时，施治者更要尽量支持患者，同时还应调动其家属或同事对患者的支持，以减轻患者的心理困境与症状。

（二）按照心理治疗进行的方式分类

1. 个别心理治疗

这是以医务人员与个别患者进行谈话为形式而进行的心理治疗。医务人员与患者交谈的目的在于医务人员了解疾病发生的过程与特点，能够帮助患者了解自己疾病的情况，让患者对疾病有正确的认识，消除紧张不安的情绪，接受医务人员提出的治疗措施，并与医务人员合作，与疾病作斗争。个别心理治疗是一种普遍应用的心理治疗方式。

2. 集体心理治疗

这是医务人员把同类疾病的患者组织起来进行的心理治疗。一般把患者分成几个小组，每个小组由几个或十几个患者组成，并选出组长。集体心理治疗的主要方法是讲课、讨论与示范。医务人员根据患者中普遍存在的消极心理因素与对疾病的错误看法，深入浅出地对患者讲解有关疾病的症状表现、病因、治疗和预后等，使患者了解疾病的发生发展的规律，消除其顾虑，树立起与疾病作斗争的信心。

3. 家庭心理治疗

医务人员根据患者与家庭成员之间的关系，采取家庭会谈的方式，进行心理协调，营造良好的家庭心理气氛，使家庭成员之间心理相容，帮助患者摆脱消极的心理状态，适应家庭生活。在家庭心理治疗时，家庭所有成员都要参加。治疗地点既可以在患者家里，也可以在医院里。

七、心理治疗的原则及目标

（一）心理治疗的原则

1. 接受性原则

即对所有求治的心理"患者"，不论心理疾患的轻重、年龄的大小、地位的高低，初诊再诊都一视同仁、诚心接待、耐心倾听、热心疏导、全心诊治。

2. 支持性原则

即在充分了解求治者心理疾患的来龙去脉和对其心理病因进行科学分析

之后，施治者通过言语与非言语的信息交流给予求治者精神上的支持和鼓励，使其树立起治愈的信心。

3. 保证性原则

即通过有的放矢、对症下"药"、精心医治，以解开求治者的心理症结，缓解求治者的心理痛苦，促进其人格健康发展、日臻成熟。

上述三个原则是一个相互联系、相互影响的有机整体，但接受性原则是首位的。

（二）心理治疗的目标

1. 解除患者的症状

精神与身体不适或心理问题都会妨碍求治者对社会的适应，并因此造成心理上的痛苦，所以心理治疗的主要目的是解除求治者在心理或精神上的痛苦，或帮助其化解无法解决的心理冲突。

2. 提供心理支持

帮助患者增强对环境的耐受性、降低易感性、提高心理承受力、增强应付环境和适应环境的能力，使之能自如地顺应和适应社会。这方面的心理治疗技术有危机干预、应激应付、应激免疫训练等。

3. 重塑人格系统

人类的心理疾患和心理障碍是其人格不成熟所致。所以，只有重塑人格系统才能从根本上改变求治者的病态心理和不良行为方式。在心理治疗过程中，求治者处于主导和中心地位，施治者以倾听为主，居被动地位，但仍应努力营造良好的气氛，使求治者在讲述自己心理问题的过程中完成自我理解，达到解决自身问题的目的。总之，无论采取哪种方法，施治者期望达到的仍是重塑求治者成熟的人格的目的。

案例 12-3 崔永元的抑郁之路

央视"名嘴"崔永元患抑郁症的事可以说和《实话实说》一样路人皆知。在中央电视台《艺术人生》的《2005理想》特别节目中，崔永元首次向公众承认了自己患有严重的抑郁症。崔永元表示，自己出名后感觉身上责任重大，"有了责任感后特别痛苦，每天睡不着觉。长此以往，就患上了重度抑郁症"。此后，他开始了漫长的抑郁症的治疗。

这期间，他曾在多个场合呼吁："所有人都应关心抑郁症患者，不要歧视

他们；抑郁症患者一定要去看医生，争取早日摆脱抑郁症的痛苦和折磨。"他认为治疗抑郁症的关键就是"找到一个能治疗的医生"，他还在博客中透露了为自己看病的两位主治医生的联系方式。

经过坚持不懈的治疗，崔永元终于表示自己的抑郁症已经痊愈，并以一位抑郁症病愈者的身份出现在一个心理治疗大会的论坛上，亲身讲述曾经的黑色经历。至于自己为何有勇气站出来向媒体开诚布公，崔永元的一席话赢得了热烈掌声："当我得病以后才意识到，抑郁症患者和精神病患者的境遇有多差，媒体上关怀乙肝携带者、艾滋病患者、吸毒者的有关报道经常出现，但是很少有人关心心理疾病患者，他们受歧视非常大，缺乏常人的理解、缺乏家人的理解、缺乏同事的理解。所以我要跳出来，希望以此来换得抑郁症患者的好处境，我做到了，也成功了。"

最近，崔永元为美国著名女剧作家伊丽莎白·斯瓦多的图文故事书《我的抑郁症》撰写了序言。他真诚地提醒目前越来越多被抑郁症困扰或有抑郁倾向的人们，"抑郁症是病，不是灾难，抑郁症是可以治愈的"。

评论 能够正视自己的抑郁症是一种勇气，能够从黑暗中走出来是一种毅力，能够站出来为抑郁症正言更是一种责任感。

小故事大智慧 12 - 3　激怒疗法

传说战国时代的齐王患了忧郁症，请宋国名医文挚来诊治。文挚详细诊断后对太子说："齐王的病只有用激怒的方法来理疗才能治好，如果我激怒了齐王，他肯定要把我杀死的。"太子听了恳求道："只要能治好父王的病，我和母后一定保证你的生命安全。"文挚推辞不过，只得应允。当即与齐王约好看病的时间，结果第一次文挚没有来，便又约第二次，第二次没来又约第三次，第三次同样失约。齐王见文挚恭请不到，连续三次失约，非常恼怒，痛骂不止。过了几天文挚突然来了，连礼也不见，鞋也不脱，就上到齐王的床铺前问疾看病，并用粗话野话激怒齐王，齐王实在忍耐不住了，便起身大骂文挚，一怒一骂，郁闷一泻，齐王的忧郁症也好了。

评论 可惜，太子和他的母后并没有保住文挚的性命，齐王还是把文挚杀了。但文挚根据中医情志治病的"怒胜思"的原则，采用激怒患者的治疗手段治好了齐王的忧郁症，给中国医案史留下了一个心理疗法的典型范例。

第四节　自杀及自杀干预

一、自杀概述

（一）自杀的定义和分类

自杀是指个体蓄意或自愿采取各种手段结束自己生命的行为。一般将自杀分为自杀意念、自杀未遂和自杀死亡。自杀意念也称自杀观念，是指具有自杀的想法或意向，不涉及自杀行为；自杀未遂指有自杀行为但未导致死亡，既包括决心自杀而未成功的自杀行为，也包括因自杀意念不强而未成功的自杀行为；自杀死亡又称完成自杀或成功自杀，是指由于自杀意念而采取自杀手段并最终导致死亡结果的自杀行为。

（二）自杀的动机

研究者通过自杀未遂者事后的回忆以及对自杀者留下的遗书的分析，总结出各种各样的自杀动机：①摆脱痛苦、逃避现实，实现精神再生；②通过死后进入天堂以获得人世间得不到的东西；③为了某种目的或信仰牺牲自己；④惩罚自己的罪恶行为；⑤保持自己道德上和人格上的完美；⑥作为一种向外界寻求帮助和同情的手段等。

（三）自杀的原因

（1）精神障碍导致自杀。众多调查数据显示，精神障碍是导致自杀的头号原因，50%～90%的自杀死亡者可诊断为精神疾病患者；抑郁症是自杀者最常见的精神疾病诊断，15%的抑郁症重症患者最终死于自杀，而精神分裂症患者也有约10%最终死于自杀。抑郁症的自杀高峰期常为起病初期和抑郁发作末期。

（2）躯体疾病自杀。由于患了重病失去健康，感到绝望、无助，通过自杀寻求解脱。

（3）非疾病（普通）人群自杀。其自杀原因包括失恋或其他重要人际关系破裂，家庭破碎、失去家人，被判坐牢、失去自由，学业或工作压力过大，失去学业、工作、金钱、地位、自尊等，酗酒及滥用药物，绝望，发生无法避免、挽回的事，如被性骚扰、强暴、性虐待、性操控等。

（4）宗教信徒自杀或集体自杀。

（四）自杀的传染性

自杀是一个严重的公共卫生问题，每一个自杀的人都会直接影响到至少 5 个周围的人，使其长时间难以摆脱心理阴影，而且极易产生模仿心理。不少研究都介绍过因影视、广播等媒体详尽报道一些自杀事件，而使社会上自杀或企图自杀者增加的事实。2008 年 10 月 2 日清晨，被誉为韩国"国民天后"的女星崔真实在卧室洗手间内用绑在淋浴喷头上的弹性织物自杀身亡，此事件震惊国内外，也连带引发了韩国社会的模仿自杀事件。在崔真实自缢身亡后 24 小时内，两名韩国妇女分别以同样方式在家中浴室自杀身亡。紧接着，韩国变性艺人张彩媛于 10 月 3 日在自家洗手间内上吊身亡，其在自杀前曾表示"可以理解崔真实的心情"。这一系列自杀事件引发各方高度关注，据韩国媒体报道，有关方面担心，鉴于崔真实在韩国的影响力，可能会引起更多和她生活经历相似的人模仿她自缢。

研究表明，自杀的模仿性现象及潜意识引导确实存在。对 1973—1979 年美国电视报道自杀事件的研究报告指出，电视报道自杀事件确能导致青少年自杀率上升。媒体报道越多、内容越详尽，引致自杀率上升的幅度也就越大。据统计，青少年女性自杀率上升约 13%，男性上升 5%。

学者们认为最容易引发模仿性自杀的新闻报道有以下特征：详细报道自杀方法；对自杀而引致的身体伤残很少提及；忽略了自杀者生前长期有心理不健康的问题；将引发自杀的原因简单化；自杀者知名度高、社会影响大；使人误认为自杀会带来好处等。因此，为防止自杀的传染，大众传播媒介在报道自杀事件时应该持谨慎态度，应尽量指出自杀者实际上有很多其他可以选择的途径，自杀不是正确处理困难的方法和出路。

二、自杀的预防与干预

（一）自杀的警告信号

大多数企图自杀者可能会在自杀前数天、数星期或数月显露出某些迹象：①传达出极度孤独、无助、无望感觉的表述；②突然间戏剧性的行为变化；③冲动的、易出事的、失控的行为；④大量服药或酗酒；⑤显示出对未来没有兴趣，回避对未来的现实打算，回避或者拒绝讨论生活的意义；⑥作出某些最后的行动，如赠送获奖物品、捐献身体器官、写遗嘱或自杀笔记等；⑦设计自杀计划，获取自杀手段，如获取武器或药物等；⑧突然产生某种难以解释的情绪变化，可能意味着此人已经感到了放松，知道问题不久即将结束；⑨深度抑郁的征兆，比如悲伤、无助、无望；⑩身体上的反应，如过量饮食或吃得太少；⑪睡觉方式和体能状况的变化；⑫精力集中困难、记忆力减退和判断障碍；⑬社交活动的变化，比如逃避社交或社交过度频繁；⑭没有动力、冷漠，忽视个人仪表和卫生。

（二）自杀的预防

自杀的干预主要在预防，预防自杀可分一级预防、二级预防和三级预防。

一级预防主要是指预防个体自杀倾向的发展。主要措施有管理好农药、毒药、危险药品和其他危险物品，监控有自杀可能的高危人群，积极治疗自杀高危人群的精神疾病或躯体疾病，广泛宣传心理卫生知识，提高人群应付困难的技巧。

二级预防主要是指对处于自杀边缘的个体进行危机干预。通过心理热线咨询或面对面咨询服务帮助有轻生念头的人摆脱困境，打消其自杀念头。

三级预防主要是指采取措施预防曾经有过自杀未遂的人再次自杀。

（三）自杀的干预策略

自杀的干预策略主要有：①倾听；②对处于危机中的人的思想和情感进行评估；③接受所有的抱怨和情感；④不要担心直接问及自杀；⑤要特别注意那些很快"反悔"的人；⑥做他们的辩护者；⑦充分利用合适的资源；⑧采取具体的行动；⑨有时向专家咨询；⑩绝不排斥或回避讨论任何自杀念头的"合理性"；⑪不要试图以为大喝一声就能让自杀者幡然悔悟。

（四）有关自杀的谬误

对于自杀，普遍存在着大量的误解，事实有时会被这些假象弄得模糊不清，危机干预专家指出有关自杀的误解如下。

（1）与自杀的人讨论自杀将诱导其自杀。与一个想自杀的人讨论自杀将可能使其产生信任的感觉，能够帮助他们正确处理一些重大问题，并缓解他们的压力，使他们愿意花时间重新获得解决问题的方法。

（2）威胁别人说要自杀的人不会真正自杀。事实上大量的自杀身亡者曾经威胁过别人或者对他人公开过自己的想法。

（3）自杀是一种不合理的行为。事实上从自杀者的角度看，几乎所有采取自杀行动的人都有充足的理由。

（4）自杀者有精神疾病。事实上仅有少部分自杀未遂者或自杀成功者患有精神疾病。他们大多数人是具有严重的抑郁、孤独、绝望、无助、被虐待、受打击、深深的失望、失恋或者别的情感状态的正常人。

（5）想要自杀的人是真的想要去死。事实上很多人并不想死，他们只是想要逃离那个令人无法忍受的境遇，大部分曾经想过要自杀的人现在都很高兴他们还活着。他们说当时他们并不想要结束自己的生命，只是想终止自己的痛苦。

（6）自杀发生在家族中具有一定的遗传倾向。事实上自杀倾向没有遗传性，它是习得的或者是情境性的。

（7）想过一次自杀，就会总是想自杀。事实上大部分人只是在他一生中的某个时候产生自杀企图，在这段时间里，他们要么克服这种想法，要么寻求帮助，要么死亡。如果他们自己能够从短时间的威胁中恢复过来，学会适应与控制，长久地生活下去，就会使自己的生活丰富多彩。

（8）一个人自杀未遂后，自杀威胁可能结束。事实上自杀威胁最强烈的时候可能是情绪高涨时期，也即当想自杀的人严重抑郁后变得情绪活跃起来的时候。一个危险的迹象是在抑郁或者自杀未遂后出现"欣然"期。

（9）一个想自杀的人开始表现得慷慨并和他人分享个人财产时，表明这个人有好转和恢复的迹象。事实上大多数想自杀者在情绪好转后，才有精力开始作出一定的计划，安排他们的财产。这种个人财产的安排有时类似于最后的愿望与遗嘱。

（10）自杀总是一种冲动性行为。事实上有些自杀是冲动性行为，有些则是在仔细考虑之后才进行的。

案例 12-4　汶川地震中一组让人触目惊心的数字

"5·12"大地震，受灾人数有多少？——4 555万人

国务院新闻办公室5月24日，根据国务院抗震救灾总指挥部授权发布：四川汶川地震累计受灾人数4 555万人。

"5·12"大地震后，有多少人可能出现长期的心理问题（PTSD状态）？——1 366.5万人。

根据国际一般统计数据，大灾害后有30%的人可能会在之后5～10年乃至更长时间内处于慢性心理创伤状态（PTSD状态）。"5·12"大地震后出现长期心理问题可能达1 366.5万人。

"5·12"大地震后，有多少人可能患PTSD？——228万人

根据国际一般统计数据，大灾害后有10%的人可能患PTSD。根据在灾区

的初步调查，患病率可能低于国际一般的比例，大约为 5%。即"5·12"大地震后的 PTSD 患者可能达 228 万人。

"5·12"大地震后，有多少人可能自杀？——30 万人

根据国际一般统计数据，PTSD 患者的自杀危险性高达 19%。根据在灾区的初步调查，自杀的危险性可能低于国际一般的比例，大约为 13%，即"5·12"大地震后的 PTSD 患者可能有 30 万人有自杀的危险性。

评论　以上是一组让人触目惊心的数字。必须对可能处于慢性心理创伤状态的 1 366.5 万人，尤其是可能患 PTSD 的 228 万人，特别是有自杀危险性的 30 万人进行长期的心理干预和 PTSD 防治。对这部分人群的心理干预应是一个持续、长期的过程，需要长远的灾后心理干预规划及实施方案。

小故事大智慧12-4　为生命画一片叶子

美国作家欧·亨利在他的小说《最后一片叶子》里讲了个故事：病房里，一个生命垂危的患者从房间里看见窗外的一棵树，树叶在秋风中一片片地掉落下来。患者望着眼前的萧萧落叶，身体也随之每况愈下，一天不如一天。她说："当树叶全部掉光时，我也就要死了。"一位老画家得知后，用彩笔画了一片叶脉青翠的树叶挂在树枝上。

最后一片叶子始终没掉下来。只因为生命中的这片绿叶，患者竟奇迹般地活了下来。

评论　人生可以没有很多东西，却唯独不能没有希望。希望是人类生活的重要动力。有希望之处，生命就会生生不息！

参考文献

［1］中华医学会精神科分会．CCMD－3 中国精神障碍分类与诊断标准：第三版．济南：山东科学技术出版社，2001．

［2］张厚粲．大学心理学．北京：北京师范大学出版社，2001．

［3］理查德·格里格，菲利普·津巴多．心理学与生活．王垒，王甦，等译．北京：人民邮电出版社，2003．

［4］黄永军．大学生健康心理自助手册．北京：高等教育出版社，2007．

［5］贾晓明，陶勒恒．大学生心理健康：走向和谐与适应．北京：北京理工大学出版社，2005．

［6］劳伦·B. 阿洛伊，约翰·H. 雷斯金德，玛格丽特·J. 玛诺斯. 变态心理学. 汤震宇，邱鹤飞，杨茜，译. 上海：上海社会科学院出版社，2005.

［7］桑志芹. 大学生心理健康学. 北京：科学出版社，2007.

［8］张双会，刘春魁，柳国强. 大学生心理健康教育. 北京：中国经济出版社，2005.

常用心理健康测验

心理健康症状自评量表（SCL－90）

[指导语]

以下列出了一些人可能会有的问题，请仔细阅读每一条，然后根据最近自己的实际感觉，选择最符合您的一种情况，并在每个项目后面所附的备选答案的相应编号上画"○"。其中选"没有"时在 A 上画"○"，选"较轻"时在 B 上画"○"，选"中等"时在 C 上画"○"，选"较重"时在 D 上画"○"，选"严重"时在 E 上画"○"。

[问卷项目]

1. 头痛。ABCDE

2. 神经过敏，心里不踏实。ABCDE

3. 头脑中有不必要的想法或字句盘旋。ABCDE

4. 头晕和昏倒。ABCDE

5. 对异性的兴趣减退。ABCDE

6. 对旁人求全责备。ABCDE

7. 感到别人能控制您的思想。ABCDE

8. 责怪别人制造麻烦。ABCDE

9. 忘性大。ABCDE

10. 担心自己的衣饰整齐及仪态的端正。ABCDE

11. 容易烦恼和激动。ABCDE

12. 胸痛。ABCDE

13. 害怕空旷的场所或街道。ABCDE

14. 感到自己的精力下降，活动减慢。ABCDE

15. 想结束自己的生命。ABCDE

16. 听到旁人听不到的声音。ABCDE

17. 发抖。ABCDE

18. 感到大多数人都不可信任。ABCDE

19. 胃口不好。ABCDE

20. 容易哭泣。ABCDE

21. 同异性相处时感到害羞、不自在。ABCDE

22. 感到受骗、中了圈套或有人想抓住您。ABCDE

23. 无缘无故地突然感到害怕。ABCDE

24. 自己不能控制地发脾气。ABCDE

25. 怕单独出门。ABCDE

26. 经常责怪自己。ABCDE

27. 腰痛。ABCDE

28. 感到难以完成任务。ABCDE

29. 感到孤独。ABCDE

30. 感到苦闷。ABCDE

31. 过分担忧。ABCDE

32. 对事物不感兴趣。ABCDE

33. 感到害怕。ABCDE

34. 您的感情容易受到伤害。ABCDE

35. 旁人能知道您的私下想法。ABCDE

36. 感到别人不理解您、不同情您。ABCDE

37. 感到人们对您不友好，不喜欢您。ABCDE

38. 做事必须做得很慢，以保证做得正确。ABCDE

39. 心跳得很厉害。ABCDE

40. 恶心或胃部不舒服。ABCDE

41. 感到比不上他人。ABCDE

42. 肌肉酸痛。ABCDE

43. 感到有人在监视您、谈论您。ABCDE

44. 难以入睡。ABCDE

45. 做事必须反复检查。ABCDE

46. 难以作出决定。ABCDE

47. 怕乘电车、公共汽车、地铁或火车。ABCDE

48. 呼吸有困难。ABCD

49. 一阵阵发冷或发热。ABCDE

50. 因为感到害怕而避开某些东西、场合或活动。ABCDE

51. 脑子变空了。ABCDE

52. 身体发麻或刺痛。ABCDE

53. 喉咙有梗塞感。ABCDE

54. 感到没有前途、没有希望。ABCDE

55. 不能集中注意力。ABCDE

56. 感到身体的某一部分软弱无力。ABCDE

57. 感到紧张或容易紧张。ABCDE

58. 感到手或脚发重。ABCDE

59. 想到死亡的事。ABCDE

60. 吃得太多。ABCDE

61. 当别人看着您或谈论您时感到不自在。ABCDE

62. 有一些不属于您自己的想法。ABCDE

63. 有想打人或伤害他人的冲动。ABCDE

64. 醒得太早。ABCDE

65. 必须反复洗手、点数目或触摸某些东西。ABCDE

66. 睡得不稳不深。ABCDE

67. 有想摔坏或破坏东西的冲动。ABCDE

68. 有一些别人没有的想法或念头。ABCDE

69. 感到对别人神经过敏。ABCDE

70. 在商店或电影院等人多的地方感到不自在。ABCDE

71. 感到任何事情都很困难。ABCDE

72. 一阵阵恐惧或惊恐。ABCDE

73. 感到在公共场合吃东西很不舒服。ABCDE

74. 经常与人争论。ABCDE

75. 单独一人时神经很紧张。ABCDE

76. 别人对您的成绩没作出恰当的评价。ABCDE

77. 即使和别人在一起也感到孤单。ABCDE

78. 感到坐立不安、心神不定。ABCDE

79. 感到自己没有什么价值。ABCDE

80. 感到熟悉的东西变成陌生或不像是真的。ABCDE

81. 大叫或者摔东西。ABCDE

82. 害怕会在公共场合昏倒。ABCDE

83. 感到别人想占您的便宜。ABCDE

84. 为一些有关"性"的想法而苦恼。ABCDE

85. 您认为应该因为自己的过错而受到惩罚。ABCDE

86. 感到要赶快把事情做完。ABCDE

87. 感到自己的身体有严重问题。ABCDE

88. 从未感到和其他人很亲近。ABCDE

89. 感到自己有罪。ABCDE

90. 感到自己的脑子有毛病。ABCDE

[评分规则]

若选 A 计 1 分，选 B 计 2 分，选 C 计 3 分，选 D 计 4 分，选 E 计 5 分。将因子 F1（躯体化）、F2（强迫）、F3（人际关系敏感）、F4（抑郁）、F5（焦虑）、F6（敌意）、F7（恐怖）、F8（偏执）、F9（精神病性）、F10（其他）各自所包含的项目得分分别累计相加，即可得到各个因子的累计得分；将各个因子的累计得分除以其相应的项目数，即得到各个因子的因子分数——T分数。例如，若躯体化一项累加分为 16，而躯体化因子的题目数为 12，则该因子分为 1.33。如果将各个因子分数相加，即可得到总因子分。若将问卷的总项目数减去选 A（即代表"没有"）的答案项，则可以得到反应症状的阳性项目数，如表 1 所示。

表1　SCL－90测验答卷得分换算表

因子	所属因子的项目编号	累计得分	T分数
F1	1、4、12、27、40、42、48、49、52、43、56、58		
F2	3、9、10、28、38、45、46、51、55、65		
F3	6、21、34、36、37、41、61、69、73		
F4	5、14、15、20、22、26、29、30、31、32、54、71、79		
F5	2、17、23、33、39、57、72、78、80、86		
F6	11、24、63、67、74、81		
F7	13、25、47、50、70、75、82		
F8	8、18、43、68、76、83		
F9	7、16、35、62、77、84、85、87、88、90		
F10	19、44、59、60、64、66、89		
阳性项目总数：		总累计得分：	总因子分：

[结果解释]

在对大学生进行心理健康测评和心理咨询的过程中，比较粗略、简便、直观的判断方法是看各因子的 T 分数是否超过 3 分（1～5 评分制），如表2所示。当等于或大于 3 时，即表明该因子的症状已达中等以上的严重程度，此时，应对受测大学生采取必要的心理治疗措施。

表2　正常人SCL－90的因子分布（18～29岁全国常模）

项目	$x \pm s$	项目	$x \pm s$
躯体化	1.34 ± 0.45	敌意	1.50 ± 0.57
强迫	1.69 ± 0.61	恐怖	1.33 ± 0.47
人际关系敏感	1.76 ± 0.67	偏执	1.52 ± 0.60
抑郁	1.57 ± 0.61	精神病性	1.36 ± 0.47
焦虑	1.42 ± 0.43	阳性项目数	27.45 ± 19.32

296

焦虑自评量表（SAS）

请您仔细阅读每一个陈述，根据您一周的实际感觉作出回答。采用 1～4 级评分，将所选答案数字写在（　　　）内：1——没有或很少时间；2——少部分时间；3——相当多时间；4——绝大部分或全部时间。

1. （　　　）　　　我觉得比平时容易紧张或着急。
2. （　　　）　　　我无缘无故地感到害怕。
3. （　　　）　　　我容易心里烦乱或觉得惊恐。
4. （　　　）　　　我觉得我可能将要发疯。
5. （　　　）　　　我觉得一切都很好，也不会发生什么不幸。
6. （　　　）　　　我手脚发抖打战。
7. （　　　）　　　我因为头痛、背痛和颈痛而苦恼。
8. （　　　）　　　我感觉容易衰弱和疲乏。
9. （　　　）　　　我觉得心平气和，并且容易安静坐着。
10. （　　　）　　　我觉得心跳得很快。
11. （　　　）　　　我因为一阵阵头晕而苦恼。
12. （　　　）　　　我有过晕倒发作，或觉得要晕倒似的。
13. （　　　）　　　我吸气、呼气都感到很容易。
14. （　　　）　　　我的手脚麻木和刺痛。
15. （　　　）　　　我因为胃痛和消化不良而苦恼。
16. （　　　）　　　我常常要小便。
17. （　　　）　　　我的手脚常常是干燥温暖的。
18. （　　　）　　　我脸红发热。
19. （　　　）　　　我容易入睡，并且一夜睡得很好。
20. （　　　）　　　我做噩梦。

焦虑自评量表说明

（一）测验的实施

1. 测验材料

焦虑自评量表（SAS）由张（W. K. Zung）于 1971 年编制。本量表含有 20 个反映焦虑主观感受的项目，每个项目按症状出现的频度分为四级评分，其中 15 个为正向评分，5 个为反向评分（题号为 5、9、13、17、19）。

2. 适用范围

本量表可以评定焦虑症状的轻重程度及其在治疗中的变化，适用于具有焦虑症状的成年人。主要用于疗效评估，不能用于诊断。

3. 施测步骤

（1）在自评者评定以前，一定要让他把整个量表的填写方法及每条问题的含义都弄明白，然后作出独立的、不受任何人影响的自我评定。

其评分标准为："1"表示没有或很少时间有，"2"是小部分时间有，"3"是相当多时间有，"4"是绝大部分或全部时间都有。

（2）评定的时间范围是自评者过去一周的实际感觉。

（3）如果评定者的文化程度太低，不能理解或看不懂 SAS 问题的内容，可由工作人员念给他听，逐条念，让评定者独自作出评定。

（4）评定时，应让自评者理解反向评分的各题，SAS 有 5 项反向项目，如不能理解会直接影响统计结果。

（5）评定结束时，工作人员应仔细检查一下评定结果，应提醒自评者不要漏评某一项目，也不要在同一个项目上重复评定。

（二）测验的记分

若为正向评分题，依次评为粗分 1、2、3、4 分；若为反向评分题（题号为 5、9、13、17、19），则评为 4、3、2、1 分。与抑郁自评量表一样，20 个项目得分相加即得粗分（X），经过公式换算，即用粗分乘以 1.25 以后取整数部分，就得标准分（Y）。

（三）结果的解释

按照中国常模结果，SAS 标准分的分界值为 50 分，其中 50～59 分为轻度焦虑，60～69 分为中度焦虑，69 分以上为重度焦虑。

抑郁自评量表（SDS）

　　抑郁自评量表（SDS）由张（W. K. Zung）编制，是美国教育卫生部推荐用于精神药理学研究的量表之一，后由 Psychology Express 重新编辑和制作。

　　注意事项：下面有 20 道题目，请仔细阅读每一条，把意思弄明白，每一条文字后有四个选项，分别表示：①没有或很少时间（过去一周内，出现这类情况的日子不超过一天）；②小部分时间（过去一周内，1~2 天有过这类情况）；③相当多时间（过去一周内，3~4 天有过这类情况）；④绝大部分或全部时间（过去一周内，5~7 天有过这类情况）。请根据您近一周的感觉来进行评分。

问题	1	2	3	4
1. 我觉得闷闷不乐，情绪低沉				
2. 我觉得一天之中早晨最好				
3. 我一阵阵地哭出来或是想哭				
4. 我晚上睡眠不好				
5. 我吃的和平时一样多				
6. 我与异性接触时和以往一样感到愉快				
7. 我发觉我的体重在下降				
8. 我有便秘的苦恼				
9. 我的心跳比平时快				
10. 我无缘无故感到疲乏				
11. 我的头脑和平时一样清楚				
12. 我觉得经常做的事情并没有困难				
13. 我觉得不安而平静不下来				
14. 我对将来抱有希望				
15. 我比平常容易激动				
16. 我觉得作出决定是容易的				

（续上表）

问题	1	2	3	4
17. 我觉得自己是个有用的人，有人需要我				
18. 我的生活过得很有意思				
19. 我认为如果我死了别人会生活得更好些				
20. 平常感兴趣的事我仍然感兴趣				

说明：主要统计指标为总分。依据各项所选的选项计分，其中 2、5、6、11、12、14、16、17、18、20 共十项是反向计分。把 20 题的得分相加为粗分，粗分乘以 1.25，四舍五入取整数，即得到标准分。抑郁评定的分界值为 50 分，最后得分在 50 分以下为正常，50～59 分为轻度抑郁，60～69 分为中度抑郁，70 分以上为重度抑郁。

后 记

　　大学教育的目标是培养全面发展、具有较高综合素质的人才。不仅要求大学生要有丰富的知识、良好的品德以及较强的能力，而且要有健康的身心。心理素质不仅是个体素质的重要组成部分，而且是影响其他素质形成和发展的重要因素。心理健康对大学生的成才有着极为重要的影响。只有心理素质好、心理健康的人才能承担繁重的学习任务，承担较高的社会期望和社会责任。但是，长期以来，在传统应试教育模式下，由于升学的压力，我们过分注重与考试有关的学习，忽视对学生其他方面诸如情感、自我形象、人际交往、职业生涯规划等的培养，从而导致学生片面发展。当他们带着憧憬和希望步入已不再是悠悠的"象牙塔"，而是一个人才集中、竞争激烈的大学校园时，由于社会生活阅历和实践经验的缺乏、心理成熟滞后于生理的成熟、经济上不能独立、社会转型时期价值多元化的冲击等原因，使得他们在面临环境适应、学习适应、人际交往、性与爱、就业与深造的诸多问题时难免会产生焦虑、抑郁、迷茫、空虚、孤独、矛盾和冲突等心理困惑。这些问题和困惑如果得不到及时和正确的处理，将会给大学生的心理健康带来不良影响，甚至会使之出现心理障碍和心理疾病。因此，在大学生中开展心理健康教育，提高大学生的心理素质，增强大学生的心理承受能力和自我调节能力，维护大学生的心理健康，促进大学生全面发展和成才显得非常重要。为此，教育部《关于加强普通高等学校大学生心理健康教育工作的意见》对加强新时期大学生心理健康教育提出了十分明确而具体的要求。《中共中央国务院关于进一步加强和改进大学生思想政治教育的意见》又进一步强调："要重视心理健

301

康教育，要制订大学生心理健康教育计划，确定相应的教育内容、教育方法。"近年来，越来越多的高校都将心理健康教育列为全校公共选修课或作为素质教育的必修课来开设。

大学生心理健康教育在海南省高校起步较晚，基础差、底子薄。但是出于对大学生心理健康教育事业的热爱，满怀对大学生健康成长的期盼，海南省九所高校十名长期从事大学生心理健康教育与咨询工作的教师通力合作，用心编写了这本《大学生心理健康教育》。全书共有十二章，内容涉及大学生心理素质与心理健康，环境与心理健康，自我与心理健康，情绪与心理健康，压力、挫折与心理健康，学习与心理健康，人际交往与心理健康，恋爱与心理健康，网络与心理健康，休闲活动与心理健康，就业与心理健康，以及大学生常见异常心理的识别与防治十二个方面的问题。由肖少北教授担任主编，负责全书的框架结构设计和总体思路及最后的统稿，由刘玉梅担任副主编，负责统筹、具体写作指导和初审工作。各章执笔者：第一章，肖少北（海南师范大学心理学系）；第二章，袁晓琳（海南师范大学心理学系）；第三章，庄小满（琼台师范高等专科学校学前教育系）；第四、十一章，高茹（海南职业技术学院心理咨询中心）；第五章，贾月明（琼州学院教育系）；第六章，张春霞（海南软件职业技术学院心理咨询中心）；第七、十章，龚霞光（海口经济学院心理健康教育指导中心）；第八章，吴东阳（海南外国语职业学院社科部）；第九章，刘玉梅（海南医学院社科部）；第十二章，陈萍（海南大学三亚学院心理咨询中心）。

本书在编排上主要有如下三个特色：第一，贴近大学生的现实生活，富于时代气息。本书的编写结合大学生学习生活实际，大部分章节都提供了真实的案例及评论，以帮助学生解决常见问题。第二，重视心理训练，实用性强。本书为大学生提供了可操作的心理教育活动和实用的心理调适方法，使学生能更好地了解自己、悦纳自己，提高自我调适能力，不断地完善自我。第三，融知识性与趣味性于一体，可读性强。大部分章节都提供了励志格言、"小故事大智慧"等，使大学生在轻松愉快的阅读中获得有益的养分。本书既可作为高等学校开展心理健康教育的教材，也可作为大学生或青年朋友自学自助用书。

在本书的编写过程中，我们参阅了大量的文献资料，并汲取了许多著作的精华。在此，我们谨向在书中被提名或未被提名的引文作者表示深深的谢意。

　　本书的编写对我们来说是一个新的尝试。由于编写者的理论素养和实践经验的局限性，本书难免有不少缺陷和不足甚至错误，敬请各位同仁和读者批评指正。

　　本书从策划、编写到出版一直都得到暨南大学出版社教育分社社长张仲玲女士的大力支持和热情帮助，在此表示感谢。

　　如果大学生朋友或其他读者能够通过本书吸收到心理健康教育方面的知识，进而充分认识自己、悦纳自己，克服成长过程中的障碍，成为心理健康的人，这将是我们莫大的欣慰。

编　者
2010 年 6 月